让大象飞

激进创新，让你一飞冲天的创业术

MAKING ELEPHANTS FLY

The Process of Radical Innovation

［美］史蒂文·霍夫曼◎著
周海云 陈耿宣◎译

Steven S. Hoffman

中信出版集团 · 北京

图书在版编目（CIP）数据

让大象飞 /（美）史蒂文·霍夫曼著；周海云，陈耿宣译. -- 北京：中信出版社，2017.3（2025. 7 重印）
书名原文：Making Elephants Fly: The Process of Radical Innovation
ISBN 978-7-5086-7225-0

I. ①让⋯ II. ①史⋯ ②周⋯ ③陈⋯ III. ①企业管理 IV. ①F272

中国版本图书馆 CIP 数据核字（2017）第 008264 号

让大象飞

著　　者：[美] 史蒂文·霍夫曼
译　　者：周海云　陈耿宣
出版发行：中信出版集团股份有限公司
（北京市朝阳区东三环北路27号嘉铭中心　邮编　100020）
承 印 者：河北鹏润印刷有限公司

开　　本：880mm × 1230mm　1/32　　印　　张：14　　字　　数：283 千字
版　　次：2017 年 3 月第 1 版　　印　　次：2025 年 7 月第 27 次印刷
书　　号：ISBN 978-7-5086-7225-0
定　　价：69.00 元

服务热线：400–600–8099
投稿邮箱：author@citicpub.com

谨将本书献给：

迈克·霍夫曼（Mike Hoffman）
莎娜·霍夫曼（Sharna Hoffman）
直美小久保（Naomi Kokubo）
周海云（Joseph Zhou）

感谢他们所有的支持、耐心和辛勤努力的工作

目　录

对于任何企业来讲，创新都是它们获得长久成功的关键。那些已经成熟的企业和市场正在被一些非常敏捷的初创企业和突破性的技术以越来越快的步伐所颠覆。下一波的技术浪潮可能来自人工智能和增强现实。大企业正在寻求能介入这一竞争优势的命脉，试图改变自己的企业文化、组织架构以及激励方式，以便在企业内部培育创新机制。

在这本书中，史蒂文·霍夫曼对于创新的重要性，以及如何在团队和企业的内部培育创新机制的实际操作给出了一些非常有说服力的案例。他的洞见来自他多年来在硅谷以及全球多个国家与初创企业一起工作的经历。对于企业的领导者以及有抱负的创业者，这是一本必读的好书。

谷歌前副总裁、风险投资人　马修·斯特普卡在霍夫曼的书稿里，我找到了与他如此多的共同理念。在创业的过程中，我们成功的切入点远比想象的要小，我们所需要突破的事情远比不变的事情要多，但是我们得到的也远比失去的多。

飞马旅创始人 袁岳

在这本书中，霍夫曼船长分享了在快速变化的世界中他用创新带领企业前进的独到见解和智慧，这也是他多年来活跃在创新前沿的心得。无论是在初创公司还是在成熟的公司，我强烈推荐创业者和企业高管阅读此书。

AAMA珠三角分会副主席兼创始会长 梁颖準

“高高山顶立，深深海底行”，无论做人、做事、做企业还是写书，高度和深度的结合都非常重要。这一点不管是在霍夫曼身上还是在《让大象飞》一书中，都得到了很好的体现。霍夫曼曾是成功的创业者、跨国公司的高管，现在是全球知名的创业导师，他创立的“创始人空间”让中国创业者与全球的创新者、各种资源实现连接与沟通。这本书精辟地总结了全球顶级孵化器内的创新过程和方法论，比如小处着手、挑战信念、克服恐惧等，深入浅出地诠释了中国创业者的本土化落地路径。不论你是来自初创企业、家族企业，还是跨国公司，这都是一本不可多得的好书。

行动教育集团董事长 李践

我们正站在新的科技创新潮的节点上，过去科技创新的积累已经促进创新由量变向质变转化。史蒂文分享了他多年来与创业者紧密合作的宝贵经验，以及对世界各地创新科技发展的深刻领悟，带领读者全面理解世界为何需要创新，以及为何每次科技创新潮都发生在硅谷。这本书是创业者的创新指南。

New Gen资本创始合伙人、《福布斯》“美国30位30岁以内的风险投资行业荣誉人物”之一　张璐

当今世界，以大（大数据）、智（智能化）、移（移动化）、云（云计算）、物（物联网）为代表的新技术正在重塑整个人类社会，新产品、新服务、新模式层出不穷，且正在颠覆传统商业的方方面面，所以创新才是企业的核心竞争力！那么，如何才能把握成功创新的脉搏，武装自己和自己的公司，在竞争中立于不败之地？霍夫曼船长通过硅谷这个世界创新中心的历史发展和大量案例，提炼了系统且实操的创新思路和方法。

盛景网联科技股份有限公司　王晓辉

霍夫曼船长在硅谷很有人缘，人也很风趣幽默。书如其人，相信大家一定会开卷有益！

长城会创始人、董事长　文厨

本书不仅精选了大量经典的初创案例，也精辟地分析了创业成功的要素及失败的原因。书中收录了把想法转化为行动的办法，相信可以帮助读者重整自己的思维模式。

北京富士康创新工厂策略评估处处长 程仁智

史蒂芬·霍夫曼来中国接触了许多中国创业者、企业家和政府官员，他把他在中国的感受与在硅谷的创业经历、对创新创业的深刻理解结合在一起，特别为中国的创业者撰写了这本书。这是一本值得阅读和思考的书，关于创新的概念和理解，视角十分独特，充满智慧，对中国的创业者极具指导意义。

上海交通大学创业学院常务副院长 赵旭

史蒂文是一个充满传奇色彩的创意大师、企业家、天使投资人和创业导师。他具有好莱坞式的天马行空的热情与创意、硅谷的创新创业精神和犹太人的商业天赋。他在这本书里描绘了如何系统性地挖掘创新创业的机会，避免创业路上的那些坑，提高创业的成功率，在资本寒冬下，此书可谓雪中送炭。强烈建议每一位创业者和企业合伙人认真研读此书。

创大资本创始人、董事长 许洪波

史蒂文是专注于跨境创新的践行者，致力于打造以硅谷为轴心，辐射全球的创业社区。这本书是他的一手心得。我相信不仅仅对跨境创新社区的成员，而且对全球关注创新创业的朋友来说，阅读这本书都是一次跟随霍夫曼船长的心灵之旅。

复旦大学中国风险投资研究中心博士后　詹朋朋

霍夫曼先生多次来中国，影响了身边很多人。这本书也一定能让更多创业和投资的朋友受益，让更多优秀企业成为一飞冲天的“大象”。

天使成长营　徐勇

创新将重塑人类的想象和命运，感谢霍夫曼船长极具前沿性的洞察，帮助中美的创新力量产生智慧的核聚变碰撞。

太库CEO　黄海燕

霍夫曼先生在硅谷有多年投资、创业、培训的丰富经验，人脉广博，而且胸怀天下，为世界各地渴望发展的创业者提供了大量的培训和辅导。如今他把这么多年的经验和秘诀以及大量亲历的硅谷案例写成了书与大家分享，相信会让每一位创业者收获良多。

“纳什空间”创始人、CEO　张无邪

史蒂文把他过去几十年担任创新导师的视角全景展现给我们每个读者。读这本书，我就没有停下来。我看到了他睿智的眼睛和犹太人独有的犀利。

万科城市和产业发展公司副总经理　张乐群

从霍夫曼的演讲以及与他的交流中，我感受到了他超乎常人的热情和激情，满满的亲和力和感染力。他是创业者中的创业者、领导者中的领导者，不仅能够传授自己丰富的知识和经验，还能用自己的激情和魅力引导着创业者的步伐，我相信读过这本书的人会跟我有同样的感受。

北加州清华校友会会长　陈科

我在斯坦福大学多次听过霍夫曼先生的演讲，真是妙语连珠，生动诙谐。这本书是他多年演讲的升华，相信它会启发你的创新，帮你建立多维创业架构。

美国斯坦福大学国际发展中心培训部及
中国联络部主任　郇舒叶

很高兴霍夫曼先生酝酿许久的新书终于面世了。里面有作者亲身经历的大量创业实例，从多个维度深入浅出地分析了创业者所需要关注的主要问题和应对策略，相信中国的读者，特别是创业者，一定能够从中感受到原汁原味的硅谷思维与方法论！

上海人大人科技创新服务有限公司联合创始人　余慧子

创新是一种热情，也是一种方法。非常高兴看到具有丰富创业经验的船长把他多年的心得分享出来，也希望本书能够成为国内创新书籍中的一股清流。

KDX集团首席战略官、清华大学交叉创新中心
特别顾问　郑天佑

这本书写得非常直截了当，中国现在的创业环境已不是10年前的状况了，国际化眼光和策略已经提升到了新高度，对创业者的要求也与日俱增，这本书是回应时代的佳作，作为创新创业学科的参考书，一定能使更多年轻人受益。

浙江大学管理学院教授、前斯坦福大学教授　卢伟

史蒂文生动描绘了硅谷精彩纷呈的创新场景，深刻剖析了硅谷创新的精髓，提炼了硅谷创新的黄金法则，对于我们更好地学习和了解硅谷具有启发性的借鉴意义。

北京大学后EMBA创办人、全球创新论坛发起人　崔巍

霍夫曼的这本书概述了硅谷所追求的理想，因为来自世界各地的人都可以在那里自由地创新。任何在企业中想拥有创新头脑的人都需要阅读这本书。

德丰杰风险投资公司创始人、德雷普英雄学院创始人　蒂姆·德雷普

创新的本质就是简单的客户体验

世界已经进入了一个创新为王的经济转型周期。

诚如本书开篇所言，在之前的数万年时间里，社会发展是线性的。但启蒙运动之后，人类文明的发展速度突飞猛进。

站在历史大周期的角度看，今天很可能就是一个拐点，很多人的命运会因创新而改变，另外一些人的命运也会因为墨守成规而发生另一种改变。

从个体的角度看，人们更加关注的是自己在时代中所处的位置，比如创业的时机与领域，创新的动机与角度。

无论你想要了解宏观趋势下的潮流，还是个体创新的发展机遇，这本书都不会让你失望。

本书的作者霍夫曼是硅谷最著名的投资人之一，他创立的孵化器Founders Space帮助大量初创企业完成了从0到0.1的尝试，从 0.1 到 1 的奠基，还提供了从 1 到 10、从 10 到无限可能的机会与方向。

霍夫曼凭着对市场的判断和对创新的细致观察，发现了让创新者顺利起飞的风口，探索了让创业者迅速找到风口的渠道，还贡献了多种让投资者精准挖掘到优质项目的方法。

对于霍夫曼的很多理念，身为创业者的我有着感同身受的理解与共鸣。为什么要创业？如何创新？创新和纯粹的技术发明有什么区别？什么样的创新具有更值得期待的商业前景？创新如何增加与商业模式的契合度？

我相信，在这本书中，你可以像我一样，找到很多问题的答案。

在你正式开始阅读本书前，我的建议是，先试着罗列出几个关于创业、创新以及科技互联网的问题，放在一边，等你结束了这次"在风口上的旅行"后，回头再看，或许问题都已经成为答案的一部分。

于是，我想先罗列几个问题，露出谜底一角，这可能会令你对本书产生更加浓厚的兴趣。

第一个问题：创新的第一要义就是技术创新吗？

这只是大部分人的错觉，你以为苹果的产品是技术导向的吗？

霍夫曼认为，隐藏在 iPhone（苹果手机）背后的逻辑其实是设计主导的创新。独特而令人叹服的用户体验才是成功的基石。

所以，包括iPhone在内的一系列获得巨大成功的苹果产品，它们的主要创新绝非体现在技术上，而是体现在重视用户体验的设计以及APP（应用程序）生态系统的设计上。

那些获得资本青睐的十角兽企业（估值过百亿美元的科技公司）同样是以设计而非技术取胜，Uber、Airbnb、WeWork之所以获得成功，是因为它们产品的设计提供给用户非常理想的体验。

而技术呢？

恰恰相反，很多企业一旦拥有了专利技术，则可能限制了开拓力，所谓为技术而技术，也就是霍夫曼所说的“技术陷阱”。

关于设计创新与如何避免落入“技术陷阱”的问题，本书中会有非常详细的解释。

第二个问题：创业就不需要技术了吗？

当然不是。

霍夫曼说，当初创企业无法证明市场对其新技术有足够需求时，他会选择拒绝。

我的理解是，初创企业的技术很重要，但开发技术的时机与方向一定要迎合市场，先找到市场痛点，再开发解决痛点的技术，你获得成功的概率将更大。

本书提供了很多精彩的案例，用以证明市场痛点之于技术的重要性，比如乔布斯当年以施乐公司的新技术为基础创造出伟大的麦金塔电脑。

第三个问题：技术与设计的融合，会产生什么化学反应？

霍夫曼通过硅谷的历史沿革给出了精准的答案。

今天的硅谷是全美高科技人才密度最高的地区，全球科技的最前沿阵地，然而，当年的硅谷却汇聚了一群黑客、嬉皮士、艺术家、技术控。霍夫曼认为，正是因为跨界聚集在一起的人们在同一个空间内碰撞思想，才成就了硅谷，改变了世界。

本书对于硅谷的成功有着深刻的思考与总结，这对于中国的广大创业者将是非常值得借鉴的宝贵经验。

最后，我们所有的问题还是要回归到创新的本质上来，创新到底是什么？

霍夫曼认为，创新是创造某种全新的东西，某种从未在这个世界中出现过的东西，某些从未被尝试过的东西。创新的基本元素是创造力与多样性。

而创新最重要的成功因素则是时机，也就是我们常说的趋势。

霍夫曼理解的创新，就是保持开放的头脑、尝试新的可能性、找出死胡同、从错误中学习，并在未知的森林中漫步以期有所发现。

我想，这种理念应该被所有创业者牢记，很多创业者都在公开场合说“不忘初心”，所谓的“初心”，不只是情怀，还是这样一种可以在漫长的探索中保持渴望的心态。

在今天的中国，这样一本关于创业、创新的著作具有更加重要的现实意义。霍夫曼在丰富的投资生涯中遇到过很多悲伤的故事，比如一些初创企业过早融到了太多的钱，随后却失败了，恰恰是资本成了限制他们开发可持续性商业模式的绊脚石，他们支付得起在获取客户过程中所需的庞大费用，客户群体却远没有他们想象的那样充满黏性。

联想到中国很多尝试O2O（从线上到线下）模式，但商业模式却缺乏持续性的初创企业，也就是我们俗称的“烧钱模式”，多轮融资掩盖了它们的伤口。霍夫曼的经验告诉我们，如果没有可持续性的商业模式为依托，资本将成为初创企业的吗啡。

那么，作为一家初创企业，应该如何获得成功呢？

本书最中肯的建议是：先实现一个小目标吧！这不是一个段子，而是一份严肃的商业计划书蓝本。

很多获得巨大成功的企业都是从小目标开始的。比如谷歌最初的产品只有简单的搜索框，没有竞价广告，没有Gmail（谷歌邮箱），也没有谷歌地图。

又比如亚马逊，初创期唯一销售的商品就是书，因为书是当年最容易搭建供应链的商品。

所谓创新，其实并不复杂，这个时代，简单本身就是最好的创新。

通过我罗列的这些问题，你是否大致体会了霍夫曼对于创新、创业的理念？

我相信，这本书一定会令你获益良多，无论你是一名创业者、技术控，还是正在寻找好项目的投资人。

祝你们成功，在路上的创业者们。

优客工场创始人　毛大庆

硅谷飞来的创业工具箱

近年来，从《乔布斯传》到《从0到1》，从《精益创业》到《硅谷钢铁侠》，来自硅谷的创业思想越来越成为中国企业界的显学。硅谷已经不仅是一个创业中心，更成了一个创新思想的输出地，这一盛况只有柏拉图创立的“雅典学院”可以媲美。硅谷思想家们在中国的影响力不局限于创业创投领域，更在整个企业界掀起一股股风潮。如果没读过几本硅谷大佬的书，见面都不好意思打招呼。

从彼得·蒂尔到凯文·凯利，再到如今的霍夫曼，一位位硅谷大咖来到中国，成为企业家和创业者们追捧的明星。中国人穷怕了，也对落后挨打的往事有刻骨之痛，所以一心一意追求富强。国家追求富强，个人追逐财富。根本原因，还是追求安全感。中国人的聪明勤奋和巨大的市场机遇结合在一起，就形成了浩浩荡荡的创业大潮。

传统行业被创业者“扫荡”过一遍后，已经产能过剩，不再具有高增长性，留下来的都是建立了规模优势的胜出者，当年的创业者已经成了如今的“土豪”。是的，不要看他们很多人学历不高，做事方法也很土，但他们是货真价实的第一代创业者。受到美国互联网泡沫的刺激，大量海外资本和不少海归创立了第一批互联网公司，于是出现了第二代创业者，这些人有着海外教育背景或同时拥有海外资本的支持（也许马云、马化腾及其团队的海外色彩弱一些，但同样得到了大量海外资本的支持），把海外的互联网商业模式引进中国，成了互联网拓荒者和后来的巨头。时至今日，他们已经基本控制了互联网世界的主要领地，从衣食住行到通信娱乐，无所不包。留给后来者的空间已经不多了。但是新一代创业者还在源源不断地出现。这一批人面对的市场和用户都跟前两代完全不同，市场更加细分，用户更加挑剔，但是幸运的是，技术和模式的创新也更丰富。他们的创业更为精细化运作，更侧重利基市场，更轻，更小，但也往往更美，更新奇，更个性化。

在这样的图景上，中国的创业者最好的对标者就是硅谷。硅谷同样被三巨头垄断（谷歌，脸谱，亚马逊），同样追求更小的市场、更新的技术，同样面对已经被互联网洗礼过的、更为挑剔、对创新的“惊叹阈限”更高的客户。

而中国的创业英雄们往往更多是实干家。一日千里的市场变化也让他们连轴转，无暇提出太多原创思想。跟西方那些早早接受逻辑思维和文法结构训练的创业者相比，他们的思维更直觉化，也很难从千变万化的市场风向中总结出什么“永恒之道”，作为信仰实用主义的中国人，他们对于抹平利差和填充蓝海的渴望，比思考成功背后的原理更为迫切。“立德立功立言”中，立功肯定比立言重要。

自然界厌恶真空。立言的真空肯定会被其他的供给填满。硅谷的明星们跟美国的政治明星一样，热衷并善于著书立说。既有互联网发源地的光环加持，又不像中国这样过于浮躁，他们成为最好的“立言”供给者。

事实上，虽然很多商业的原则相通，但中国事情的特别之处在于，大家都心知肚明的很多规则无法落笔直书。真正让企业成功的因素也许从来没有出现在创业大佬的演讲中。中国的创业家们基本是靠着前辈们的教诲和血腥拼杀来的惨痛教训成长的。社会大学教给当代创业家们的知识比所有在学校里学到的还多。

作为一个在中国创业十余年的老将，我深有感触。对我来说，创业是一群人的浪漫。也就是一群平凡的人，秉承共同的价值观和使命，聚集在一起，做出不平凡的事业。这里有两个要点。第一，创业是一群人，永远不是单兵突进，没有团队的创业几乎是不可能成功的。在现在这个技术竞争和商业竞争越来越激烈的时代，更需要一个资源和能力互补的强大团队。第二，拥有“不平凡”的目标。就像“过度学习”的原则一样，如果你瞄准 70 分，可能只能实现 50 分。所以如果你渴望 100 分，就要瞄准 120 分。志存高远，也就是我说的“浪漫”。中国的创业环境野蛮而充满活力，不时有劣币驱逐良币，也不时出现奇迹，要活出精彩，成就浪漫，需要有充分的想象力和定力，外加运气！

霍夫曼的这本书干货很多。他自己是连续创业家，这在硅谷或者中国都是属于优秀创业者。一个人第一次创业成功后，还有动力继续创业，而且又再次成功的，第一，说明他热爱创新，渴望改变世界，渴望证明自己；第二，说明他的方法论正确，眼光也精准。所以一个连续创业者一定是掌握了“创业奥秘”的人。

这奥秘是独特的性格特质和一整套行事方法，比如对市场的敏感，对节点的判断，调度资源的能力，以及感染力、说服力、毅力、灵活性，等等。我们可以把它比作一个工具箱，任何一个人，一旦得到了这个工具箱，都可以在创业中取得一定的成功。我们在实践中不断追求的，其实无非就是这个工具箱。它不是一次性的馈赠，也不是一成不变的展品，随着市场和技术的变化，工具箱里的工具也要随时更新。

霍夫曼在这本书里给我们准备了这个工具箱的初始形式。但是未来工具箱要如何充实和更新，就靠个人自己了。现在被狭义理解的“创业”只是商业社会的一部分，也要符合商业规律。只是另类投资的创新金融形式给了这种商业一种全新的逻辑。但归根到底，商业的本质就在那个“工具箱”里。每个人都要去打造自己的工具箱。很多时候，在中国创业成功，需要的工具也许并不在装饰精美的工具箱里，而是后来你在社会中偶遇的。但是没有这样一个工具箱，也就是这样一套比较合理的思维框架，你捡到了好的工具，也没有地方可装。

因此，推荐大家将这本《让大象飞》当作硅谷飞来的工具箱。假以时日，当你的工具箱琳琅满目的那一天，你也可以把这箱子里的宝藏们分门别类一下，给我们整理一份你的“立言”之作。

易宝支付CEO　唐彬

在行动中领悟创新本质

创新与创业的过程千头万绪，跌宕起伏，这中间是否有可循的规律？读了霍夫曼先生的这本书，创新者与创业者就有了相对清晰的答案。尽管我在北大从事创新与创业的研究教学多年，也培养了上万名企业家与创新者，但是当我自己真正投身创新创业实践的时候才深刻理解创新的本质。从旁观者到参与者再到领导者，这是一个如凤凰涅磐的转变过程，也是一段人生宝贵经历。我发现这也是不少企业家与创新导师交流时他们的普遍感受与经历。因此，在读霍夫曼先生的书时，创新者们会发现霍夫曼先生的经历与观点会引起他们很强的共鸣。说到底，离开了“知行合一”，人们几乎很难领悟创新本质。

创新是异常艰难的。这是存在的事实，不是研究的发现。正如书中所讲：创新不是简单而直截了当的，也不是一个线性的过程。创新是一个不可预知的、不合常理的，以及令人不可思议的艰难过程，这也正是为什么会有那么多的人和企业在创新上失败。创新是在“混沌”的边缘找到“确定”。创新中“败”是常态，“赢”是理想。创新团队要有“天时，地利，人和”，创新领导者更重要的是有高度的智慧与持久的意志。创新者希望降低失败的风险，就需要不断地进行意志的磨练、精神的锻炼、技能的训练。

创新文化比技术更重要。《孙子兵法》中提出战争谋略的五个要素：“道，天，地，将，法”。其中第一是“道”。“道”通过文化渗透于创新者的分分秒秒，影响到企业的每一位客户与员工。我们发现科技企业的创业中“重术轻道”的现象在各个国家与地区都很普遍。书中也有很多这方面的案例与分析。其实认真想想，能够透过现象认识本质的人在各个历史时期都是极少的。这是人类认识世界必然经历的思想过程。如列奥纳多·达·芬奇、王阳明这样能够做到“知行合一”的人，也经历过艰苦的磨练过程。这个必要的磨练过程不能完全消除，但是可以加快。

创新历程贵在人的价值。越是艰难的创新，就必须更加尊重客户，尊重员工，尊重股东，尊重自己，尊重彼此的不同。这在东西方文明中是相通的。书中提到初创企业的创始人要有献身精神，对于他们的使命要充满激情，需要创建一种“包容的文化”。你不但需要接受失败而且还要包容那些愚蠢的观点、低级的错误、相互对立的思想以及无谓的花销。无论团队成员的观点看上去会有多么疯狂或者不正统，那个提出这些观点的人都不应该受到批评。书中的多个案例也证明了领先的创新企业的“真功夫”就是做好“人”的工作。创新者真正做到了发自内心地尊重人的价值，才有了在江湖中迎击风浪的基础。

创新需要实事求是。许多初级创业者容易被各种“神话”所迷惑。书中提到创意、创新与创业的关系，可谓一语惊醒梦中人。对很多创业者来讲，问题并不在于如何才能找到一个好的创意，真正困难的是如何才能将这些创意转变成为一项行得通的业务。正是在这一点上大多数的初创企业才显得步履蹒跚。它们有一个非常引人注目的创意，但是在找寻正确的、符合市场需求的产品时却遇到了麻烦。这些问题在中国前两年浮躁的“创业泡沫”中已经暴露出来。在快速迭代、精益创业的同时，一定不能忘记为客户创造价值才是创新之本。暂时的激情不能成为创业持续的动力，灵机一动不能成为创新的永恒价值。

创新生态需要大家共同营造。创新文化是群体性的社会思想与行为，不是几个科技侠客能够影响的。我很赞同书中的这个观点：各种各样的企业，无论是大企业还是小企业，都有很多非常有才能且具有创造力的人才。他们只是需要一条能够发挥才能的途径而已。缺乏创新生态的城市将会衰败，缺乏创新生态的企业将会灭亡。创新生态的建设者自己首先要健康，生命思维是创新者的首要思维。书中特别提到不少初创企业的创始人根本没有时间谈恋爱，体会生活与艺术，这很不健康。我非常同意，如果自己的身心健康都管理不好，如何去管理一家创新企业?

如今中国最缺的不是创业企业的数量，而是健康的创新生态，尤其是教育生态。每个中国人都去创办企业，对世界绝对是灾难；而每个中国人都去学习创新，对世界绝对是福报。国人学习实践创新，就需要有正能量的教育体系。建立科学与民主的创新教育体系就是我们这一代教师的使命。未来最具价值的创新教育必定是在中国。

创新者的幸运就是能够在行动中去领悟创新的本质，理解创新文化。这本书是打开了一扇窗，这已经不容易，而真正走向广阔原野，去开辟新的天地，就要靠坚定的行动与持续的正能量。创新的快乐就在于突破一个个困难，超越一个个自我。

您要想飞翔，不必成为鸟，但一定要行动。

北京大学光华管理学院管理实践教授、

创新学堂创始人　蔡剑

站在时代的跑道上

这是一个颠覆的时代，也是一个创新的时代。随着人口红利的终结，基于知识和技术的第二次认知革命正在爆发。技术的变革呈指数级增长，技术创新将渗透所有行业，颠覆所有行业。

硅谷，全球创新大本营。它用50年成为世界科技之巅，而这一切都源于创新。它以其特有的创新生态雨林和颠覆式创新模式成就了硅谷奇迹，引领着世界科技创新创业的最新方向，重塑了美国乃至世界的现在和未来。

创新是认知的颠覆和重组，不断试错和认知的改变是互联网时代认知升级的唯一路径。只有不断触碰自己的认知边界，重塑认知，才能洞察创新的本质，捕获趋势风口。只有持续学习、持续创新、面向未来、布局现在、才能站在时代的跑道上，迎头拥抱未来！

本书关注创新和创业者精神，史蒂文·霍夫曼船长对创业者有着赤诚的热情，对创新和创业精神有着独到的见解，他乐于与创业者们进行交流，为创业者和企业家们提供帮助和辅导，告诉他们如何解决创业过程中存在的各种困难，以及在企业中如何进行创新，如何推出具有革命性的创新产品和服务。他告诉我们，只有不断学习，不断构建和重塑新的认知，才能够做到创新。这与我所说的创新是认知的颠覆和重组的理念完全一致。

数十年来，霍夫曼船长经历了作为创业企业家、职业技术人、企业高管、风险投资家、作家,以及开展孵化器业务……等丰富的尝试并获得了成功。立足作为创新高地的硅谷，依托于不断积极尝试后的经验、知识积累和富有洞见的认知，霍夫曼船长深刻意识到世界的不断变化，认识到创新的重要性。他急于建立一套成功的“创新方法”，帮助那些有着独特思考，积极面向未来，期待新世界却面临种种阻碍的年轻人，帮助他们改变认知，实现创新，拥抱未来。

在书中，作者具体揭示了硅谷背后的创新过程，结合他跨文化的深刻认知，从技术创新、创新方向、创新环境、创新技巧等维度，描述了“激进创新的过程”，为创业者和企业家们提供了一个创新创业的成功“套路”，指出一条拥抱变化、拥抱未来的光明大道。

书中清晰而具体地阐述了世界技术发展的历程和趋势，辅以翔实的案例分析，给读者以极其形象和深刻的理解。并提供了极具洞见的创新理念、清晰的创新方向和行之有效的创新方法。作者希望创业者和企业家们能够汲取书中的激进式创新观点，寻找到创新本源，洞悉创新深层逻辑，深刻理解不断变化的技术创新、商业模式创新、管理模式创新，以实现企业中的创新。由此，实现他帮助中国乃至世界的创业者和创新者，使他们能够拥抱变化，拥抱未来，并推动世界进步的伟大使命。

硅谷创客资本创始人、以色列洼地资本创始人　赵胜

与众不同的中国创业者

中国文化和中国人具有某种非同寻常的特质。我发现我很幸运，现在我每年大约有一半的时间会在中国，我在北京、深圳、上海、杭州、武汉和成都这些城市花的时间越多，我就越能够领会中国文化的深度和丰富多样性。

我从来没有遇到过如此聪明、有决心并且还如此努力工作的创业者，他们对于新的想法保持着完全开放的心态，而且他们还非常急切地想要在这个世界刻下自己的印记。对我来讲，没有什么比可以和那些年轻的创业者坐在一起进行交流更能令我满足的了，我们交融思想，共同构想出某些突破性的想法，并用这些想法改变他们的企业。

创业者通常都是一些具有独特视角并且还拥有强烈好奇心的人，在我对他们的初创企业提出建议时，他们会与我分享对自己所在行业的深刻见解。我总是说我从那些创业者身上所学到的和他们从我这里能学到的实际上一样多。我坚信教育和导师的辅导是一个人能够给出的或者可以收到的最为重要的礼物。我是一个犹太人，我来自一个非常重视教育的文化氛围，我们认为教育的价值高于一切。这就是为什么尽管犹太人遭受了数千年的迫害，但今天却依然在商业、政治、科学以及艺术等领域能获取顶尖的成就。

中国人也同样热爱学习。孔子、老子、孟子、朱熹、王阳明以及无数其他人的学说和教诲为中国的文明奠定了基础，数千年来中国始终在创新和艺术上引领全球，直到工业革命前中国人都是欧洲人无法企及的。在汉、唐、宋、清各个朝代，中国的发展不但表现在国力上，更体现在其发明以及发展新工艺和新产品的能力上。

我现在花那么多的时间在中国是因为我相信，中国的创业者将会在塑造我们这颗行星未来的过程中起到决定性的作用，而我想要的不仅是期望能在中国学到些东西，还希望能和大家一起分享硅谷的创意以及在那里已经得到完善的创业方法论。我很幸运能够和许多中国顶尖的知识分子、政治家以及创业者接触。我曾被邀请参加一个特别的创新论坛，在座的有中国总理李克强、阿里巴巴集团董事局主席马云、腾讯公司控股董事长马化腾、大疆创新创始人汪滔、优客工场创始人毛大庆以及苹果CEO（首席执行官）蒂姆·库克。坐在我旁边的是创新工场创始人李开复和北极光风险投资基金创始人邓峰，这使我们有机会在一起谈论和交换对创新的见解。

所有这些都给了我不少机会来理解中国以及中国的创业环境到底和硅谷有哪些不同。现在我和中国的初创企业创始人会面，我已经能够帮助他们跨越不同文化之间的鸿沟并更好地利用我们在硅谷所学到的东西。例如，我花了些时间来辅导HiiBook的创始人，Hiibook是一款很漂亮的APP，它在电子邮件中向用户提供了类似微信那样的体验。当我和他们见面的时候，他们已经有了1 000万的下载量并且发展得很快。但他们有两个很大的问题。首先他们的投资人正催促他们在产品中加入广告。我告诉他们这是一个很大的错误。他们不应该去做任何可能会减慢用户增长的事情。Facebook（脸谱网）、YouTube（视频网站）、Twitter（推特）、微信以及大多数其他快速发展的APP都是在占据了市场主导地位后才加入广告的。

其次，他们正纠结于是否集中资源进入美国市场。我告诉他们现在更应该专注于中国市场，晚一点再去美国。他们有一支很小的团队，且在美国开展运营需要投入大量的资源，而这会影响到他们在中国进行规模化扩张的能力。让一个APP成为受人欢迎的产品是一件很困难的事。很可能在他们投入了大量的时间和资源并在美国发布了产品后，却发现这个APP并不能够像在中国那样被人接受。甚至在中国已经非常受欢迎的微信，在美国市场也没有获得重大的突破。专注于一个你已经有了赢家的市场对于早期的初创企业有限的时间和资金而言会是一个更好的选择。

这只是我如何与中国的初创企业进行沟通并辅导它们的一个例子，但这并不是我在中国业务的全部。我对于学习的激情已经超越了我所接触到的初创企业。我非常喜欢我所接触到的中国历史、艺术和文学。无论到哪个国家我都会尽力使自己沉浸到当地的文化氛围中，比如当我在墨西哥、韩国、意大利或者日本的时候，我一定会花时间来探究当地人感受这个世界的独特视角。我还花了大量的时间来阅读，我的目标是每周至少阅读一本新书。我希望我能够吸收到的不同主题和新思想越多越好。我对于某项阅读的主题知道得越少，那么这样的阅读对我也就越有价值。新的思想是创新的核心构建单元，我们能够向自己头脑中输入的至关重要且截然不同的信息越多，我们所能构建的原创且意想不到的知识链接也就越多。

我们的大脑是一部能够以不可思议的速度进行模式匹配的机器，但只有当你向这部机器输入数据后它才是这样一部机器。这就是为什么埃隆·马斯克还是一个小孩的时候就读完了整部《大英百科全书》，他还阅读了从经济学到星际旅行的所有书籍。马克·扎克伯格、比尔·盖茨、沃伦·巴菲特以及那些历史上的伟大思想家都阅读了大量的书籍。他们不但有着好奇的天性，还意识到通过接触尽可能多的不同观点，能够更好地理解这个世界并参与塑造它的未来。

我发现在每一个国家和每一种不同的文化中，真正的创新者都是那些逼迫自己不断去学习、尝试和创造的人。如果他们没有去尝试某种新的东西，他们就会感到并没有真正活在这个世界上。我的父亲是麻省理工学院的教授，以教授早期的宇航员火箭科学开始了他的职业生涯。我的母亲是一个现代抽象艺术家。我是他们教育的成果。我的一半是工程师，另一半则是艺术家。这可能就是为什么从我还很年轻的时候起，我就感到自己内心始终有一股制造出某种东西的冲动。

当我高中毕业时，我已经制作了50部短片，撰写了一部糟糕的科幻小说，设计了数十种桌面游戏，开发了一款软件数据库，在家里的花园中堆满了由陶土制作的奇形怪状的塑像，还编写了一款令人非常上瘾的计算机游戏，我的很多同学因为在这款游戏上花了太多的时间而几乎没能通过考试。从那以后我又从事了很多种不同的职业：连续创业者、风险投资人、天使投资人、移动工作室负责人、计算机工程师、电影制片人、好莱坞电视剧执行人、作家、程序员、游戏设计师、日本漫画改编人以及配音演员。

现在我在中国拓展我的孵化器业务并辅导初创企业，我把帮助中国的创业者，以及加强与我们拥有合作伙伴关系的22个国家中的创新者的沟通和整合各种资源看成我的使命。我还期望能帮助重塑中国的教育系统。这个世界在不断变化，我们需要考虑如何来超越标准化考试以及那些陈旧的教学方法。在如何与年轻人进行沟通，以及如何帮助他们为一个与我们所知道的截然不同的未来做好准备等方面还有着巨大的创新空间。

在中国政府以及我那些在商业界和学术界的朋友的支持

下，我希望我们能重新想象一下该如何来培育我们的下一代，帮助他们准备好面对一个全新的世界，在这个世界中机器人将从事着今天绝大多数由人类来完成的工作，而人类社会的整个架构也将会发生翻天覆地的变化，并且各种技术会以前所未有的速度向前发展。

中国和美国是两个超级大国，伴随着它们的则是巨大的责任。未来就在我们的手中，深入的合作只会为我们带来利益而不会有任何的坏处。我希望那些我曾给出过建议并进行辅导的年轻创业者能够走在前列，拥抱改变，并在全世界范围内促进道德的进步。

这本关于创新和创业者精神的书是我对于这一努力的小小贡献，而我希望这本书会对你们有用。

|Making Elephants Fly|前　言

船长日志

我写这本书的目标是：具体地揭示隐藏在硅谷这个世界创新工厂背后的创新过程，解析硅谷重塑我们的生活和命运的能力。在过去的10年里，我在旧金山和数百位初创企业的创始人一起工作，帮助他们理解创新的基本方法、模式和硅谷的理念，并实际运用这些方法和理念来推出具有革命性的产品和服务。我能告诉你的是，创新不是简单而直截了当的，也不是一个线性的过程。创新是一个不可预知的、不合常理的，以及令人不可思议的艰难过程，这也正是为什么会有那么多的人和企业在创新上失败。它的艰难程度就好像你想让一头大象飞起来一样。但在今天，创新同样还是创造绝大多数财富的源泉，如果你不去创新，那么你就会和这些财富失之交臂。

无论你是为自己还是为他人打工，在今天这个世界，你需要创新才能有竞争力。无论你是初创企业的创始人、公司高管、小企业主、自由职业者还是专业人员，在世界的某个地方一定存在着某种技术，而这种技术将会颠覆你所从事的行业。如果你不能驾驭这项技术来为你自己建立优势，那么肯定会有其他人这样做。创新已经不再是一个可选项，它是你进入商业世界必须付出的代价。

今天几乎每一家主流企业都把创新当成其首要的任务，但只有不到 1/4 的企业高层领导认为他们自己的公司能进行有效的创新。创新的压力以及因创新失败而付出的代价在不断地上升，然而绝大多数公司在创新上却没有任何建树，依然在使用数十年前就已经在推广的陈旧技术。这就是为什么世界上一些最大的企业会把整个市场输给那些它们从来没有听说过的初创企业。

“创始人空间”（Founders Space）是世界领先的孵化器和加速器中的一员。作为“创始人空间”的船长，我一直站在创新的前线。在硅谷，所有人都称我为霍夫曼船长，我与那些创始团队一起工作，手把手地帮助他们构建自己的商业模式，创造具有突破性的产品，协助他们进行融资并扩大他们公司的规模。在整个过程中，创始团队会不断地进行各种尝试，经历失败并从错误中汲取教训。作为他们的导师和顾问，我得以近距离观察那些成功的团队是如何把一个粗糙的、还远没有真正成型的想法转变成为下一个具有轰动效应的企业的，而我自己也在这个过程中获得了极有价值的洞见。

在本书中，我将向你展示成功的初创企业以及大企业创造出新的产品和服务的过程，并同时解答每一位创新者都需要知道的关键问题：

- 硅谷的创业者是如何在孵化器内展开创新的？
- 为什么有些最精明的企业却在这个过程中失败了？
- 什么是构建创新团队的最佳方法？
- 哪些人应该被引入创新团队，以及他们应该具有什么样的技能？
- 在大企业中应该如何进行创新？
- 哪一种方法和过程可以带来持续性的结果？
- 你又该如何来辨别下一个价值10亿美元的机会？

找出上面这些问题的答案并不是一件简单的事。创新是复杂的、无序的，并且常常还令人无法捉摸。这样说吧，我会一步一步地解释这一过程，并向你演示当你在企业内部复制这一过程时需要为此付出些什么。我会清楚地说明怎样才能把这些经验教训带给任何组织机构，无论它们是初创企业、家族企业还是跨国公司，并指出如何在这些组织机构中加以实际应用。

我相信自己是一个好老师，因为我自己就曾经创业过。我先后与人一起创立了三家不同的、获得了风险投资的初创企业。我曾经在战壕里挣扎着，竭力为自己的公司找出一条正确的路，因此我知道过程会有多么的艰难。我目睹了互联网泡沫的膨胀和崩溃，经历了2008年的金融危机，也赶上了最大的几波技术浪潮。但最后我沉淀了所有的经历、成功和艰辛，并将之转换成为我开展创业教育的基础。

我曾经为一些大企业和上市公司提供服务，这其中包括美国著名的元搜索引擎公司InfoSpace和日本的游戏公司世嘉（SEGA）；我还培训了来自IBM（国际商用机器公司）、日本富士通和华为等跨国公司的职业经理；另外我还帮助了许多在亚洲的家族企业。由于我具有多种不同的背景，我既可以从一个白手起家的创业者角度，也可以从一个大公司管理者的角度来看待创新。在本书中，我会同时从这两个视角来谈论创新。我会向你演示，在初创企业里以及在一些世界上最大的综合性企业集团中，创新是如何进行的。

那么我又是如何以及为什么要创立“创始人空间”呢？5年前，在我结束了我的第三家获得风险投资的创业公司后，我决定休息一段时间。也就在这段时间里，我的很多朋友开始在硅谷创立他们自己的企业，他们找到了我以寻求帮助。“史蒂文，你一定要帮帮我！”我的朋友会这样对我说道，“我如何才能获得融资？你是怎样写商业计划书的？我应该让哪些人进入我的顾问团？”

我很高兴能回答他们关于融资、产品开发、设计以及市场开发策略等各方面的问题。这样过了几个月后，我意识到大多数创业者都有相同的问题，因此我开始在博客上贴出对那些问题的回答。其中一些帖子在网上疯传开来。很快有一些我并不认识的新的创业公司的创始人来寻求我的帮助。也就在这个时候，“创始人空间”诞生了。

我和我的同事开始在旧金山和硅谷举办一系列的聚会。我们的活动和圆桌会议是如此受欢迎，以至这种活动的形式蔓延到了洛杉矶、纽约、得克萨斯，且最远到了新加坡。这样过了几年以后，“创始人空间”从我的一个作为兼职的业余爱好和义务劳动的活动，逐渐成长为一个我全职投入的全球性企业。现在“创始人空间”在全球多个国家有超过 50 家合作伙伴。对我们来讲，欧洲是我们所关注的一个重点，而且我们现在正在亚洲快速扩张。我们在中国大陆、中国台湾以及韩国运营深度孵化培训课程，在中国上海我们已经建立了一家“创始人空间”孵化器，而且我们还计划在日本和德国建立同样的孵化器。我们的任务是在全球继续扩张，东南亚以及拉丁美洲是我们的下一个目标。在过去的两年时间里，数以千计的初创企业参加了我们的研讨会，超过 400 个创业者通过了我们孵化项目的培训。我们的成功案例包括一家在有机食品快递领域发展最快的初创企业，一家有着最好销量的虚拟现实游戏开发商，以及一些运用人工智能、大数据和物联网等技术重塑了我们的家、工作场所和生活的初创企业。

那么我为什么会觉得有必要写这本书呢？尽管在市场上已经有了很多关于创新的书籍，但没有一本描述了在一家硅谷的孵化器内正在进行的创新过程以及它们所使用的方法论，也没有任何一本谈到了该如何将这些创新技巧应用于大到全球性的跨国公司、小到那些在车库里的初创企业。而这些再加上我的个人经验，使我对于创新在不同的组织、文化和商业环境下是如何发生的有了一些深刻理解，我还将我的经验浓缩成了某种每个人拿来就能使用的东西。我的目标是帮助你理解，当你把硅谷的创新点子、活力和独创性引入你的公司时，所有这一切对你将意味着什么，这样你就能在创新思维和企业经营中超越你的竞争对手。等你消化了本书的内容后，我真诚地希望，你能带上你那些不可思议的宏大愿景开始腾飞。

Making Elephants Fly

The Process of Radical Innovation

第一章

寻找方向：不管是否寒冬，总有浪潮在往这里来

当新技术的压路机向你碾压过来时，如果你不能成为压路机的一部分，那么你就只能成为路的一部分。

斯图尔特·布兰德[1]

《全球目录》作者

创新并不是什么新鲜的事。从史前时代起我们就一直在进行创新。当人类与火相遇并意识到该如何利用火来取暖、烹煮食物、抵御敌人并在黑暗中照明时，人类历史上的第一项重大创新就出现了。从那以后创新过程并没有发生什么本质的变化，我们依然在重复着相同的过程，尽管我们拥有了更为丰富的知识，更好的工具，以及更懂得如何相互合作。

在人类历史上最具争议，也是最重要的创新是约翰内斯·古登堡[2]的印刷机。以现代的眼光来看，这台印刷机实在是太简单了：不过采用了活字而已。但它对人类历史的影响是极其巨大的。单单这一项创新就使知识的传播和思想的交流得以在一个史无前例的规模上展开。信息的自由流动促使社会发生了重大的变革，其中就包括了欧洲的文艺复兴、宗教改革以及科技革命。这一前所未有的知识分享方式的爆发构成了我们现代社会的基础。

在之前的数万年时间里，我们社会的发展是线性的，但是在全球规模上组织、分享和使用信息的能力把我们从欧洲中世纪的黑暗时代推进了启蒙运动的时代，并更进一步驱动着我们进入了之后的一个又一个时代。如果你从历史的角度来看待创新，那么活字印刷术的发明就是我们整个社会的发展呈现出指数级增长的起点。这一增长的加速一直持续到了工业革命时代以及今天的信息时代，与过去的千年相比，现在更多的信息和资源已经能惠及更为广泛的人群。今天，第二世界和第三世界的国家能够接触到与第一世界的国家完全相同的知识库。一个在肯尼亚内罗毕大学读书的好学的学子可以和那些在纽约、柏林以及东京读书的学子一样，登录同一个在线论坛、讨论组，并获取到完全相同的信息。

现在，我们又将会向前跨出新的一大步。我们已经在叩响认知时代的大门，在这个全新的时代，当机器开始处理极其大量的数据，做出复杂的决定，并在一个前所未见的规模上进行数据交换时，人工智能就有能力使机器开始思考，并做出自主的行动。当我们开始外包常规的以及复杂的决策时，决策过程也将从人类的大脑转移到电脑中。在接下来的数十年时间里，我们将在自己身体的所有部位植入微处理器，以延长我们的寿命、扩展我们的认知能力、增强我们对这个世界的控制力。人类和电脑的共生关系将很快地提升到这样一个层次，我们决策过程的某些部分将不再依存于我们的头脑，而是由云来支撑。我们的大脑将每周 7 天、每天 24 小时地与互联网直接相连。

这听起来可能令人感到非常恐怖，但完全没有必要为之担心。就在不久以前，世界 90% 的人还被束缚在农田中辛苦劳作，但工厂和服务岗位上的工作也可能很快就会被淘汰。技术的进步把人们解放出来以从事更具有创造性的工作；技术的进步将使我们体验和从事那些在我们的想象中都认为是不可能的工作；技术的进步将帮助我们解决这个世界上一些最为紧迫的问题，比如气候变化、食品供应、生态环境的破坏以及疾病的暴发；技术的进步还将开启认识我们自身以及这个宇宙的全新方式。技术创新不但是我们作为一个物种继续进化的下一步，还是我们赖以生存的关键。没有根本性的创新，我们无法维持现在的生活方式。

幸运的是，随着向前跨出的每一大步，我们的创新能力将继续倍增。摩尔定律的失败是因为它的定义过于狭窄，这一定律仅适用于物理限制的条件下，对微处理芯片性能的提升所进行的量化描述。我想，摩尔应该把他的定律扩展用于描述创新本身。对创新的速率进行量化并不容易，但如果你观察一下在过去的两千年里我们社会的进步，很显然，我们所经历的已经超越了线性的发展（见图 1–1）。

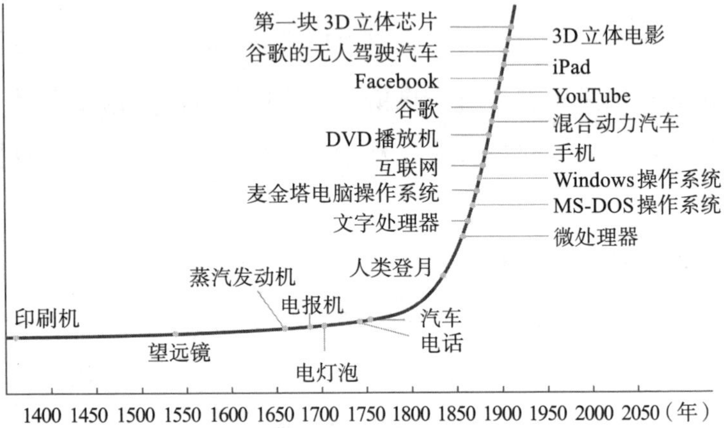

图 1–1　技术发展的速度

想象一下在未来的数十年里技术发展又将如何沿着创新曲线向上提升。无论你靠什么谋生，你都将是这一正在发生的巨大变化的一部分，这一变化将改变你的工作、你的生活和你自身的形象。这些变化将会既深刻又富有启示性。今天被我们称作工作的岗位将不再属于人类，而我们认为只应属于我们自己个人的思想和体验也将与机器的思想和体验相缠绕，延伸并超越当下我们的大脑和身体的物理限制。所有这些都将在我们孩子的一生中发生，而我们中那些推动并拓展科学、技术以及商业界限的人将收获回报，并有机会塑造我们的未来。

技术并没有你以为的那么重要

任何新的技术通常都会经历一个25年的接受和采用周期。

马克·安德森[3]

安德森·霍洛维茨风险投资公司联合创始人

谈到创新，最大的误区之一是，认为创新指的就是技术创新。实际并非如此。在创新的过程中技术仅仅是其中的一部分，而且对于创业者来讲，技术也并不一定是创新最重要的部分。事实上，大多数新的发明在成为具有活力的商品前会被埋没数十年。你可以在历史中找到很多这样的例子，从内燃机到电灯泡再到计算机，从最初的发明到形成产业，你可以观察到一种引人深思的在时间上的滞后。

当我以“创始人空间”的名义在世界各地出差时，我总是会遇到一些政府官员和产业领袖，他们相信复制硅谷的方法就是发展或者引进新的技术。他们常常愿意花费数十亿美元来达成这一目的。这样的想法是有问题的。技术确实很重要，但不是我们所寻求的答案。如果你分析那些最为成功的初创企业，你可以看到，当它们起步时，它们中的绝大多数只有很少或者甚至没有任何技术专利，下面所列出的这些独角兽企业就是活生生的例子。

- Uber[4]——私车共享
- Airbnb[5]——家居共享

- WeWork[6]——办公空间共享
- Spotify[7]——音乐
- Snapdeal[8]——在线购物
- Zenefits[9]——在线人事管理软件
- SoFi[10]——学生助学贷款
- ViceMedia[11]——媒体与新闻
- Credit Karma[12]——免费的信用积分
- Delivery Hero[13]——在线外卖服务
- Wish[14]——在线购物
- Houzz[15]——家装设计
- Blue Apron[16]——半成品净菜
- Dropbox[17]——在线文件共享
- Instacart[18]——门到门杂货外卖
- SurveyMonkey[19]——在线调查
- BuzzFeed[20]——在线新闻
- Jet[21]——在线购物
- Thumbtack[22]——为项目雇用专业人员
- Eventbrite[23]——活动票务以及搜寻
- 印象笔记[24]（Evernote）——移动笔记
- Warby Parker[25]——眼镜的在线销售
- Nextdoor[26]——邻里之间的社交网络
- Kabbage[27]——小企业贷款

• Udacity[28]——在线课程

• Box[29]——面向商务应用的在线文档分享

在这张清单下面我们还可以罗列更多这样的企业。

很显然，在开展业务时，绝大多数正在改变这个世界的初创企业并不依赖于技术创新。相反的是，它们更关注商业模式的创新和设计创新，以及如何把这些创新与现有技术相融合。它们所使用的技术都是现成的或者是开源的。任何人在任何地方都可以很容易地获取这些技术。这些技术并不是硅谷所独有的。因此当我听到一些政府官员坚持说要发展自己的技术或者从硅谷引进技术推动创新时，我倾向于认为他们的关注点出现了偏差。他们正在谈论的又会是怎样的技术呢？实际上他们所需要的技术根本无须引进。绝大多数的技术都以开源的形式通过公开的渠道就能获得，或者你也可以很容易地向私人企业、大学以及研究中心申请获得技术使用许可。

让我们来看一下iPhone。我们可能会把iPhone看成技术奇迹，但隐藏在苹果公司背后真正的天才是它的设计创新。史蒂夫·乔布斯很清楚创造出一种独特的、令人叹服的用户体验能为苹果公司带来什么样的力量。iPhone所内蕴的技术并不是什么专有的技术，其中的大多数部件甚至不是苹果公司生产的。硬件和芯片常常来自第三方，这里就包括了苹果公司的竞争对手，如三星公司。但苹果公司真正放在柜台上所销售的产品却代表了苹果公司对于客户、客户的需求以及客户需要从产品中获取什么的深刻理解。苹果的主要创新体现在客户体验的设计和APP生态系统的设计上。

史蒂夫·乔布斯和乔纳森·伊夫[30]这两个人的才华正是在这一创新设计上才真正地表现了出来。用户真的爱上了这些产品，他们投入了时间和精力，并对之爱不释手。所以哪怕一部iPhone要比一部安卓系统的手机贵2—3倍，绝大多数iPhone的用户都不会改换门庭。让我们来看一下APP商店。当苹果公司正式推出APP商店时，这个商店既是设计创新上的突破，也是商业模式创新的突破。它使得用户浏览、安装、购买以及管理软件的过程变得简单又充满了乐趣。与此同时，它还为苹果公司提供了一个持续不断的收入来源，并且把用户与苹果更紧密地捆绑在一起。每当用户安装软件的时候，他们就会在这个生态系统中投入更多的时间，而且往往还会投入更多的金钱。如果他们离开了这个生态系统，也就意味着他们将放弃之前所投入的一切。这才是苹果的价值所在。所以我们说苹果的价值并不是建立在产品的硬件或者技术基础之上的。

与其他任何方式相比，在硅谷的设计创新能创造出更多的价值。你仔细观察一下绝大多数利用手中的专利技术开始创业的公司，还有那些在一开始除了一个创意以外其他什么也没有的初创企业，两者相比较，如果前者无法清晰地理解它们的客户，那么它们的日子与后者相比可能会更加艰难。你听说过某个解决方案正在搜寻与之匹配的问题这种荒唐的说法吗？一家企业一旦拥有了自己的专利技术，这项技术就有可能在无形中限制企业探索市场的能力。企业的日常经营就会紧紧围绕着这项技术，而如果当下的市场机会还不是那么的显而易见，这家企业就很可能会主动搜寻适合这项技术的市场机会。我把这种情况称为“技术陷阱”。

我在“创始人空间”经常能看到初创企业落入这一陷阱。最近有一家欧洲的初创企业的创始人来到我们这里，他们刚花了几年的时间和数百万美元开发出了一种裸眼 3D（三维）显示新技术。他们所面临的问题是他们手上的钱已经花得差不多了，但依然还没有将该项技术产品化，更不用说构思什么商业模式了。我们竭力帮助他们寻找到一个能够被硅谷的投资人所认可且与市场相匹配的产品。我想告诉你的是，如果他们能在花数百万美元进行研发之前就对市场进行相关的调研，那么事情就会容易很多。

你很容易就会相信你的技术会给你带来独特的市场优势，而事实上你手中的技术却在阻碍你的发展并限制你的市场机会。背负着专利技术，却没有明显商业机会的企业往往会推出适用于手中技术的解决方案。但问题是这些解决方案往往只是为它们的客户解决了一个根本不存在的问题。

让我们面对现实吧。确认客户的真实需求很难，但找到一个能让你为之创立一家企业来满足的客户需求则更难，更不用说寻找到能满足特定技术要求及限制的客户需求了。对此，比特币就是一个很好的例子。我还记得有很多初创企业从硅谷一些顶尖的风险投资公司那里融到了巨额的资金，其中就包括安德森·霍洛维茨风险投资公司，而仅仅只是为了想方设法找到一个问题来加以解决。但问题是，根本不存在任何问题需要解决。人们对于现状已经非常满足。

有时候硅谷会喝下它自己的迷魂汤，这通常是当一种新的技术出现时，这种技术是如此诱人以至所有人都会喜欢上它，但最终却发现任何的迷恋都是短暂的。

谷歌对于发展新技术可谓不遗余力，但很多人都知道，被谷歌所否决的项目数量几乎要比其他任何公司否决的都多。谷歌的很多项目，包括谷歌眼镜、Google Wave、Google Buzz和Google+等[31]，都是从解决方案出发反向搜寻所需解决问题的典型案例。所以谷歌的“月球发射”[32]项目在2016年的第二季度损失了8.59亿美元就是一件很自然的事了。我们将会在下一波的VR（虚拟现实技术）和AR（增强现实技术）应用APP中看到同样的事情在重复发生，其中超过90%以上的APP将会是针对那些根本就不存在的问题的解决方案。但是这些技术同样是如此诱人，所有投资人都在蜂拥而上，此时根本就不会有人去鉴别什么才是赚钱的业务，什么只不过在PPT（微软公司的演示文稿软件）文档中才显得极为漂亮。VR和AR就是技术和业务被本末倒置的典型例子。采用新技术的动力应该来自商业上的需求，而不是相反。

我非常喜欢阅读历史，特别是那些著名发明家的传记，而历史告诉我们，大多数发明家终其一生都没有赚到什么大钱或者创立什么新的行业。让我们来看一下尼古拉·特斯拉

（Nicolai Tesla）令人惊叹的一生吧。他发明了日光灯、收音机、遥控装置、电动机、激光以及无线通信，但临终却身无分文并且还被人完全遗忘。对于一个发明了这么多惊天动地的技术的人，怎么可能在其死后名下却一无所有呢？不幸的是，特斯拉绝非是一个孤独的案例。下面这些发明家同样在贫困中离世，但他们在生前却在技术上做出了惊人的突破。

- 约翰内斯 · 古登堡——活字印刷机
- 埃德温 · H. 阿姆斯特朗（Edwin H. Armstrong）——调频收音机
- 安东尼奥 · 梅乌奇（Antonio Meucci）——电话
- 鲁道夫 · 狄塞尔（Rudolf Diesel）——柴油发动机
- 杰弗里 · 达默（Geoffrey Dummer）——集成电路
- 查尔斯 · 古德伊尔（Charles Goodyear）——橡胶的硫化

这份名单我们还可以继续罗列下去。

我并不是在给那些想成为发明家的人泼冷水。发明家在我们的社会中扮演了一个极为重要的角色。我只是想清楚地表明把一项新的发明转化成为一项具有活力的业务或者说生意并不是一件容易的事，其难度是无法想象的。重大的突破往往来自下一代的创业者，他们只关注市场上出现的机会而不会被任何特定的技术所约束，除非该项技术刚好能服务于他们的目标。

作为一个天使投资人，我一直在和一些非常早期的、拥有某种专利技术的初创企业进行接触。这些企业的创始团队总是觉得他们必须使用这些技术，通常他们给出的理由是他们在开发这些技术的过程中已经投入了大量的金钱和时间，不过他们最终却发现，为他们所创造的东西找到一个能匹配的市场，要比他们之前已经完成的开发更为困难且更耗费金钱。每当一家初创企业带着一项新的技术找到我，却无法向我证明客户需要这种技术时，我就会打退堂鼓。因为他们带过来的实际上是一份死刑判决书。这就好比有人给了你一把钥匙，可以打开某一个藏宝箱，但却没有告诉你那个藏宝箱被埋藏在什么地方。我认为最好还是先拿到那个藏宝箱，然后你可以再想办法去撬开那把锁。聪明的创业者就是这么干的。

把技术转换成金钱这件事，大公司做得并不会比其他人更好，特别是当所涉及的技术和他们的核心业务没有什么太大关系时更是如此。以贝尔实验室为例。它拥有一系列举世无双且震撼世界的发明，其中包括第一个晶体管、太阳能电池以及高分辨率电视机，但贝尔实验室并不是从这些技术突破中收获了最大利润的公司。真正获取大部分利润的是那些从贝尔实验室获得技术使用授权，并围绕这些新技术创立了新的产业的创业者。

施乐公司的帕洛阿尔托研究中心是一个更能说明问题的案例。这个研究中心发明了以太网、图形用户界面、点阵式显示、桌面图标、弹出式菜单、重叠式窗口、鼠标以及面向对象的程序设计。在这些技术中没有任何一项在过去为施乐公司增加了多少利润，或者阻止了这家企业的衰退。事实上，通常来讲推出新技术的企业或个人并不能从该项技术中获益；真正获益的是那些看到了新技术的市场机会并扑向新技术的创新人士。以史蒂夫 · 乔布斯为例，他拿走了施乐公司最为珍贵的发明，然后以这些发明为基础创造了Mac[33]。

托马斯 · 爱迪生是另一个很好的例子。他并不是第一个发明灯泡、电影摄影机、发电机、蓄电池以及电报的那个人，但他却看到了其中的商机并创造性地走出了自己的成功之路。在辨识商业机会上爱迪生是一个天才，但他的天才还在于，他能够在窃取发明者所有声誉的同时把各种要素聚集在一起，构想出该如何把产品推向市场的策略。这就是一个真正的创新者所做的事情。

爱迪生的形象浓缩了一个发明者和一个创新者之间的差异。发明者把新的科学和技术带入这个世界，而创新者利用这些新技术开启全新的商业机会。如果你正在读这本书，那么你应该并不想把自己锁闭在一个研究实验室内。可能你更想利用外界已经存在的技术来转变你自己所在的行业。那么让我们来做个约定吧。不要去走那条在研发上花费巨资却不知道最终结果会怎样的道路。相反，你应该去观察这个世界，找出存在的问题，然后对现有技术做出调整以适应你自己的目标，最后通过测试市场来发现是否存在着相应的需求，并探索可能的市场机会。

桀骜不驯的硅谷聚集了一群“疯子”

我是一个硅谷人。我只是觉得硅谷人能做成任何事情。

埃隆·马斯克

特斯拉汽车公司CEO，美国太空探索技术公司（SpaceX）创始人

如果技术并不是硅谷成功的关键，那什么才是呢？当然绝不是我们的智力。我能告诉你的是，事实上美国人并不比其他国家的人更聪明。我们的大脑并没有给我们带来特别的优势，但我们有更强有力的东西：冲劲和多样性。硅谷最开始汇聚了一大群来自美国各地与周围格格不入的人——黑客、嬉皮士、艺术家和技术专家。他们中包括了斯图尔特·布兰德，他撰写了《全球目录》；史蒂夫·乔布斯，这是一个经常不洗澡，而且只吃水果的怪胎；道格拉斯·恩格尔巴特[34]，他主演了“演示之母”这场好戏；巴克明斯特·富勒[35]，他使“地球宇宙飞船”这个说法广为人知；肯·凯西和他的“快活的恶作剧群体”[36]；戈登·弗伦奇（Gordon French），他是“组装电脑俱乐部”的联合创始人[37]，上面这些只是我们随意举出的一些例子。

创造力之所以能在硅谷被引爆，其关键在于它能够让一个MBA（工商管理硕士）、一个艺术家、一个书呆子气十足的科学家以及一个吸食LSD（半人工迷幻剂）的嬉皮士，在同一个

房间里互相碰撞各种奇思妙想。正是这种碰撞催生出不止一家能改变这个世界的企业。在无秩序的和崇尚自由的20世纪60年代和70年代，很多人都认为仅仅这些充满了创意的头脑聚集在一起就能引发一场革命。在那个时候改变世界并不仅仅是一个抽象的概念，它是弥漫在每一个人所呼吸的空气中的使命和现实。承担风险、大胆尝试、精神觉醒以及新技术，所有这些混合在一起构成了一种能让思想不断扩展的佳酿，推动并改变了硅谷创业者和发明家的面貌。无论是前华尔街那些穿西服打领带的金融从业人员、专家学者、研究人员，还是市场营销人员、设计师或者黑客，所有人都已转而膜拜硅谷的信条：任何人都能让不可能的事成为现实。

所有这些根植于我们的多样性、思想的自由以及非理性的乐观主义的东西在今天依然推动着硅谷绝大多数的创新。我引用一句史蒂夫 · 乔布斯的名言，在硅谷，人们“非同凡想”。我们以反叛者而自傲，我们开拓，我们质疑现状，我们走在一条罕有人迹的路途上。艺术和科学之间的界限持续不断地被模糊化。所有走在硅谷创新前沿的那些人都传承了历史上那些创新先驱的精神，这些先驱中就包括了阿达 · 洛芙莱斯[38]，她在1842年就将艺术和数学编织在一起，首先提出了通用计算机的基本概念，而在当时还没有任何人听说过半导体，更不用说操作系统或者程序语言了。

列奥纳多 · 达 · 芬奇是另外一个创新精神的典范。这个世界上除了他之外还有谁能理直气壮地声称自己是一个发明家、画家、雕塑家、建筑师、科学家、音乐家、数学家、工程师、解剖学家、地质学家、天文学家、植物学家、作家、历史学者、诗人和绘图师？20世纪60年代开始于硅谷的技术复兴风潮现在依然极为强劲。领英的联合创始人里德·霍夫曼（Reid Hoffman）对此做了很好的总结，他说："硅谷是一种心态和理念，而不是一个地理名词。"

这就是我早在湾区成为世界创新中心之前就回到了这里的原因。我现在依然还能记起20世纪90年代的中期，漫步在旧金山的街头，可以看到相互之间仅隔数英里[①]的区域内有多个亚文化正在蓬勃地兴起。在贺特阿须布里街区（Haight Ashbury）聚集着叛逆的年轻人、雷鬼音乐手、各种怪胎以及逃避现实的人。在卡斯特罗街区（Castro）则有很多热爱自由、自信且爱夸耀的同性恋者，以及永不停息的派对。而随着艺术家、极客和雅皮士的涌入，市场南区（south of market）正在发生着转变。在熙熙攘攘的金融区到处是投资银行家、证券交易员、机构投资人，他们穿着各式各样的西服，打着各式各样的领带。使命街区（The Mission）则到处渗透着拉丁美洲的文化。唐人街依然还是20世纪70年代以来久经风霜的老样子，但新一代精通商业的中国人却蜂拥进入了列治文区（Richmond District），他们协助重塑了整个城市。硅谷正是在这样一个城市的南面，在那里汇集了大量的技术巨人以及风险资本。我知

① 1英里=1.609 344千米。——编者注

道这个地方已经准备好，即将爆发出前所未有的创造力，而我应该且必须成为其中的一部分。

现在硅谷已经获得了某种近乎神话般的地位，风险资本铺满了硅谷的大街，独角兽们在市郊的草坪上翩翩起舞，而这种强劲的势头还在继续，来自全球各地数以千计的最聪明的大脑涌向加利福尼亚，以获取他们的名声和财富。当代的这一淘金浪潮带来了思想上更为广泛的多样性，全世界最为出色的头脑在这个很小的地域内汇聚并交融。当我在硅谷参加一些活动时，我常常是房间里唯一的加利福尼亚本地人。在一个简单的聚会中，我可能会和这样一群人互相交流看法，他们是来自印度的投资银行家、韩国的神经系统科学家、爱沙尼亚的设计师、智利的植物学家、中国的风险投资人、埃及的数学家以及泰国的创业者。这些冒险家中的每一个人都带来了他们自己独特的文化视角、观点、生活经历以及解决问题的方式。

想一想这对于初创企业来说意味着什么？当你在硅谷开始创业时，你可以从一大帮来自世界各地的天才中选取你所需要的人。如果你的选择正确，你的公司将能在新的思想和新的商业手法的熔炉中获取盛宴。这种多样性正是令硅谷具有如此活力的核心原因。按照“人才创新中心”（Center for Talent Innovation）的一项研究，个人的多样性可以分为先天的多样性和后天获得的多样性，先天的多样性主要基于性别、种族以及性取向，而后天获得的多样性则基于学习和教育。雇用了同时具有先天和后天多样性员工的企业，要比没有这样做的企业，有超出45%的可能性会比上一年获得更高的市场份额，有超过70%的可能性赢取一个新的市场。

硅谷还有另一个文化上的优势。与大多数国家不同的是，在硅谷具有权威的人并不能自动地获得尊重。你必须赢得尊重。加利福尼亚的传统是，每一个人都能贡献自己独特的东西；每一个人都有自己所扮演的角色；每一个人的观点都应该被聆听。老板并不总是正确的。事实上，如果老板不能接受新的想法，那些最好的人才就会跳槽并加入另一家初创企业。这是一种平等的精英体制。你认识谁，或者你过去是干什么的并不重要，你在做什么才是关键。著名的技术博客网站TechCrunch的创始人迈克尔·阿灵顿是这样评述硅谷的："大多数人都会同意这样的说法，与世界上几乎任何其他地方相比，在硅谷要成功更多靠的是你自己，靠的是你个人的能力和业绩。"他更进一步地评价道："无论你现在有多大年纪，无论你是男还是女，也无论你支持哪个政党或者你有什么样的肤色，只要你的创意受到了欢迎并且你还能实现这个创意，那么你就能改变这个世界，并且（或者）变得令人非常讨厌地真正富有！"

正是这种桀骜不驯和特立独行成为硅谷力量的源泉，而这一点也是大多数其他国家最难以复制的。我经常去亚洲，我能告诉你的是中国人、韩国人和日本人与在加利福尼亚的任何人都同样聪明。这些国家拥有不可思议的技术人才以及我所遇到过的一些最具有企业家素质的商业人士，但是他们所缺乏的正是硅谷的多样性和理念。其原因是大多数亚洲的父母鼓励子女学习工科或商科而不是其他学科。其结果是大多数在高科技企业就业的人都有一个工程师学位或者MBA学位，有些人则同时持有这两种学位。在这些学生就业后，所有人都拥有着大致相同的想法和个人经历，而仅此一点，当他们被要求做出发散性的另类思考时他们就会处在一个极为不利的地位。

创新是创造某种全新的东西，某种从未在这个世界中出现过的东西，某些从未被尝试过的东西。假如有一支团队，其成员的思维方式都很相似，并且这支团队的所有成员都还曾在相同的、僵硬死板的教育体系中接受过教育，那么和这样一支团队进行合作、开展创新就有些过于强人所难了。在快速地使自己拥有一定的竞争力并确保在经济上获得成功这一过程中，很多国家已经错失了一次巨大的机遇。他们限制了自己创建一个多样化的创新生态系统的能力。教育体系和父母理应鼓励他们的孩子追寻自己内心的冲动，而不是遵守规范。如果一个学生对音乐、雕塑、人种学、创意写作、宗教或者哲学感兴趣，那么这个学生应该为其踏上了一条独特的人生之路而被鼓励。

我并不是说像中国、印度、日本、韩国这些具有更为传统的价值观以及传统教育体系的国家无法开展创新。它们现在已经走在了创新之路上，并且还将以越来越快的步伐继续不断地创新。它们都是全球性的大国，拥有众多的人才、多样的文化、悠久的历史以及丰富的创意。其实眼下就有一个很好的机会能加速它们的社会发展，进而点燃创造力、发明以及复兴的火炬。具有一个宽泛的背景和知识是建立一个真正的创新生态系统的重要基础。绝大多数在科学和技术领域中的大步向前跃进都源自不同学科之间的合作。比如在人类学、语言学和计算机科学之间的跨界就能产生令人震惊的东西。当一个音乐家遇到一个计算机黑客，并且两人还开始谈论各种可能性的时候，一些新的想法就会由此而生。这就是硅谷的秘密武器。正是这一点给了我们不公平的优势。

去年当我在北京的时候，有一个母亲给我看了她的儿子在小学里的绘画，我惊呆了。这些画令人难以置信，我告诉她，她的儿子应该成为一个画家。但这句话却马上引起了她的某种负面反应。尽管她很欣赏自己儿子的画作，但她却并不想让她的儿子从事如此“肤浅”的职业。他又怎么去赚钱呢？那会是一种怎样的职业生涯？他会过一种怎样的生活？她的梦想是她的儿子应该成为一个投资银行家。

这个问题并不是亚洲国家所独有的，全世界很多国家均有这种情况，而这一点正是对这些国家的长期竞争力造成最大损害的因素之一。如果一个国家想要建立真正的创新生态系统，它必须具备所有的基本元素：创造力和多样性，而后者是至关重要的催化剂。

在正确的时间做出正确的东西，这就是时机

很多最好的技术型创业公司，它们的创意其实存在了

很多年，只不过现在时机终于到了。

克里斯 · 狄克逊

安德森 · 霍洛维茨风险投资公司合伙人

什么是初创企业得以成功的最主要因素？令人惊讶的是，这个最主要因素并不是我们之前所谈论的任何东西。它并不是创造力、团队、客户、产品或者技术，它是时机。在正确的时间拥有正确的东西才是最重要的。你可以问任何一位好莱坞的制片人，他们能把所有事情都做得很完美：演员群星闪烁，还有很好的品牌和天才的导演，但片子最终却失败了。或者他们只不过马马虎虎地拍摄了一部电影，但如果这部电影激起了公众的共鸣，那么这就是一部成功的影片。《公民凯恩》和《航班蛇患》这两部电影就是这样的典型例子。在几乎所有的商业运营中情况也同样如此，你只要问任何一家餐厅的老板、股票经纪人、电子器件生产商、银行家或者地产开发商，你就会明白，如果时机不对你根本就没有成功的可能性。

那么你又如何来为一件成功的产品确定恰当的时机呢？你需要观察浪潮。在我们的社会中，任何事情的发生都是一个浪潮接着一个浪潮而来。无论是豆宝宝（Beanie Babies）玩具热潮、房产泡沫、美国Billboard音乐排行榜、一项新技术的采用，还是我们身上的流行服饰，均是如此。甚至在古板守旧的企业和银行这样的圈子里，浪潮或者说趋势也决定了人们如何去思考、行动以及做生意。当下在我们面前有一波宏大的创新浪潮，而这也正是我写这本书的原因。从通用电气的CEO到一家在杭州由家族经营的纺织工厂的老板，每个人都正在思考该如何重塑并现代化他们的企业，只有这样他们才不会对一些初创企业感到望尘莫及。

我告诉所有来到“创始人空间”的客人：如果你打算创业，那么你就需要观察所有的浪潮和趋势。在当今的社会中存在着许多截然不同的浪潮和趋势。一个最新的浪潮是健身。这一波浪潮让很多初创企业收益不菲。CrossFit[39]是一家开展健身房特许经营的管理公司，这家公司顺着这一浪潮推出了其强化健身方案。Fitbit[40]的产品是一种可穿戴设备，它能够记录下你的所有健身数据。该公司在这一趋势及浪潮的推动下已经上市。Tough Mudder（最强泥人障碍挑战赛）则介入了铁血健身狂潮，在这一挑战赛中无论男女均可参与疯狂的竞争。Lululemon则顺着瑜伽流行的浪潮推出了一个世界知名的服饰品牌。

能否抓住一波浪潮的关键在于你的速度。你需要在恰当的时间跟上浪潮的速度，否则你就会失去这一波浪潮所带来的机会。对此你可以向任何玩冲浪板的人学习。这也正是为什么大多数成功的初创企业创始人不愿意去开发他们自己技术。能开发出专利技术当然是好事，但这样做实在太花时间了。在这段时间里初创企业很可能会失去迎面而来的浪潮所带来的机遇。这就是为什么大多数聪明的创业者，如果让他们做出选择的话，会更愿意使用现成的、能购买到的技术，以及使用开放源代码。这样做能让他们以更快的速度向前走，并在正确的时间抓住一波浪潮所带来的机遇。

你绝对不能低估浪潮所携带的能量，浪潮或者说趋势可以把一家弱小的初创企业转变成为能改变世界的大企业。一家初创企业可能有很棒的创意，但无论这一创意是多么富有潜力，时间上的过早或太晚都意味着最终的失败。哪怕这家初创企业有着最好的管理团队，得到了一大堆风险资本所输送的弹药，并且在各个层面均有着良好的关系，但如果这个世界对他们所提供的产品还没有做好准备，那么这家企业绝对不会走得很远。让我们来看一下 WebVan[41] 这家企业，这是一家在互联网泡沫时期建立的在线杂货店。它从一些著名的投资公司那里融到了接近 8 亿美元的投资，这些投资公司包括基准资本、红杉资本、软银、高盛以及雅虎。这家公司在上市时又融到了 3.75 亿美元。它的创意是非常有前途的，只是时间上太早了。在 1999 年还没有人准备好从网上来购买他们的日常生活用品。这一波浪潮还远没有到来，也因此这家企业注定了无法离地起飞。

当硅谷的风险投资人坚持要看到初创企业的用户数增长和营业收入增长时，他们实际上是在说他们希望看到浪潮或者趋势存在的证据。这些证据可以是销售量、用户黏性、媒体报道、社会资本的介入，或者最好是上面所有这些数据。关于浪潮或趋势的证据越多，风险投资人也就越兴奋，因为经验告诉他们如果你能抓住一波浪潮，那么你的公司就能一路向前走向上市或者被收购，哪怕你所拥有的东西并不是那么令人惊艳。

让我们来看一看Zynga[42]这家游戏发行公司。它抓住了社交游戏的浪潮。这波浪潮推动着它完成了企业的上市，但上市首日，股价就发生崩盘。这对于所有紧随在它身后的游戏公司来讲实在是太糟糕了，但对于那些早就售出了手上的股份，并获得了丰厚回报的风险投资公司而言却并不是一件坏事。Nest[43]是另外一个例子。它从一开始就抓住了物联网这一波浪潮。公司的名字被视为家用智能设备的未来。这一波浪潮是如此宏大，以至谷歌用32亿美元收购了它。在被收购后，Nest的销售并不尽如人意，但这对于风险投资公司而言已经无所谓了。作为一个风险投资项目，Nest就是一次全垒打，而这很大程度上要归因于对时机完美地把控。

这也就是为什么你会看到，大多数在沙丘路[44]上的风险投资人会在同一时间，在相同的项目上进行投资。这种现象的出现并不意味着那些投资人没有自己的想法，好像他们只是在盲目地追随浪潮。事实上他们看到了那些趋势和浪潮，都希望能在正确的时间点赶上那些浪潮。在一波对企业软件进行投资的浪潮后面，紧随着的是一波对社交网络的投资，接着是又一波对游戏的投资，就这样一浪接着一浪。有些浪潮崩溃得太早以至投资人也被淹没在了水里。其他的浪潮则携带着它们的初创企业一路走向了应许之地。这其中就包括了那些社交网络应用，这里我们所熟知的大牌有Facebook、

Twitter、领英和SnapChat（快拍）。

让我们来看一下在过去的数十年时间里横扫了整个硅谷的最大浪潮之一，这就是由苹果所引领的移动浪潮。iPhone的推出可以说恰逢其时，在当时iPhone几乎是立刻就激起了全球的想象力，同时iPhone也成为上万家初创企业的创业平台。从祖父母这一代人到他们的孙辈，每个人都迫切地想购买一台智能手机。他们就是想要一台这样的手机，哪怕并不知道智能手机会给他们带来些什么。媒体把智能手机当作了流行的时尚，而这又进一步地推动了对智能手机的需求。到处流传着这样的故事：有人做了一个傻傻地模拟打火机的APP，结果却赚到了100万美元。《愤怒的小鸟》只不过是一个相当迷人的移动端游戏而已，但它却捕获了所有人的心，并且还成为那些独立开发人眼中的典范。有无数的初创企业通过他们的移动APP一开始赚到了数百万美元，接着又赚到了数十亿美元。这确实是一波宏大的浪潮！

这一波浪潮也已经到达了它的顶峰。现在你想仅仅推出一款APP并让整个世界为之赞叹几乎是一件不可能的事。公众和媒体已经听过太多类似的故事。APP已经太多了，竞争也太过激烈。你必须有某种真正特别的东西才能引来人们的关注。我很抱歉，但是果树下部的果子都已经被人摘去。你可以随便问一个现在的APP开发者。他们很清楚现在要开发出一个能引起关注的APP比起前几年来会有多么困难。因此，对于你们所有的创业者来讲，我的建议是什么呢？当然是寻找下一波的浪潮！

投资人更为关注的是那些能打破现有市场格局并创造出新的市场前景的技术。正在汹涌而来的宏大技术浪潮是机器人、人工智能、大数据、金融科技，这里只是列出了其中的一部分。目前硅谷的资金正在涌向这些领域。但是所有这些浪潮或趋势都能成功实现吗？时间将会告诉我们一切。但如果你能顺应潮流，而不是逆流而上，那么你成功的概率就会高很多。

这就是拥有一个多样化的团队是如此重要的原因之一。在浪潮或趋势真正成长起来之前，你很难观察到这样的浪潮或趋势。常常它们只不过是在远方的微澜或一朵小小的浪花。除非你知道你正在寻找什么，否则你根本就不会注意到这些细小的浪花。在早期分辨出潜在的趋势或浪花的一个方法是，在你的团队中必须有人天生具有强烈的好奇心，并且对于他们工作以外的事物有强烈的兴趣。Oculus的创始人“幸运的帕尔默”[45]注意到了VR这一浪潮，作为一个极客，他曾对VR实现的可能性极为着迷。这正是他的酷爱和嗜好。我可以向你保证，如果帕尔默当时没有想到要推出Oculus Rift（虚拟现实头戴设备）的话，那么其他人也会这么做。时机已经到来，技术也已经到位。这种新奇的、完全沉浸在一个虚拟世界中的体验在如此多的人中引发了共鸣，这表明虚拟现实这一波浪潮的到来已经是命中注定的事。实际上VR这项技术并不是由帕尔默·拉齐发明的，所有的技术均来自南加利福尼亚大学开发的开放源代码。他只不过是在正确的时间制作了一个引人注目的视频，并把视频发布在了Kickstarter[46]网站上。幸运的帕尔默真的非常幸运。但是假如你的团队中没有这一类人，那么你也不可能获得这种幸运。

但是能够抓住浪潮的又会是怎样一批人呢？他们往往在工作之外将大量的时间和精力投入在自己的爱好和兴趣上，他们也正是用这样的方式来发现即将重塑我们社会的重大趋势。有时候我和一个创业者团队进行交流，我会为他们感到担心，因为他们除了工作之外还是工作。这实在值得警醒。这一问题在亚洲特别严重。在那里我所遇到的初创企业的创始人都是彻头彻尾的工作狂。他们相信如果他们比其他任何人都更加努力地工作，他们就会成功。这在某种程度上确实如此，但如果太过极端的话，这反而会伤害到他们获得成功的机会，因为这使得他们缺少了将各种零碎的信息组合在一起，并判断出接下来会发生什么的能力。

在这里我告诉你们一个真实的故事。那天在北京，晚上9点，我和一位初创企业的创始人在我住的酒店里喝着饮料闲聊，在结束的时候，我随口问她："你是不是现在回家？"她惊讶地抬头看着我。"不，我还要回办公室。我所有的伙伴都在等我。我们会一直工作到凌晨2点。"更糟糕的是，大多数雄心勃勃的创业者根本没有时间来经营自己的爱好。我曾问另一个极富野心的年轻女子，她是否有时间去参观一家博物馆。"博物馆？没时间。周末我还要工作呢。"对我来讲，这种仅仅关注工作的生活态度是一种严重的身心障碍，很多创始人甚至都没有意识到他们有这样的问题。对于像我这样一个喜欢娱乐的加利福尼亚人来讲，这太疯狂了，但很多创业者是如此专注于他们的工作，以至他们根本就不读小说，也不去剧院，周末也不会放松一下去亲近大自然，甚至除了同事以外就不再有任何的社会交往。

我已经不止一次地听到初创企业的创始人告诉我，他们根本没有时间去找男朋友或者女朋友。这很不健康。而且这对于企业来说也没有什么好处。只有开放你的头脑，你才能体验生活，并真正看清在这个世界和社会中实际正在发生些什么。如果把所有其他的事物都排除在你的头脑之外，那么你不但会错过正在到来的浪潮，而且还会错失生活本身。我希望每一位初创企业的创始人和创业者至少每周能花一天的时间去做一些完全无意义的事情，一些和你的业务完全无关的事情。关注那些能让你产生强烈兴趣，但除了获得你自身的体验以外你无法当下就获取利益的事情。去尝试一下翼伞滑翔，学一点海洋学，或者加入一个即兴表演团体。这就是你发现浪潮或趋势的方式。

浪潮的力量

浪潮或趋势的美妙之处在于它们能彻底重塑商业的竞争形态。每当一波新的浪潮滚动而来时，在它前进道路上的所有陈规都将不复存在，而陈规的消失必然会带来全新的机会（见

图 1–2）。让我们以技术浪潮为例。当移动的浪潮来临时，它改写了这颗星球上几乎每一个行业的规则。我们现在依然能看到这波浪潮的后续影响，企业正一个接着一个地转向移动平台，而落在后面没有这样做的企业正在走向衰亡。大数据正在做同样的事情，人工智能也是如此。随着每一波这样的浪潮的到来，成千上万家大企业将会被淘汰，而它们中的大多数却并没有意识到这一点，直到一切都太晚了。它们认为什么都没有发生变化，并继续做着原来的业务。但实际上只要有一家初创企业能想到该如何利用这些新技术，以使得整个竞技场的规则向它们倾斜，那么现有的这些企业就将完全失去竞争力。

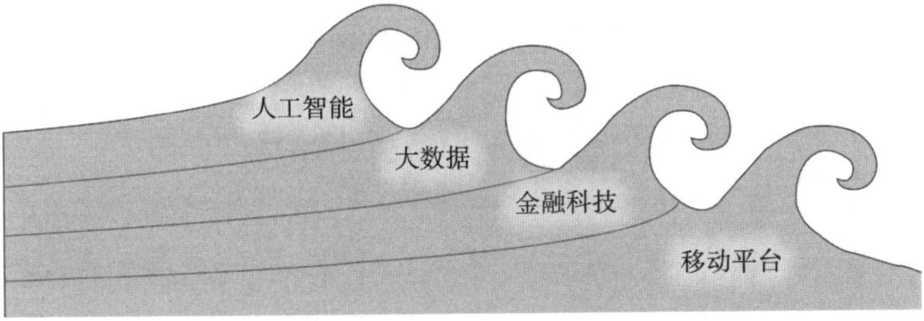

图 1–2　技术浪潮

我对每一个创业者的忠告都是请他们关注这些浪潮，而无论它们是技术浪潮、社会浪潮、政治浪潮还是经济浪潮。这些都是决定性的因素。但是也不要太过于关注某一波特定的浪潮或趋势。因为浪潮或者趋势本身并不重要，如果你错失了这一波浪潮，总会有另一波浪潮紧随而来。关注下一波浪潮要远好于去追赶已经过去的浪潮。

我在很多努力奋斗的初创企业那里多次看到这一现象。很多初创企业只是有点晚了，但无论它们如何努力去尝试，都无法再追赶上前面的浪潮。它们只能在这样的尝试中把自己搞得精疲力竭。这和你在项目中投入了多少金钱和时间没有关系。如果你走在了错误的方向上，那么投入再多的时间和金钱也无法拯救你。相反，你应该转过身来，看向远方的地平线，关注那些正迎面而来的浪潮。机会就在那里。那些机会能让你的企业更上一层楼。回头看向岸边那些已经过去的浪潮是没有任何意义的，无论那波浪潮在过去有多大，它们已经过去了。创新始终属于未来。

创新之前，别说你不屑于模仿

独创性只不过是明智的模仿。

伏尔泰

哲学家和作家

硅谷人很不愿意承认这一点，但是模仿或者说复制确实是一种绝妙的商业策略。很多人会因为中国人模仿了硅谷众多的创意而轻视中国人，但是我不会。我认为中国人实在是太聪明了。当你有能力模仿某件东西，而且你知道这样做肯定能行时，为什么你还要去发明某种新的东西并承担风险呢？发明和创新是一件极其困难的事，而且很可能会失败。在硅谷，人们创新的唯一理由是，他们知道仅仅模仿或抄袭是不够的。

在硅谷，如果每一个人都能简单地从某一个地方抄袭到最佳的创意并且还赚到了大钱，那么他们肯定也会这样做，不这样做才真的傻了。中国之所以能利用模仿这种方式，是因为中国的市场封闭以及硅谷创新和中国对创意的消化吸收之间所存在的时间滞后这两个因素混合在了一起。这一时间上的缺口为创业者提供了一个机会，巨大的价值就在这样的机会中被创造出来。让我们来看一下中国的互联网巨头：百度、阿里巴巴和腾讯。这三家公司最初的业务模式都来自模仿其他产品，但它们现在已经完成了超越。百度也是一家搜索引擎公司，它最初模仿的是谷歌；阿里巴巴是一家电商平台，它混合了来自亚马逊、易贝（eBay）和贝宝（PayPal）的一些基本元素；而腾讯推出了QQ和微信，这两款软件是目前在中国市场上占主导地位的即时通信应用，它们最初是从ICQ和Kakao Talk中获得的灵感。具有讽刺意味的是，现在这三家企业在产品上的所有创新已经超越了人们的预期，它们的产品正在拓展全新的市场，并正在被其他的企业所模仿。所以关键是：能模仿就模仿，无法模仿就创新。

不幸的是，当你像硅谷那样已经在引领整个世界，那么没有人可以让你来模仿，你只能去创新。在硅谷，一件“我也一样”的产品不会走得很远，那叫“产生即死”（DOA）。竞争是如此激烈，市场变化又是如此之快，以至你几乎不可能靠模仿来追赶竞争对手，除非你能提供某种具有独特价值的东西。

这也就是为什么在硅谷的创业者会搏命创新。我并不是说他们喜欢创新，创新很困难、代价高昂、极为残酷且令人痛苦。但在硅谷，除此之外没有成功之路。要么创新，要么继续做你的草根。

在硅谷同样也有成千上万的模仿者，但他们中几乎没有任何人能最终获得什么成就。只是在一件产品上添加些额外的特性或功能并不能叫作创新。真正的创新者需要辨别客户的需求，并且能以任何竞争对手都无法做到的方式来满足这一需求。只有通过辨识出新的机会并理解潜在的价值定位，你才能在一个高度竞争的环境中成为领军人物。

现在中国人也体验到了这一点。几年之前还是模仿的黄金时代，但是，哪怕在中国这样封闭的市场，通过模仿来获取成功也越来越困难了。这里的问题是，现在有如此多的中国初创企业在寻找源自硅谷的最新创意，哪怕你模仿的速度非常快，你最终也会和数十家其他的中国模仿者进行竞争。现在已经和过去完全不一样了，以前马云和马化腾还可以从国外拿来一个创意，然后快速地行动起来，在国内几乎没有什么激烈竞争的情况下就控制住整个市场。今天靠这种策略来获取成功的可能性已逐渐减少。

这对于中国来讲是一个好消息。我总是听到一些政府官员和商业人士叹息中国的初创企业创新的力度不足。一些团体正在设想一些复杂的解决方案来帮助创业者构想出更为别出心裁的，或者说完全是原创的创意。实际上，大多数这样的投入是完全没有必要的，因为这一问题靠其自身就能解决。中国人将会开始自己的原创之路，因为他们不得不这么做。正如老话说的那样：需要是发明之母。只要模仿这种做法不再有效，那么中国人就会停止模仿。在硅谷我们就是这样过来的；日本人也是这样过来的；韩国人同样是这样过来的。随着经济走向成熟，企业开始向价值链的高端移动，它们将不得不靠创新来展开竞争。

让我说得更为简明直白一些。所有的创新都是从模仿它们之前的某种东西开始的，这就是我们学习的方式。区别在于，伟大的创业者不仅仅模仿，他们还把模仿下来的东西转换成为自己的东西。就像毕加索曾说过的那样："巧匠摹形，大师窃意"（Good artists copy, great artists steal）。每一个在硅谷的天才，从威廉 · 肖克利[47]到马克 · 扎克伯格，再到埃隆 · 马斯克，都是从窃意开始的。威廉 · 肖克利曾试图让贝尔实验室将晶体管的专利完全归于他的名下，全然不顾及他的同事约翰 · 巴丁（John Bardeen）以及沃尔特 · 布拉顿（Walter Brattain）在晶体管发明上的贡献，但他失败了。马克 · 扎克伯格从Friendster、MySpace、HarvardConnection.com、Hot or Not以及哈佛的在线学生名册这些社交平台中窃取了原始的创意，但他将这一创意转换成了自己的东西。人们常常把特斯拉汽车公司的创立归功于埃隆 · 马斯克，但实际上特斯拉公司是由马丁 · 艾伯哈德（Martin Eberhard）和马克 · 塔彭宁（Marc Tarpenning）两人共同投资创立的，马斯克是之后才加入的董事会。在这里我并不想贬低肖克利对晶体管的贡献，或者看轻扎克伯格对社交网络发展所做的贡献，也不是无视马斯克对特斯拉转变的贡献；我只是想更清楚地表明，杰出的头脑首先做的就是模仿，接着他们会在模仿的基础上进行创新，但往往他们所做出的贡献会让他们获得绝大部分的荣耀。因此，模仿吧，然后让它变成你自己的东西！

Making Elephants Fly

The Process of Radical Innovation

第二章

准备启航：拉一支队伍，一起干吧

伟大的作品是由一系列的细节汇聚而成的。

文森特·梵高

画家

很多人相信，如果要创新，你就必须从大处着眼。如果你是一家大公司的老板，那么你肯定会为此实施一项重大的创新计划，该计划将涉及你公司的所有部门。每个人都要参与。钱应该完全不在话下，因为这关系到你公司的未来，而且下一个10亿美元的营业收入来源就靠这次创新了。

然而事情完全不像上面所说的那样简单。在真实的创新过程中，你不能从大处着眼，你必须从小处着手。绝大多数宏大的创新项目都失败了，失败的原因恰恰是大项目需要有大预算、大团队以及大的成果。在实际的创新过程中，一些细微的创意常常具有改变整个产业的力量。让我们来看一看便利贴、维克罗衣服上常用的一种连接辅料或者一次性剃须刀。所有这些都是很简单的创意，却为它们的产业带来了革命。

用今天的眼光来看，便利贴只是一件非常简单的东西，任何人都可以想得到，但当时却没人能想到这一点。实际上，整个事情的发生最初只是因为一个错误。3M实验室的一个科学家，斯宾塞·席尔瓦博士（Spencer Silver）当时正在开发一种超强黏合剂，但他却意外地获得了一种“低黏性”、可重复使用、对压力敏感的黏合剂。

在之后整整5年的时间里，席尔瓦博士想让3M公司利用他的发明来生产一种产品，但没人理睬他的想法，直到他的一个同事想到了一个主意。那个同事曾参加过他的一个研讨会，他说他可以用这种新的黏合剂在他的“赞美诗集”中固定他的书签。这一系列细小的洞察和想法导致了便利贴产品的推出。

如果你观察一下大多数伟大的创新所经历的过程，就会发现它们所走的路基本相同。伟大的创意一般并不来自大的愿景，而是源于一些小实验或者偶然的发现。当如何发现这些创意的故事在公众的头脑中以及在媒体上被重新构想出来时，这些大的愿景也就随之而生了。

这同样适用于技术型创业的企业。让我们来看一个大家都熟悉的例子。视频网站YouTube在一开始并没有设定这样一个宏大的愿景——成为一个新的全球性的视频播放网站，它也从来没有想到过在它的网站上会有数百万的视频短片、数百万的创作者以及观看者。YouTube一开始是一家完全不同的企业。最初它只是一个视频约会的网站，被称作Tune In Hook Up

（上网勾搭），它模仿了HotOrNot.com[1]，不过它用视频替代了HotOrNot网站中所使用的照片。当使用视频这一做法并没有给他们带来用户数的增长以及营业收入的增长时，YouTube的创始人开始到处搜寻其他的创意。

真正给他们带来创意火花的并不是一个改变世界的愿景，而是来自生活中的两次小小的不爽。第一次是公司的联合创始人贾维德·卡里姆（Jawed Karim）因为无法找到珍妮·杰克逊（Janet Jackson）“意外走光”的在线视频而心情很不爽。第二次是公司的另外两个联合创始人查德·赫利（Chad Hurley）和陈士骏（Steve Chen）由于邮箱附件大小受到限制而无法和朋友一起分享他们晚餐派对的视频，两人大为恼火。

这两次小小的失意叠加在一起造就了我们今天所熟知的YouTube这家公司。这两件事给他们带来的关键启发是人们需要一个简单的方法来进行在线视频分享。在他们建立起一个简单的视频分享机制后，所有其他的事情也就接踵而来。在很短的时间里，有几个视频短片在网上火了起来，而YouTube的流量也因此开始猛增，并使YouTube成了视频短片内容的汇聚地。

YouTube成为居世界首位的在线视频播放网站，这并不是一个大的愿景或计划所带来的结果，而只是一个小小的创新所产生的巨大效应。我甚至想更进一步地提出这样的看法：如果那些创始人在一开始就想建立一个视频播放网站，那么他们将永远也无法成功创立YouTube。让我们来看一下初创企业的历史。数字娱乐网络公司在互联网泡沫期间就想把电视风格的节目搬到互联网上，它们尝试了一个很大的愿景但最后还是失败了。制作内容的成本实在是过于高昂了，而当时在线广告的模式还未建立起来。

这是一个很多初创企业通常都会犯的错误。例如，我曾和一家来自台湾的初创企业一起工作，这家创业公司想做一个通用的APP，用来打开任何智能设备的锁，包括智能自行车锁、汽车锁、门锁以及文件柜锁。他们知道无法通过这个APP来向用户收费，因此他们考虑向用户免费赠送APP并同时在他们的APP上建立一个社交网络。他们想和所有人进行合作，从汽车生产商一直到物联网设备制造商。令事情更加复杂的是，他们的设备需要特别的硬件才能工作，这就要求所有人都必须采用他们的硬件。按照他们的方式，我看不到他们有任何希望能够让这样庞大和复杂的愿景最终离开地面进行试飞。

我很坦率地对他们说："你们必须从小处着手。挑选一个对你们的方案非常认可的客户，然后专注于满足这个客户的需求。"我建议他们瞄准那些重视安全问题的企业，并向其推销一个安全问题的解决方案，在这个方案中他们可以让客户在一部智能手机的APP上就控制整个公司的所有关键点位，包括所有的门、办公桌、文件柜以及储藏室。他们可以按部署智能锁的数量进行收费并同时提供增值服务。这要比他们原来的计划简单很多，只有一种客户类型，而且还有非常清晰的收入模式。现在要判断他们这次方向的调整是否会成功还太早了，但我祝他们好运。

无论你是一家只有三个人的初创企业还是一家有着 30 万员工的跨国公司，创新的过程都非常相似。你需要创立一种氛围和相应的组织架构，使得团队的成员能够从小处着手。

将初创团队成员控制在 5 人以内

> 无论什么时候，一支优秀、快速、精干的团队都能击败一支庞大、缓慢的团队。
>
> 保罗 · 布莱恩特
>
> 美国橄榄球教练

正如我在前面提到的，这本书的读者可以是初创企业的创始人，也可以是大企业的职业经理，只要你想创新，那这本书就是为你而写。考虑到这一点，很有必要在这里谈论一下团队的大小。大多数初创企业的团队都很小，因为他们负担不起一支更大的团队。通常只有创始人和几个兼职人员。而另一方面，大企业从一开始就有能力组建一支很大的创新团队。但这是一个很大的错误，我会在后面解释为什么。

根据我运营“创始人空间”以及为跨国企业做咨询所获得的经验，我发现一支理想的团队一般由 2—5 人组成。这是因为团队越小，团队成员之间的合作、沟通以及协调也就越好，人和人之间的关系也更亲密。团队成员能够以大的群体不可能做到的方式团结在一起。在小的团队中，大家相互都非常熟悉，知晓他人的强项和弱项，并且能构建更深层次的关系。所有这些都能帮助形成更好的团队合作以及更紧密的沟通。

相反，群体越大，人们就会愈加谨小慎微。在一个很大的群体面前，我甚至发现我自己在斟酌措辞。我不想犯错，并在公众面前显得愚笨。我们都曾经处于这样一些场景，在其中人与人之间的沟通会变得越来越正式，有事先安排好日程的会议，有复杂的人际关系网络，还有预先分配好的每个成员所要扮演的特定角色。也正是在这样的场景中，人们的行为方式会从个体行为模式转向群体动力学行为模式。

我们融入社会群体的欲望是根深蒂固的，因为我们想知道自己是谁，以及该如何行动。对大多数人来讲，他们在一个群体中的行为方式与他们在一个小团队中的行为方式是不可能完全一致的。随着群体规模发生变化，其成员的心理状态会依据新的群体结构做出相应的调整。大的群体常常会组建分层的管理架构，这种架构在人数较多时对于组织和管理来说是比较理想的，但是对于释放创造力以及鼓励自由思考来说却并不是最好的，因为释放创造力和鼓励自由思考都有可能打破事物的原有秩序。

群体越小，群体的架构也就越有利于成员之间的相互平等。在相互都很亲密的团队中，人们会很自然地倾向于结成伙伴，而不是形成领导者以及追随者。这种形式的互动对于创新来说非常重要。要进行创新，团队成员之间需要有深入的合作，并能完全开放地分享各种创意。对所有人来讲，要做到这一点在小团队中会更加容易——特别是对那些容易害羞的、性格内向的或者谨小慎微的人更是如此。

小团队可以做得更好的另一个理由是，当一支团队的人数超过 10 个人，工作的节奏就会慢下来。比这更大的团体已经无法做出快速反应，特别是当对一些新的创意进行测试时更是如此。创新需要快速的迭代，这就要求一支团队能很快地做出决定，而绝不应出现将整个团队中的部分成员一次又一次地拉出去，仅仅只是为了开会做出决策。按照我的经验，建立一支成功团队的关键是，这支团队的管理架构应该允许团队的所有成员均能对创新过程做出充分的贡献。但是，团队越大，要让每个人都有机会发声也就越发地困难。你可以试一试让一个房间里的十几个人就任何事情达成一致，那将会是一件很痛苦的事。

对最佳的创意进行投票是给予所有人说话机会的一种方式，但投票并不一定会认可或者鼓励其他人为创新做出全心全意的贡献。投票常常导致在团队中出现分裂，一些派别的意见有可能会始终被否决。其结果就是出现派系斗争。而你最不想看到的就是一支创新团队分裂成为不同的派系，派系政治取代了创新过程。投票的另一个潜在问题是有些团队成员可能会追随多数人的决定，哪怕他们自己并不同意这样的决定，其原因很简单，他们只是不想和其他人发生对立。

对于一个大型团队来讲，另一个选择是，在一个等级分明的管理架构中由领导层来选择最佳创意。但除非团队的领导很善于让所有人都能说出他们自己的想法，否则这种方式依然无法促进真正的合作，无法令团队中的所有人感到他们可以和其他团队成员一样贡献自己的创意并且分享整个决策过程。其结果通常是少数人在前面积极地创新，而团队中的其他人跟随其后。团队越大，参与创新过程的团队成员的比例也就越低，这就使得组建一个大的创新团队这种做法显得毫无意义。

无论是怎样的团队结构，理想的创新团队应该是一支相互间非常亲密的团队，团队中的每个人都能在创新过程中有积极的贡献，并能实际参与到决策过程中来。亚马逊的创始人杰夫·贝佐斯是我的偶像之一，他用他的“两块比萨原则”对此总结道：“如果一支团队无法用两块比萨填饱肚子，那么这个团队就太大了。我是一个很能吃的人。我一个人就能干掉半块比萨，所以一个团队中像我这样的人有 4 个就够了。”

组成团队的 4 个关键人才

那么什么是构建一支完美的创新团队的基本素材呢？在“创始人空间”我们有一个很简单的公式。在团队中至少要有一个人能够全面彻底地理解你的业务、客户以及市场。在绝大多数的初创企业里，这个人被称为CEO。这个人通常还应该是能够将你们的愿景和产品推销给世界的人。所以这个人必须是一个出色的团队领导者以及与外界的沟通者。

在团队中的第二个人应该是一个对于最新的技术从里到外都非常精通的人，是一个能运用这些新技术来转变现有业务模式的人。团队从一开始就有一个对技术痴迷的人是很重要的。创新常常就是抓住一波新技术的浪潮，而这波浪潮将会打破商业和社会的原有形态。创新团队中需要有人能理解如何利用这些新技术来重塑和颠覆这个世界。

这个技术上的大牛还要愿意卷起袖子去干一些枯燥乏味的工作，比如写代码和做测试。在一个小团队中，什么事情都需要你自己去做。团队需要有人愿意去干一些实际的工作。在一家典型的初创企业里，这个人将会是首席开发人员和CTO（首席技术官）。

我们期望在团队中看到的第三人最好是一个创意设计负责人。在一家成功的初创企业中，设计思路的重要性绝对不能被低估。设计往往是创新的核心。在设计上的细微改变能产生巨大的影响。任何好的创新团队在刚开始的时候都会需要一个设计师。YouTube、Slideshare、Etsy、Flickr、Gowalla、Pinterest、Jawbone、Airbnb、Flipboard、安卓和Square这些公司[2]都有一个设计师作为它们的联合创始人①。戴夫·麦克卢尔（Dave McClure）是硅谷著名孵化器500 Startups公司的联

① 信息来源：设计师基金（The Designer Fund）。

合创始人，他最喜欢说的一句话是：每一支团队都需要有一个黑客、一个拉皮条的和一个设计师。

最后，在团队中有一个特定领域的专家会是很有帮助的。对于团队正在尝试解决的那个特定的问题，这个人应该具备最深层次的理解。这样一个人通常应该是一个具有PhD（泛指学术研究型博士学位）的研究人员，或者是在该领域中有着多年实际经验的人。当你需要实现关键技术领域突破的时候，在团队中拥有一个知识深度远超其他普通管理人员的专家将会使最终的结果截然不同。

我们发现，拥有以上4个技能组合的初创企业会有更高的成功概率。这并不是说每一个创业团队都必须要有4个人。有些最好的初创企业只有两个创始人，但通常每一个创始人都会扮演不止一个角色。比如马克·扎克伯格，他是一个很厉害的程序员，他对自己公司的业务有着全面的理解，他还是一个相关领域的专家，并且知道如何设计一个产品。但是扎克伯格并没有单枪匹马地去干所有的事，他组建了一支团队，而正是这支团队让Facebook获得了如此非同凡响的成功。

当有初创企业来到“创始人空间”，如果他们的团队中缺少了上述的某一个关键成员，那么我对他们说的第一句话是：“你们现在最重要的工作是找到人来填补这个位置。你们的公司想要获得成功，没有什么比从一开始就让合适的人加入你们的团队更重要的了！”我接着会和他们继续分享我为自己的创业公司RocketOn进行融资的一个故事。

RocketOn是一个分布在整个互联网上的虚拟世界，你可以在其中为自己创建一个化身，这个化身可以在任何网页上行走，这些网页包括谷歌、亚马逊、CNN（美国有线电视新闻网）、Adult Swim（成人动画网站）等你只要能说得出名字的网站。你实际上可以在这个世界的任何网页上与朋友聊天、玩游戏、听音乐以及谈论各种新闻。在进行了融资路演的三个月后，我的运气居然糟糕到没能和任何投资公司签署投资意向。我无法理解为什么我手上有这么酷的创意却无法获得任何融资。但突然我意识到，在我的团队中缺少了一个关键成员：产品主管。这就是为什么所有的风险投资人都对我没有兴趣。他们看到了这个缺口，但是没人告诉我。

所以我就把找人来填补这个位置作为我的首要任务。幸运的是，我的一个朋友刚刚离职而且他还非常适合这个职位。在他到岗之后，我们一起出发去做融资路演。所有演讲的内容和我之前的路演没有任何不同，唯一的区别是我有了一个新的联合创始人就坐在我的身边。在听完了我的陈述后，第一家风险投资公司说希望我们能参加它的合伙人会议。这是一个好兆头。而那天我们进行投资路演的第二家公司当场就同意了我们的投资要求。这就是一个完整与合适的团队能为你带来的好处。

为什么需要一个团队，而不能单枪匹马

我们已经发现，只有一个创始人的初创企业，其业绩要

比由一支团队创立的初创企业差很多。这又是为什么呢？原因是多方面的。首先，你不可能独自一人建立起一家大型企业。你在哪儿看到过价值10亿美元的企业却只有一个雇员的？任何伟大事业成功的关键是把达成目标所需要的人才拉到你的团队中来。大多数成功的CEO特别擅长识别和吸引人才。

其次，当人们相互之间能够平等地碰撞各种想法，并互相质疑对方的设想时，创造力就会自然而然地涌现出来。先贤苏格拉底就是一个极好的例子，他让他周围的雅典人对所有他们曾做过的事情提出质疑，而且提问可以百无禁忌。正如我自己所体会到的那样，苏格拉底的诘问法[3]正是创新过程中一个不可或缺的部分，比如你可以对你眼前任何东西提出这样的问题：为什么那东西是现在这个样子的？在“创始人空间”我发现，我自己常常和那些初创企业玩苏格拉底的诘问法游戏，通过向他们不断地提出各种问题，引导他们自己得出相应的结论。通过创建一支由不同类型的成员所组成的团队，允许团队成员之间就不同的观点相互自由挑战，并就现状提出质疑，初创企业就能营造出一种更有利于创新的团队氛围。但如果创始团队只有一个人的话，那上面所有这些都只是空话了。

那么这是不是意味着只有一个成员的创新团队将无所作为呢？当然不是。只要创业者本身没有问题，单人的创新团队最终也可能产生了不起的结果。但是，绝大多数时候，一个架构合理的团队将比任何个人都能做得更好。

正如任何化学家所知道的那样，物质不同的混合方式将会产生截然不同的结果。组建一支多元化的团队可以为团队成员之间发生独特的化学反应创造条件。你想看到的是每一个团队成员的创意、背景以及知识能融合在一起，从而激发出创造力的火花，这样的火花靠团队中任何成员独自一人是无法激发的。

多人团队的另一个好处是这样的团队可以完成更多的事情。构想出一个新的创意只是第一步，真正困难的是如何来证明这一创意确实能达成所预计的结果，而团队成员可以一起来工作以加快测试和验证过程。

此外，团队还具有一些社交方面的属性。一个孤独的创业者很容易在某个点上被卡住，他会变得沮丧气馁，并在他所遇到的第一个虐心的障碍时就轻易地放弃了，而有着多个创始人的初创企业会感到他们有义务坚持下去。我在“创始人空间”就常常看到这样的事例。哪怕看起来他们已经无法跨越眼前的障碍，但整个团队还是会继续战斗下去，因为没有人想让他们的同伴失望。

Hashplay是一家在“创始人空间”得到孵化的初创企业，他们的团队就是上面所提到的“坚持奋斗”的现成案例。Hashplay是铁了心想创建一个类似于Twitch的虚拟现实游戏平台。Twitch是一家允许玩家很容易地在线分享游戏视频的网站，亚马逊已经用9.7亿美元的价格收购了这家公司。为什么就不能对虚拟现实视频做同样的事情呢？我不得不承认我对此并不看好。做一个VR版本的Twitch是一件非常困难的事。这并不是简简单单地录下一段视频然后放到网上就能分享。VR是一种沉浸式体验，需要面对多项技术挑战以及对硬件的要求。但是，我看到了一支异常强大的团队。所以我选择下注他们这支团队，而不是他们的产品。

其他任何的单人创业者或者较弱的团队在遇到所面临的障碍时可能已经彻底崩溃了，但这些家伙却令人惊讶地在继续努力。他们不断地调整自己的方向并进行测试，直到他们发现了一个适用的商业模式。尽管遇到了那么多的困难，他们始终没有放弃。整个团队一直战斗在一起。这就是团队的力量。

一般来讲，团队肯定会比一个人单干具有更高的产出效率，原因很简单，如果有一个团队成员在非常努力地工作，那么其他成员就会感到自己也绝不能松懈。如果创新团队只有一个人，那么他就不会感受到来自同伴的压力，人们往往需要这种压力来激励自己，以竭尽全力。

从一开始就能有一支团队到位并为后续的工作设定正确的基调，这会迫使每个人都认识到这是团队的通力合作，而不是一个个人项目。这一点很关键，因为创业团队以及这个团队的文化常常会构成新企业的核心，而这一文化应该具有包容心和合作精神。

另外，重新融入一家企业对于一个孤独的创业者来讲，要远比一支运作良好的团队困难得多。比如，一个提出某种突破性创意的人也许会这样想："这是我一个人获得的成果。为什么我要和企业分享成果呢？他们什么也没干！"

你看一下硅谷的历史，正是小团队引领了我们当下正在经历的技术革命，这一技术革命就是从这些公司开始的：英特尔、惠普、苹果、谷歌、亚马逊、Stripe[4]、Zenefits、Airbnb等，这个清单还可以继续罗列下去。

更大的知名企业同样从他们在公司内部所建立的创新小团队上获益匪浅。通过在公司内部授权一支小团队而开发出来的AS400商用服务器，IBM彻底地改头换面了。洛克希德·马丁公司著名的"臭鼬工厂"通过授权一支小型的、具有完全自主权的团队，开发出了历史上一些最具创意的飞机，其中就包括了SR71侦察机[5]。史蒂夫·乔布斯曾有一段名言："现在大家都知道麦金塔团队是在进行内部创业……尽管这支小团队依然在一家大企业内工作，但本质上他们已经回到了车库开始重新创业。"

正是上述所罗列的那些理由，我更喜欢一支2—5人的团队。我发现这是一个理想团队的大小。当然，你还是可以尝试一下单枪匹马创业的味道，或者组建一支6个人以上的创业团队来看看会发生些什么。任何事情总有例外，这很大程度上要看你所在的是什么行业、项目的大小、技术的复杂性以及团队中相关人员的性格。关键是要灵活。如果有人坚持一个人单干，那么就让他碰一碰机会。如果另一支团队说他们需要十几个人，也可以让他们试一试，但要仔细评估结果。如果团队是富有成效的，那就让他们继续。如果不行，那就解散团队，从头开始。

过多的资金有可能是一味毒药

> 我们接受小额预算。我们喜欢这种受到约束的感觉。这能激发创造力。
>
> 查尔斯·林肯·尼尔三世[6]
>
> 脱口秀节目《神秘的早晨，你好》制作人

为什么在一个小的预算上进行创新会更加容易呢？你可能会有这样的想法，一个大的预算往往意味着更多的资源、更多的人手、更快的进展以及更好的结果。但这并不一定是正确的。事实上，情况很可能会是这样的，如果一支创新团队要求一笔很大的预算，那么他们也许需要提交一份提案来说明他们的支出。如果公司批准了这个提案，这支创新团队就会感到他们有责任来具体执行这个计划并提交结果，这样做他们实际上放弃了自由选择一条在创新过程中可能会出现的新路。

过早地缩小关注的范围将会是有害的。创新实际上是在探索，但是一旦你提交了一份详细的提案，那么你就对这一计划做出了承诺，而在现实中，你所了解到的东西还不足以让你制订一份正确的计划，更不用说你还要坚定地去执行这一计划了。这样的话，与其说你打开了新的可能性，还不如说你最终关上了创新的大门。

另一个负面因素是，大预算往往意味着有一个更大的团队。团队领导人从一开始就需要设定目标、制订时间表、分配任务，并追踪项目进展。这就迫使团队当下就必须做出抉择，而不是开放所有的选项。这和一支创新团队在早期应该做的事情恰好相反，创新团队在早期应该把关注的焦点放在发现和实验上。

锁定某些创意并以此制订计划来落实某一个项目，这恰好是创新过程的对立面。创新过程就是保持开放的头脑、尝试新的可能性、找出死胡同、从错误中学习，并在未知的森林中漫步以期有所发现。一旦你的创新团队被那些需要方向指引和团队支持的雇员所拖累，团队的领导人就成为一个经理人。你最不想看到的应该是你的核心创新人员变成了项目经理，这是两个截然不同的角色。

团队变得越大，那些经理和雇员们也就愈加不愿意调整方向，哪怕数据显示他们正行走在一条错误的道路上。快速地调整路线方向是创新的核心，这也正是你如何才能在学习中完成艰难突破的方式。预算越大，承诺也就会越重，路线的调整也就变得愈加困难。

只要看一下那些典型的初创企业，绝大多数最重要的创新都是在公司根本没有任何预算的时候做出的。一旦资金开始涌入这些初创企业，它们通常会停止创新并开始关注如何扩大它们的企业规模。如果这些初创企业已经找到了一个可行的商业模式，那么这样做还不会有什么问题。但是如果商业模式还未定型，那么这种做法就会阻碍商业模式走向成熟。

让我们来看一些例子。Color是一家初创企业，它为一个新的照片分享APP融资了4 100万美元，这个照片分享APP是围绕着各种活动或会议而设计的。问题是Color在当时实际上并没有一项能行得通的创新方案，它只有一个大的愿景，所以它融资过早了。大多数初创团队会很兴奋，因为他们银行账户上有了4 100万美元，但实际上这笔钱却害了Color。他们已经无法自由地去做各种尝试。在投入了这4 100万美元的现金后，很自然地风险资本期待着Color能具体实现他们的愿景，而不是坐在这些钱上面。这就是最终结局的开始。在一连串的方向调整失败后，Color最终将其资产以低价卖给了苹果公司。

我们已经不止一次地看到过这样的模式。初创企业过早地融到了太多的钱，但随后却又在众目睽睽下失败了。Fab又是一个这样的案例。这家从事在线零售的初创企业在烧了2亿美元后，依然没有找到一个可持续的商业模式。我对此的看法是，如果他们手上没有那么多钱，他们可能已经找到了一个可行的商业模式，但他们手上的钱掩盖了他们正在走下坡路这一事实。正因为他们支付得起在获取客户过程中所需的庞大费用，所以他们无须直面这样的现实，即他们的客户没有足够的黏性。

“在过去的两年时间里，我们花了2亿美元。2亿美元！”Fab的CEO杰森·戈德伯格（Jason Goldberg）在一封现在非常著名的信中这样写道："而我们却依然没能证明我们精确地知道我们的客户想要买些什么。"

戈德伯格并不是唯一的案例。初创企业通过花钱来掩盖公司严峻的现实，从而愚弄了他们自己和他们的投资人，这种现象并不罕见。他们认为是在为自己争取时间以使问题得到解决，但实际上他们是在否认现实。金钱只是让他们回避了所出现的问题。见鬼的是，如果你在找到真正符合市场需求的产品之前就已经融到了钱，那么你会很容易就陷入这样一种模式。

有一家正在和我合作的初创企业从亚洲的投资人那里拿到了数百万美元的资金，以用于制造下一代的物联网设备，该设备能测算人的脑波和注意力的集中度。由于他们手上有足够的钱，他们雇用了一支很大的团队，而且他们对谁是他们的客户以及客户会有什么样的具体需求等这些基本的问题显得毫不在乎。我当面对他们讲，他们应该停止研发并开始与潜在的客户进行沟通。但他们融到的钱越多，他们就越容易轻视真正的问题。他们认为到手的投资款是在向他们证明，真正重要的是他们有最好的技术。

我能告诉你的是，如果初创企业的创始人刚刚完成一轮金额相当大的融资，而你却在这个时候告诉他，他们的创意可能根本就行不通，那么这个创始人基本上不会相信你所说的任何话。通常来讲创业者都会很乐观，在拿到了钱的兴奋中他们根本不想听你说他们走的路出错了。他们是以目前所做的计划为基础融到的资金，而且他们也没有看到为什么他们需要改变目前的计划，何况钱正在银行里等着他们呢。

这并不完全是创业者的错，其中部分的原因要归咎于那些投资人。很多投资人根本就没有要求创业者对基本商业概念进行验证就把钱扔给了初创企业，他们做事更多依赖直觉而不是事实。这种懒惰的投资方式不但伤害了创业者，也同样伤害了投资人。可悲的是，通过陈述公司的愿景进行融资往往要比以经过验证的商业模式为基础进行融资容易很多，这是因为大多数的商业模型并不像它们还仅仅是创意时表现得那么有前途。

WebVan就是这一现象的缩影。创始人的愿景是创造出世界上第一家把生鲜产品和生活日用品直接送到你家的在线超市。当时还处于互联网泡沫时代，他们的主意相当不错，但是出问题的往往是细节。在“烧”完了手上的现金后，他们不得不放弃梦想。具有讽刺意味的是，在过了十多年以后，拥有同样梦想的企业在一大批初创企业中活了下来，这里就包括一些极为著名的企业，如亚马逊。

其他一些著名的失败案例包括38工作室[7]（38 Studios），这家现在已经不存在的视频游戏公司却亏掉了7 500万美元纳税人的钱；Boo.com[8]这家在线零售商当时曾获得融资1.35亿美元，但在公司破产被出售时仅得到了372 500美元；还有Quirky，这是一个为发明家服务的平台，当时获得了1.8亿美元的融资，但悲剧的是他们自己的商业模式却有着明显的缺陷。这样的例子还有很多很多。

初创企业Pano Logic的创始人尼尔斯·邦杰（Nils Bunger）对此做了很好的总结："过多的资金是一剂毒药。在一家公司生命的早期，资金太多的话会让公司跛脚并且使公司缺乏选择的余地。当你提出想融很多钱的时候，你实际上是在大声说你已经找到了你的商业模式，现在是将公司规模做大的时候了。如果你在真正找到可行的商业模式前就已经这样做了，那么你肯定会遇到很多的麻烦，因为你的董事会在期待着你能扩大业务的规模，而你却还在思考什么才是你真正的业务。"

Pano Logic研发出了虚拟桌面的基础架构，但最后还是破产了。"当你有太多钱的时候，你就会面临使用这些钱的强大压力，"邦杰更为细致地解释道，"在这种压力下，你会在事情还没有成熟的时候就开始花钱，或者在外部过度的影响下不得不花钱。"

相反，有限的预算可以真正鼓励创新思维。资金上受到限制以及缺乏相关的资源将促使创业者，特别是那些雄心勃勃的创业者，以全新的甚至是有些激进的方式来思考问题。他们常常动作更快，而且会去尝试那些其他人忽视或者认为根本不可能的方式。他们绝不会按常规来进行思考，因为他们没有时间或者没有资源来执行常规的计划。

当你想快速地在家里修理什么东西，但手上却没有合适的零配件而且情况也不允许你花时间去五金店购买的时候，你的感觉就和前面所提到的创业者面临没有预算和资源时的感觉是很相似的。但经过仔细的思考，你一般都能想到用一种全新的方式来进行维修。你所受到的限制实际上在逼迫你进行创新。

初创企业同样如此。因为没钱，他们常常无力发明新的技术，也因此会更倾向于用全新的方式来使用现有的技术和工具，创新就源自这样的过程。那些初创企业最终将现有的技术和传统服务结合在一起创造出了全新的产品，这些新产品与任何他们有能力独立开发出来的东西相比较，能够以更快的速度和更便宜的价格推向市场。

使用现成的可以购买到的技术，你所获得的优势是数不胜数的。

- 你无须再花时间进行研发。
- 绝大多数的小毛病已经被找了出来。
- 你不用担心生产的问题。
- 一般来讲，它们要比你自己开发相同的产品便宜很多。
- 通常来讲，它们有丰富的线上和线下的文档。
- 如果你被卡住了，你可以找其他人来帮助你解决这个问题。
- 只要你愿意花钱，你就能获得专业人士的支持。
- 你能够避免浪费宝贵的时间来重新发明早就存在的技术。

另一个关键的优势是与新技术相比，现有技术可以传播得更快和更远。这是因为现有技术已经经过了充分的测试，用户熟悉现有技术，人们也更容易接受现有技术。想象一下，如果Uber发明了自己的乘车呼叫设备，而不是使用智能手机，那么Uber将永远不会像今天这样成功。使用已经被验证的并且已经投放市场的技术将具有巨大的优势。

这里有一个例子可以说明资源受到限制是如何激发创新的。在墨西哥，公共健康保健服务供应商非常缺乏，而且人们也很难得到相关的服务，因此大多数墨西哥人自费支付私营的健康保健服务。问题是私营的健康保健服务非常昂贵。佩德罗·伊里戈延（Pedro Yrigoyen）当时在墨西哥城运营电话呼叫服务中心，正是当地健康保健服务的现状激发了他思考如何降低相关的成本。

佩德罗的概念是，在他现有的一个电话服务中心中配备经过医疗训练的人员，所有这些人员可以获得世界上很多最好的医院也在使用的诊断计算机系统的协助。在这里他没有发明任何东西。相反，他将现有的各种服务以全新的方式组合在了一起。

佩德罗决定，任何人在任何时候如果想获得他的医疗电话服务中心的服务，那么他只需要每月支付 5 美元。这一小小的创新为墨西哥的医疗保健服务带来了革命。今天，墨西哥 62% 的医疗问题是通过电话来解决的。如果病情比较严重，呼叫中心的团队就会将医学专家和病人连接起来。这样做不但帮助了病人，还获取了一笔中介费，这笔中介费的一部分以折扣的形式返还给了病人。这对于病人和佩德罗的公司来讲是一种双赢，这家公司的名字叫Medical Home。

医疗保健行业在很久以前就有能力这样做了，但一个不在这个行业中的人，凭借着其特有的行业背景和有限的资源却提出了这样一个解决方案。这个例子形象地说明了为什么有限的预算常常能产生更好的结果。佩德罗手上没有研发预算或任何在医疗保健业务方面的实际经验，这迫使他进行创造性的思考，并以一种全新的方式为医疗保健客户提供价值。

对一些世界上最大的公司来讲，在研发上投入更多的钱并不一定能转化成为创新。“创新和你在研发上投多少钱没有任何关系。”史蒂夫·乔布斯这样说道，“当苹果推出麦金塔电脑时，IBM在研发上所花的钱至少是我们的100倍。这和你投入了多少钱没有关系，关键在于你有什么样的团队，你有什么样的领导能力，以及你在这个过程中又能学到些什么。”这一看法得到了博思咨询公司（Booz & Co）的数据支撑。博思咨询公司找到了全球拥有最大研发预算的前1 000家企业，并从这些企业内邀请了600个高管，要求他们评选出哪家公司是他们所认为的最具创造力的企业。结果苹果公司被认为是最具创造力的企业，但苹果公司的研发预算只排在第70位。谷歌的创造力排在第二位，但谷歌的研发预算甚至还没有排进前20位。

回到2004年和2007年，诺基亚总的研发预算是171亿欧元，而苹果公司的研发预算是25亿美元。就在同一个时间段里，苹果公司开发完成并发布了iPhone，而诺基亚则表现出了业绩急剧下滑的预兆。这里的教训是，相比你的竞争对手，拥有一个更庞大的预算并不一定有助于创新，在某些情况下高预算可能会阻碍创新。因此无论你是在一家跨国公司工作，还是服务于一家小型的初创企业，请记住这一点：有限的预算能治疗“非我发明”综合征，能激励你的团队以更快的速度将产品推向市场，去探索新的创意并进行更富有创造力的思考。

逼自己一把，你才知道你有多优秀

如果你花太多的时间思考一件事，那么你永远也无法做成这件事。

李小龙

武术家和演员

帕金森定律指出：“为了填满完成工作所预先分配的时间，人们会人为地扩大自己的工作量。”如果你给某人6个月的时间来制订一份商业计划书，他们就会用6个月的时间来做这件事。如果你给他们6天的时间，他们就会找到办法在6天的时间里完成。

韩国人对于帕金森定律实在是太熟悉了。他们要求员工持续不断地加班来表现对公司的忠诚和奉献。韩国人总喜欢这样说，他们比亚洲其他国家的任何人工作都更努力，工作时间也更长。那么为什么韩国的生产率在所有的经济合作与发展组织的国家中并不是处于最顶尖的呢？答案非常简单。做同样的工作韩国人花了更长的时间。如果他们必须待在办公室里直到晚上 10 点，那么为什么要在下午 5 点前就完成所有的工作呢？

同样地，如果你的创业团队知道他们有三个月的时间来构建一台产品原型机，那么为什么要在三周内就完成呢？如果你想要一支能创新的团队，你需要构建某种紧迫的氛围。几乎可以这样讲，在这个时间点，在这个世界上的某个地方，你的竞争对手也正在进行着和你完全类似的项目。在今天这个世界，如果你的团队慢一步，你们就会失去整个市场。

这也是在“创始人空间”我们更倾向于开展短期的、强化孵化课程的部分原因。我们很多竞争对手的孵化项目会持续 6 个月或更长的时间，我对此感到有些遗憾，他们的时间确实太长了，把整个过程拖拉这么长的时间没有任何意义。我们的做法则正好相反，我们常常把孵化课程压缩到一个月或者更短的时间里，在这样的孵化过程中创业者会被浸泡在创意、课程、辅导以及各种不同机会的洪水中。“创始人空间”是一个“加速”的加速器，每天从早到晚，在一些重要的课题上创业者们会被安排参加一个速成班或手把手指导的研讨班，并且还能获得对他们业务的充分反馈。

通过限定孵化的时间，我们可以提升孵化的强度，并为创业者们提供一种更加接近于被拉长了的“黑客马拉松”体验，而不是传统的3—4个月的孵化培训。目前，我们的两周课程在硅谷的海外初创企业中是最受欢迎的，因为创业者们想马上就能发动起来并立刻开始创业长跑。他们中的大多数人不想再等几个月的时间到最后毕业“演示日”（DemoDay）的那一天才对投资人做路演。他们待在硅谷的时间是有限的，所以他们需要尽快获得成果。

史蒂夫·乔布斯非常善于营造一种紧迫的氛围。在他所营造的“现实扭曲场”中，他会给他的团队一个看起来无法完成的任务，以及一个荒谬的截止日期，然后他会说服他们这是可以做到的，而且必须完成。出人意料的是，他的团队会找到一种方法来满足他的这种过分的要求。

大多数成功的初创企业都会实行某种形式的“现实扭曲”。当你只有一支小小的团队，几乎没有任何预算，而且你还要在一个充满了竞争对手的世界中进行抗争，你的竞争对手中可能还包括像谷歌、Facebook和亚马逊这样拥有大量可任意支配资源的巨头时，那么现实扭曲就成为你唯一能参与竞争的方式。因此，你永远也不要低估截止日期的价值。

对此一个完美的例子就是黑客马拉松。在这个活动中，由创业者、程序员以及设计师所组成的一个个小组被要求在24—48个小时必须提交一件新产品或者一项新服务。每个团队都会连续熬夜一到两个晚上，团队成员进行集体讨论，接着开始设计，然后就是对他们所选定的项目编写代码并不断地推翻重写。通常在结束的时候，所有团队所递交的结果都会让人产生非常深刻的印象。例如，Carousell和EasyTaxi就是很多成功故事中的两个例子[9]。在黑客马拉松中其他的赢家还包括：

- GroupMe[10]，这家企业被Skype以8 000万美元收购
- Airpost.io[11]，被Box收购
- Appetas[12]，被谷歌收购
- Slick Login[13]，被谷歌收购

创新冲刺

类似于黑客马拉松那种短时间、高强度的冲刺能带来一系列的好处：

- 营造一种紧迫的氛围
- 赋予团队一个使命以及找到在压力下团结在一起的方式
- 工作变得更有意义和更重要
- 能排除所有其他干扰，专注于一项活动
- 增强团队成员间的沟通和合作
- 激发团队成员竭尽全力地投入
- 在达成目标时获得成就感

Shutterstock是一家初创企业，目前它已经是在纽交所正式

挂牌交易的公司，它每年都会主办一场24小时的黑客马拉松，以激发新的创意并促进其员工之间的合作。Shutterstock现在拥有超过5 000万张无须支付版税的照片、矢量图、插图，以及视频和音乐，已经成为一个素材库的巨头。从其举办的黑客马拉松中脱颖而出的最佳创意之一是Spectrum，Spectrum是一种能让用户按照颜色来搜寻所有照片的工具。

Facebook也举办黑客马拉松。在它那些依赖于咖啡因驱动的一系列活动中，其中有一场黑客马拉松出现了“Awesome”（极好）按钮，我们现在将其称为“点赞”（Like）按钮。这里的关键是，当团队在一个经过压缩的时间段内，被迫进入一种极度兴奋、具有高度创造力的状态时，他们的神经元开始闪烁，这时能想出来的创意和创新可能是他们在其他状态下永远也不会想到的，而且作为团队成员他们还能以通常在办公室环境中无法做到的方式一起工作。

很自然，这样的状态是无法持续的，但是如果能有效地加以利用，这些短暂的创新爆发结合严格的截止日期就能产生极好的效果。关键是如何结构化地设置各种截止日期，这样团队就能进行冲刺、创造然后再恢复常态。

我把这种状态称为创新冲刺，这里是我对于如何进行创新冲刺给出的方案。首先将整个过程拆分成定义明确的几个不同的冲刺阶段，每一次冲刺都应该聚焦于一个分拆后的特定目标。比如，你可以这样设定冲刺的目标：确定客户的需求、验证商业模式或者推出一台原型机。在创业过程中的任何一步都能转化成为一次冲刺。这里是一些冲刺的具体实例：

- 在可能的创新领域进行头脑风暴
- 推出一个新的产品创意
- 开发一个可行的商业模式
- 验证并测算市场的大小
- 建造一台能实际工作的原型机
- 获取客户的反馈
- 验证产品和市场的匹配程度
- 设计一场市场推广活动
- 整理业务需求数据
- 设计一场销售路演
- 其他

一旦你对你的创新冲刺设定了一个主题，你就可以开始召集你的创新团队，确定一个严格的截止日期，然后放手让团队自己去干。对于最后需要交付的成果应该加以明确说明，这样每个人都能清楚地知道他们该做些什么。

如果你想发掘你的团队的求胜心，你可以把创新冲刺转变成为一场比赛。绝大多数黑客马拉松活动就是这样干的。这种活动本质上就是一场比赛，参与的团队会争夺奖品和赞誉。你也可以在你的公司内部这样做，而且你可以用这样的方式来激励和鼓舞整个公司。评审可以来自你公司内部的其他所有部门，而且他们还可以在创新团队的成果上扮演一个提供反馈和意见的角色。

最重要的是，应该让整个过程变得更富有趣味。冲刺的过程应该是一种积极的挑战，而不是一场令你的团队成员不得不忍受的、让人极度疲劳的操练。在黑客马拉松活动中，筹备方会提供食物、饮料、音乐以及足够多的奖品。这种快乐的气氛不但激励了参与者，同时也给他们带来了回报。

截止时间的力量

所有的学生都知道，随着考试的临近，他们身上的压力会越来越重，他们知道不能再拖延下去了，该去学点什么了。即将到来的考试所产生的心理张力足以刺激那些平时不愿读书的学生真正拿起一本书来。一个经典的例证是有些学生熬了整整一个通宵来弥补数周或者数月的偷懒。

关于截止时间的一个更为极端的例子是阿波罗 13 号登月飞行。在这次任务中，飞船内发生的爆炸损坏了空气过滤系统。如果美国航空航天局的地面团队不能在几个小时内找到一个解决方案，那些宇航员就会死去。面临如此紧迫的截止时间，工程师和科学家们疯狂地尝试任何他们能够想出来的方法来修复过滤系统。直到最后一刻他们才想到了一个粗暴的解决方案，这个方案也是那个眼部受伤的宇航员能够执行的方案。最后他们成功了，拯救了整个机组成员的生命。这只不过是其中的一个例子，在众多这样的例子中，即便在看似不可能的情形下，整个团队在必要的时候还是拿出了极具创意的解决方案。

在一个企业的环境中，截止时间又是如何起作用的呢？一个更为常见的例子是IDEO。IDEO是一家因创新设计而闻名的设计公司，其设计包括苹果公司的第一只鼠标。IDEO通过持续不断地推出在机器人、医疗设备、消费电子、汽车、玩具以及其他更多领域中的获奖设计，为IDEO赢得了声誉。它的每项设计都是在三个月或不到三个月的时间内完成的。它声称时间上的压力在驱动它的创造力上扮演了一个非常重要的角色。

你需要明白的一件事是，如果你想要让这个截止时间发挥作用，它就必须是有意义的。换句话说，时间上的压力应该是为了一个正当的理由而设置的一种积极的挑战。重要的是团队中的每个人都能够明白，为什么在一个相对较短的时间里完成这个项目对于其成功来说是至关重要的。如果他们感到这只不过是毫无理由地强加给他们的东西，那么截止时间的设定就会适得其反，成为一种毫无意义的负担，而不再是创造力的催化剂。

在IDEO，截止时间是为了客户需求而设定的，客户一般都不愿意等候一年才看到结果，甚至半年都等不了。他们迫切地想要发布他们的产品，期待IDEO能很快交付作品。这种积极的、有实际需求的挑战，用一个清晰的目标激励了IDEO的团队，使得他们能集中注意力和提升生产效率。

截止时间的心理学

与硬性截止时间相比，还有一种软性截止时间。不幸的是，软性截止时间的效果并不是很好。如果你说一项任务需要在接下来的三个月时间里完成，大多数人都会忽视这个截止时间。硬性截止时间有一个明确的日期，一旦错过了这个时间就会产生实际的影响，而与之不同的是，软性截止时间通常不会产生什么后果，而且与任何特定的时间表没有什么关联，因此软性截止时间缺乏那种激励的力量。

更令人惊讶的是，截止时间是如何在人类的头脑中被加以分类的。多伦多大学罗特曼管理学院的涂艳萍（Yanping Tu）和迪利普·索曼（Dilip Soman）完成了一项关于“时间的分类及其对任务启动的影响”（The Categorization of Time and Its Impact on Task Initiation）的研究。他们发现如果你把截止时间设定为下周二，很多人在下周一前根本就不会在乎这个截止时间。

但是如果你对日程表的呈现方式加以调整，把周末和工作日的颜色设置成相同的颜色，这样截止时间看上去就和其他的日期处于同一个连续时间段内。在这样的情景下，员工就更有可能在上一周就为截止时间的到来做好准备。人类的大脑是按照时间段来安排优先顺序的，而不是按照实际的天数。因此，把截止时间分组到一个单独的时间段内能激发人们立即采取行动。

“人们并不把未来的时间段看成时间流逝的持续延伸，”索曼认为，“他们在做决定或者完成一项任务时并不会具体考虑离最后的时间还剩下多少天，他们会更倾向于对将要发生的事件按照未来的时间段进行分类，即他们所考虑的是，这个截止时间会出现在下周/下个月/明年的哪个时间段内，而不是去确定截止时间是在哪个特定的日期。”换句话说，在包含截止时间的那个时间段到来前，这个截止时间只是一个软性截止时间。但之后，这个截止时间就是一个硬性截止时间。

所以，如果你希望团队能在几周或者几个月前就为最后的截止时间做准备，你要么把这个截止时间分拆成多个更小的按周设定的截止时间，要么把整个时间段划分为一个单独的连续时间块。同时利用这两种方式可以获得最佳效果。

创新休整期

确实，截止时间是强有力的工具，但它也是一柄双刃剑，有时也会有负面的效果。并不是所有类型的创新在极端的压力下都能活跃起来，也不是所有人在不断逼近的截止时间下都会有出色的表现。你需要将创新冲刺和停工休整有机地结合在一起，这样团队才能仔细地审视眼前的问题并进行更为深入的思考。快速和缓慢的思考组合在一起通常会带来最好的结果。

耶鲁管理学院的珍妮弗·穆勒（Jennifer Mueller）、哈佛商学院的威廉·辛普森（William Simpson）和李·弗莱明（Lee Fleming）完成了对来自7家公司的22个项目团队的一项研究。他们发现在极端的时间压力下进行创造性思考常常是很困难的，特别是当这种压力已经维持了“很长一段时间”时。

其结果可能会出现：

- 感觉心烦意乱，无法集中注意力
- 感觉整天在忙东忙西，却没有时间集中精力做一件事
- 感觉工作缺乏意义
- 感觉自己好像站在一台永远不停止的跑步机上
- 感觉计划和时间安排上有太多最后一刻的改变

对此我的方案是设立“创新休整期”，在这个时间段里，经理们将不会再施加任何时间上的压力。他们的团队能聚焦于自己认为最重要的事情上，然后对该事情进行探索，并为下一次的突破把拼图的碎片汇聚在一起。

我建议将创新过程划分成一些独立的单元，各单元之间用关键的决策过程连接起来。对于创新冲刺过程，你应该设立硬性截止日期和冲刺的目标，比如测试业务构想、建立原型机以及开发商业模型。在每一次冲刺结束后，你可以宣布进入休整期，让团队的节奏慢下来，仔细地分析之前做过的所有事情，并给予团队足够的时间来探索各种可能。接着你就可以做出一些关键性的决策了（见图2–1）。

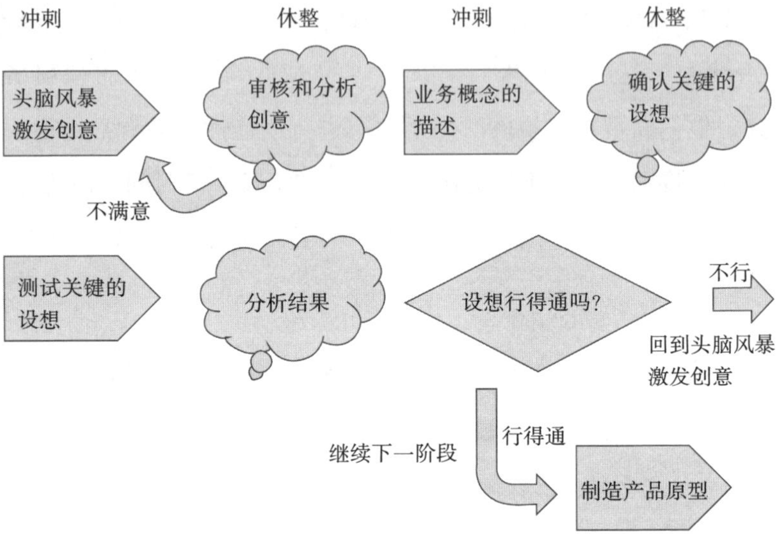

图 2–1　冲刺和休整

决策点

无论什么时候，当你搜集到新的数据，你都应该向后退一步，然后再做出决定。你的决定通常只有两个选项：要么沿着目前的方向继续向前，要么承认这条路走不通，然后重新回到办公室的白板前。这一决定需要达成的目标是让整个创新过程以尽可能快的速度向前推进。创新冲刺的时间可以短得只有一天，而休整期也并不需要延续很长的时间。这里并不存在什么固定的规则或者预先设定的时间段，你的冲刺和休整在时间的长度上可以进行相应的调节。关键在于你正尝试去解决的是什么样的问题、你的团队的能力、能获取到的资源，以及团队成员的人品。

无论你想做什么，限定时间范围、设定截止时间以及确立明确的目标肯定会给你带来回报。当需要做出决策时，请确保你所做的任何决定都已获得了有效数据的支撑——在这里不应该有任何个人的观点或者设想。无视那些差的数据并不以为然地继续向前只能掩盖事情的真相，而且这种做法还会增加你在今后的道路上发生更大问题的概率。如果你能正确地管理好整个创新的过程，创新冲刺和休整这两者之间就能达到平衡，并创造出一种动态的工作环境，在这种环境下你的团队不但可以快速地向前推进创新，而且长期来讲他们还能保证高效，不会在压力下精疲力竭。

停止空想，先把眼前的事做好

我不喜欢空想，那和我没关系。

罗伯特·梅特卡夫

以太网的共同发明人

许多初创企业的创始人都有一个大的愿景，而伴随着这样一个大的愿景，通常都会有一个很大的项目。拥有宏大的视野和野心是一件很容易的事，而且这在一个PPT文件中看起来也会相当不错，但实际上，因为想做的太多而失败的初创企业的数量，要远比做的太少而失败的案例多得多。很多创业者会紧紧抓住一个宏大的愿景不放，但却从来没能弄清楚如何才能实际地推出客户所需要的产品。可悲的是很多投资人同样没能理解这一点，他们认为愿景越大越好，他们狂热地相信伟大的初创业企业必须在第一天就能改变世界。

尽管很多成功的初创企业在最后确实改变了世界，但在它们的早期，情况往往并非如此。通常那些成功的初创企业首先处理的都是一些相对较小的问题，只是到了后期事情才变得明朗化，那个最初的想法也可以变得很大。

让我们来看一下Twitter。刚开始，它并不是一个有着宏大愿景的庞大项目。事实恰恰相反，它只是奥德奥公司（Odeo）的一个分支项目，奥德奥公司是一家从事播客的公司，当时已经在走下坡路。Twitter原本的创意只是做一个最简单的微博工具。一个优秀的工程师可以在一周左右就编写出Twitter的原始代码，而Twitter当时也正是这样开始的。它的目标非常明确而有限，而且它的功能设置也只有一个骨架。当Twitter上线的时候，没人确切地知道后来会发生什么。

但你瞧，用户非常喜欢他们所看到的产品，而且当Twitter在SXSW[14]火起来的时候，全世界都听到了它所发出的声音，并开始追逐它所代表的流行时尚。我想说的是，Twitter成功的主要原因是它的产品是如此简单，并且有局限。通过缩小产品的应用范围，它创造了一种任何人都能在几分钟内掌握和使用的东西。这一特性和其独特的功能相结合，使得Twitter抓住了公众的想象力。

大多数伟大的初创企业都是这样开始的。我们再看一下Dropbox。它并不是第一家提供云存储的初创企业，但是它把云存储变得如此简单和易用，使得它马上变得轰动一时。谷歌也同样如此。当谷歌上线的时候，它的页面上只有一个简单的搜索框。那时候还没有竞价广告（AdWords）、Gmail、谷歌网站分析（Google Analytics）、谷歌文档（Google Docs）、谷歌地图（Google Maps）等产品，谷歌只是想做一个最好的搜索引擎。雅虎在当时远远领先于谷歌，但雅虎的用户界面杂乱，其页面还放上了完整的搜索目录功能，雅虎到最后不得不完全废弃这些东西。谷歌则通过保持页面简洁在最后击败了所有的竞争对手。

公司由小开始做起的最著名的例子是亚马逊。它并没有在一开始就声称打算销售在这颗行星上的所有东西，相反，它选择了一个类别并专注于在这个类别上的销售。那个类别就是书，因为杰夫 · 贝佐斯认为书是最容易在网上销售的东西。世界上有数百万种不同的图书，任何实体书店都不可能容纳下这么多种书籍。书不是易于腐坏的东西，还容易运输，并且人们喜欢买书！这是一个很聪明的选择，正是书让亚马逊走上了它今天所走的路。

成功的初创企业在早期的时候往往会专注于把某一件事做得尽可能完美。在你的产品上添加无数的功能并不会对此有所帮助。事实上，这种做法往往是自寻死路。试想一下当你外出吃东西的时候，你一般会这样说："我想吃什么？比萨？好吧，我所知道的最好的比萨店是哪一家？"一家餐厅如果想通过销售比萨、寿司和中国菜来取悦所有人的话，那么它立刻就会令人产生疑虑。大多数人在选择产品的时候和他们选择餐厅时是完全一样的。没错，他们确实有这个需求，但他们会去最好的那家店。

当一家初创企业来到“创始人空间”的时候，我会问它这样一个问题：“你们的产品为客户带来的最重要的东西是什么？”创始团队应该将他们99%的时间和精力花在这最重要的东西上，所有其他的功能可以在以后考虑。如果这一核心没法走通，那么任何其他东西也同样不行。这与你在上面增加了多少新的功能没有任何关系，它们不会改变你的产品或者服务的核心价值。

我总是向那些参加我们孵化培训的创始人建议，他们应该首先关注产品的核心功能，然后再从核心向外衍生，而不是相反。这就给了他们一个清晰的起点和目标。你的团队需要清楚地知道应该关注什么。如果有一项功能对于核心机制的工作并不是绝对必需的，我会告诉那些初创企业可以把这项功能放到以后去做。设计一件MVP（最简可行性产品）的艺术是在产品中仅提供核心价值而没有任何其他的东西。要做到这一点，初创企业需要尽快地将产品送到客户的手中，这样就能获得客户的反馈并开始迭代，直到弄明白客户真正想要的是什么。

这听起来很简单，但我总是能看到有很多创业团队混淆了整个概念。他们常常在发布了MVP后才发现客户根本就没有参与进来。更加错误的是，他们相信如果能再加上一项功能，他们的产品就能奇迹般地起飞，但这样的事情几乎从来不会发生。相反，这时整个团队开始自我欺骗，他们不断地浪费时间和金钱，但最终还是走向了失败。

甚至更为常见的是有些团队会推迟产品的发布，因为他们担心如果不添加更多的功能，他们的产品就不会成功。推出一件新的产品是一件让人感到害怕的事，那一刻好像是在对你进行审判。没人想失败，因此他们会继续花时间来制作一件他们相信会是更好、更扎实的产品，并以此为理由来推迟他们必然要面对的时刻，他们认为这样做能增加成功的概率。等到他们发布产品的时候，他们往往有了一件完全成熟的、带有很多功能的小东西，上面还装上了用户可能会要的零零碎碎的玩意儿。如果这个产品被接受的话，那就太好了。但是真正开创性的产品几乎不可能在产品发布的时候就已经趋于完美。通常来讲还需要做很多次的迭代。而且产品越是具有创新性和试验性，那么所需要的迭代次数也就越多。

真正的问题是你在产品上添加的功能越多，那么当你需要做出改变的时候也就愈加地困难。我们以软件项目为例。代码的行数越多，进行修改的困难也就越大，哪怕你只是做一些简单的调整也是如此。另外，当你想对产品进行测试时，整个测试也会成为一件很麻烦的事。

让事情变得更糟的是，你添加的功能越多，数据分析的结果也就越混乱。如果你的产品只有一项功能，你立即就可以对你的客户是如何反应的做出判断。但如果你的产品有数十项功能，那么整幅图像就会变得模糊不清。客户留下来是因为这个功能还是那个功能？对这件产品他们真正喜欢的是什么？哪些功能是我们需要删除的？

我曾经看到过有些团队完全迷失在这一团糟的信息里，他们忘记了对客户来说真正重要的是什么。每次当他们着手对产品做出改变时，他们就会对这些改变产生疑虑。你绝对不会想有这样的噩梦，因为在产品上去除一项功能是极为痛苦的。客户也许会为此而抱怨，但这很可能并不是有效的反馈。他们可能只是抱怨某些他们已经习惯的东西突然消失了。因此，你在当初从未添加这一功能远比你之后不得不去除掉这一功能要好很多。

如果你看一下Twitter，你就会发现，在获得最初的成功后，它的产品并没有发生很大的改变。相反，它集中了所有的精力来扩展它的平台，这当然不是一件容易的事，它当时几乎无法维持服务器的正常运转。而且你添加的功能越多，对平台进行扩展时也就越困难。所以当你的产品开始起飞时，你从一开始就维持产品的简洁这一做法就会给你带来回报。

把你的工作重心维持在小范围和小目标上的好处是：

- 产品更容易开发
- 更容易发现产品的缺陷
- 更容易修正和改善产品
- 更容易在一个较短的时间内发布产品
- 产品更容易使用

- 更容易获得清晰的反馈
- 更容易扩展业务规模
- 更容易开展市场营销

创新是困难的，因此从一开始就让所有事情尽可能地保持简单是非常重要的。这里有一条黄金规则：你只需要推出一件你的客户真正想要的东西就足够了。如果这件东西还不足以构建出一项真正的业务，那么你就应该放弃并从头开始。在产品上增加再多的功能也永远不会改变这个方程式。

细微的调整

那么你又如何才能知道客户真正想要的是什么呢？那件之前没有人能想到的东西又会是什么呢？有时候最伟大的创新恰恰来自相对微小的改变。我们常常能看到的是，革命性的创新并不源于思想上的重大转变或者技术上的突破，而是源于做事方式上的细微调整。

我们以宝洁公司为例。从20世纪50年代起它就在“帮宝适”这个品牌下生产纸尿布。你可能会以为在经过了半个多世纪的改进后，它已经考虑到了所有的问题，尿布又会有多复杂？但它却一如既往地不断改进它的产品并进行创新。它正在创新的领域之一是尿布的“情绪物理学”。换句话说，它所考虑的是如何才能使尿布更易于使用，并在使用过程中客户能获得更多情感上的满足。

在对更换尿布过程中婴儿的身体是如何扭动的进行观察后，“帮宝适”的团队想到了一个全新的创意。他们添加了一幅简单的图片来帮助父母正确地使用尿布。这对于那些在半夜里努力更换尿布的父母来讲其体验是截然不同的。他们还发明了在尿布上使用声音轻柔的维克罗搭扣，这样婴儿在晚上就不会被吵醒了。这两项改进看上去并不像是什么重大的突破，但是在纸尿布的天地里，它们已经是很大的改进了。

一些突然崛起的竞争对手，比如The Honest Company[15]也在对纸尿布进行创新，但是它的方法完全不同。它知道，在正面对抗中它是无法击败“帮宝适”的。在生产纸尿布上，它想要在各个方面都能创新并胜过“帮宝适”是完全没有可能的。所以它只关注一件事，即人们对那些不破坏生态环境且完全无毒性产品的需求有不断增长的趋势。通过全面使用纯天然材料，它直接回应了那些关注环保且担心他们的孩子会暴露于有害化学物下的父母们的诉求。

The Honest Company所生产的纸尿布其内外两层均使用了源于植物的材料，其具有超级吸水能力的木浆来源于有认证管理的可持续森林，没有经过氯处理和严苛的化学漂白，而且使用从柑橘和叶绿素中提取的天然除臭剂。甚至它还宣称在其超级吸收剂的核心中混合有纯生物源的无麸质小麦或玉米。这听起来是不是你吃下去也不会有什么问题？这就是它的主要创新，它也因此获得了巨大的成功。

说实话，大多数父母并不清楚The Honest Company所生产的纸尿布是否确实比“帮宝适”更好用，但是他们感到使用这种尿布自己的孩子会更安全且对环境保护更有好处。正因为它在这一件事情上比其他任何企业都做得更好，它建立起了自己的品牌，并且从侧面超越了强势的竞争对手。在它的纸尿布成功以后，The Honest Company继续在它的产品线上添加对环境友好的产品，如肥皂、洗涤剂、防晒霜和洗手液。它成功的关键是，从一开始就将业务维持在一个小范围内，而且只有在真正明白了客户需要什么的时候才开始扩张。

融资！融资！

如果机会不来敲你的门，那你就建一扇门。

米尔顿 · 伯利

喜剧演员

前面我们一直在不断地鼓吹小愿景、小预算、小范围和小目标以及更短和更少的时间等能够带来的好处。直到现在，我们谈论的所有事情都是关于如何从小处着手，但如果你想让你的宏大创意真正地飞起来，那么你所寻找的必须是一个真正庞大的机会。这里你可以把机会看作把一头好几吨重的大象送上天所需要的强劲动力，而这头大象正是你想改变这个世界的宏大愿景。

风险投资

风险投资公司是当今驱动全球创新的引擎。从基因治疗到VR，初创企业几乎在所有的领域进行着创新，而风险投资公司则对那些创新企业注入资金。今天的风险资本是帝王拥立者，它们常常能决定哪些初创企业可以得到机会发展起来，而哪些又只能中途夭折。

对大多数创新企业来讲，想要获得融资，有一个基本标准，即为了证明资本所承担的风险是合理的，该项创新就必须要有足够大的市场。哪怕项目是从一个很小的创意开始的，只要它准备好了并开始寻找风投进行融资，那么它就必须让所有的风险资本相信这家初创企业将会是下一家Netflix[16]或者Box。没有风险投资人会投资一家中小企业，他们的时间非常宝贵，何况他们还需要为手上持有的大量资金寻找到投资的方向，因此任何没有巨大市场潜力的项目从金融的角度来看都是没有意义的。

让我来解释一下为什么事情会是这样的。风险投资的业务是建立在退出的机制上的，创新、专利以及技术都是次要的。一项突破性的创新如果无法套现，那么它对于风险投资人来讲就不是机会，只不过是在浪费投资人的时间。一般来讲在10项或者在更多项目的投资组合中，只有一项或两项会给整个基金带来回报，这些被称作基金庄家（fund makers）。从一家成功上市的初创企业身上所获得的回报，常常要比其他所有的投资组合加在一起所获得的还要可观。这就是为什么大型投资者竭力追求全垒打而不是一垒安打或二垒安打。

还有一个理由是大型基金有太多的钱需要进行投资。任何基金本身有着自己的投资人，而那些投资人一直都在向基金索取大额的回报。这些LP（有限合伙人）并不想让风险投资人在他们的钱上静坐10年，他们支付高额的管理费用并不是让他们来干这个的。他们希望所有的钱都能尽快地找到投资的方向，一般来讲这个时间应该是在三年以内。

对于那些拥有5亿美元或以上资金的大型基金来讲，大量的资金意味着风险投资人实际上需要尽快地把钱塞给那些初创企业，而只有那些拥有巨大增长潜力的公司，如Spotify和WeWork，才有空间来接纳数千万或者数亿美元的资本。这一现象导致了独角兽企业的爆发，这里独角兽企业是指那些估值超过了10亿美元的创业公司。

目前对于那些大型风险投资公司来讲，甚至5 000万美元的收购也被认为是小生意。那样的生意被认为只是在浪费它们的宝贵时间。风险资本总是把自己装扮成它们所投资的那些初创企业之所以能获得成功的重要因素，但这意味着为了让这一形象获得验证，它们不得不在几乎每一个主要的投资项目中占有一个董事席位。但在任何一家公司里董事席位的数量是有限的，不可能满足每一个合作伙伴的要求，所以它们需要大的退出交易来证明所花的时间是值得的。也因此，在它们投资组合中的每一家公司都必须要有机会能够成为下一个引起巨大轰动的对象。对一个只能带来中小型退出交易的初创企业，在这样的公司里去获取一个董事席位并花费他们大量的时间就显得毫无意义了。

那么这又会如何影响初创企业的生态系统呢？这意味着那些无法证明自己在一个数十亿美元的市场上可以获得高速增长的初创企业通常会被完全忽视——即便它们有很大的可能性会给风投资本带来10倍的回报。我们只需要做一个简单的算术题：如果一家风险投资公司只能在一家较小的初创企业的生命周期内投资100万美元，那么即便你肯定可以在一场5 000万美元的收购交易中获得10倍的回报，那也只不过是1 000万美元而已。对于一家10亿美元的基金来讲，1 000万美元只是一个舍入误差。

这就给如今的那些大型风险基金出了一个难题。它们需要找到潜在的独角兽企业，但寻找独角兽企业并不是一件容易的事。独角兽应该是很稀有的——这也是那些企业获得了这一称呼的原因。因此，为了满足投资人的胃口，我们目前是不是正在过多地人为制造那些估值过高的独角兽呢？我们完全可以这样讲，沙丘路上的整个风险投资社区需要这些独角兽，否则它们的商业模式就行不通了，而这只不过是因为这些风险投资公司聚集了太多的资本，它们已经没有其他的路可走。

天使和种子期投资人

在整个风险投资行业光谱的另一端是天使和种子期投资人，他们的商业模式并不需要独角兽。一个较小的退出就已经足够了，因为他们通常不会占据董事会的席位，而且一般仅在早期、当企业估值还比较低的时候才会投入相对较小的金额。问题是当一家已经获得了天使投资的初创企业出去募集下一轮融资的时候，这家初创企业就必须要能够证明它有潜力可以让风险资本有一个大的退出，否则的话，那些投资后期的风险基金就只会对其视而不见了。

正是这个原因，聪明的天使和种子期投资人就会避开那些无法说出一个大的机会的初创企业。一家初创企业如果面对的是一个很小的市场，其销售收入增长的潜力就会非常有限，因此它可能永远也没有机会上市了。如果初创企业所面向的市场不够大，又没有巨大的增长潜力，那么它被收购的机会就会急剧减少。而如果一家初创企业被反复忽视，这就不是一个好的迹象。就像人类需要氧气一样，初创企业需要的是钱，没有钱它们就无法维持一个较长的时间。我看到过很多获得天使和种子期投资的初创企业在最后关门了，因为它们所期待的后续几轮融资都没能到位。

事实上，大多数具有一定规模的收购是买下在一个大的市场中正在不断增长的企业。如果一家公司购买一家初创企业仅仅是为了它的技术或者团队，而不是它的市场潜力，那么这家初创企业的估值往往会低于那些投资人已经投入其中的资金。简而言之，关注小市场的初创企业通常只能为投资人提供小的退出或者根本无法退出，而且其风险和回报的比例对于大多数天使和种子期投资人来讲是完全没有任何意义的。

企业投资

企业是资本的另一个来源。和天使投资人以及风险资本不同的是，它们一般不是很关心回报。大多数企业更为关注的是战略价值，它们倾向于向那些能够为企业的核心业务带来重要价值的初创企业进行投资。即便如此，企业通常还是会比较保守，而且有些企业只有当某一家受尊敬的风险投资公司在领投某一轮融资时它们才会跟投。这意味着初创企业不仅要满足企业的需求，还要满足风险资本的要求，这样一个很高的门槛就会过滤掉很多较小的机会。

自我实现的投资

大多数初创企业需要一个大机会的最后一个理由是，人们有实现自我的需求。无论是风险投资人还是天使投资人，投资人首先是人，难道没人想自我吹嘘一下他们是Twitter、Oculus、Facebook或者Fitbit的早期投资人吗？

天使投资人一般都很有钱，而且他们中有很多人的投资并不仅仅是为了获取回报，他们的投资还为了能够获得自我吹嘘的资本。他们想向同伴夸耀他们有多么聪明。你提到一家没人听说过的初创企业，和你开口说“我是Nest的早期投资人”，这两者给予你的感觉是截然不同的。风险投资人也会有同样的感觉，但是他们有一个额外的奖励：他们可以用投资的成功案例来为自己的风险资本筹集到更多的资金。在他们的投资组合中如果加上了一些这样的“品牌”名字，如Palantir、Flipkart、Square[17]和小米，那么这将使他们自己和他们的基金看起来就像是超级巨星。而我所认识的每一个风险投资人都整天泡在外面，一门心思地想要筹集到更大的基金。一旦某一个基金关闭了，他们就要开始筹集另一个新的基金。所以，在他们的投资组合中放上一些光彩夺目的珍珠实在是非常聪明的营销手段。

企业风险投资人并不比上面这些人好多少，他们一般在自己公司的内部寻求认可和晋升。如果能在他们的履历表上添加上曾经成功地投资了几家独角兽，那就实在是太棒了。很自然，所有这些都为初创企业生态系统的独角兽化起到了推波助澜的作用，其结果是估值的暴涨以及我们称为“十角兽”的公司出现，这里“十角兽”的意思是估值达到或超过100亿美元的独角兽。

内部创新

所以，即便除了我们自我实现的需求之外再没有任何其他的原因，我们所需面对的现实依然是大多数的创新公司需要有大的机会才能从投资人那里获得融资。但是在企业内部，领导创新项目的内部创业者所面临的是否也是同样的情况呢？答案既是肯定的，也是否定的。

一些大型的跨国公司会枪毙任何最终无法建立10亿美元以上业务的项目。管理层对于建立较小规模的业务没有任何兴趣，这不是他们的经营模式。如果某一个业务部门的营业收入对于他们的资产负债表不会产生重要的影响，那么这就是在浪费时间和资源。

问题是很多最佳的创意和最大的机会在最初的时候相对来讲似乎只是很小的业务。Uber的现任CEO特拉维斯·卡兰尼克（Travis Kalanick）最初拒绝了加盟该公司的邀请，因为他认为这种业务实在是太小儿科了。直到他对基本的创意仔细地琢磨了一段时间后，才意识到这种做法的魔力：在马路上的司机越多，他们的服务也就越好，这意味着Uber可以在出租车自己的领域内将竞争对手击败。如果卡兰尼克在Uber的业务还仅仅专注在为那些想通过智能手机叫来一辆豪华汽车的人服务时就离开Uber的话，那么他就会失去一次很大的机会。

Interval Research Corporation是另一个很好的例子。当这家公司于1992年在硅谷正式成立的时候，所有参与的人都确信这将是一家有史以来最具创造力的公司。在它的背后有着创新领域中两个最伟大的名字：保罗·艾伦（Paul Allen），他是微软的联合创始人，以及戴维·利德尔（David Liddle），他是施乐新系统发展部的前任负责人，这个部门开发出了那些一直在被使用着的创新，如，电脑图标、计算机菜单、作图软件、窗口以及屏幕上的格式化文本。谁又能与他们相竞争呢？

更过分的是，艾伦和利德尔并不打算自己单干，他们决心组建这个行业中的最佳团队。招募到一些在这个世界上最伟大的头脑对他们来讲并没有什么困难，这其中就包括了第一个在电脑上制作音乐的人、喷墨打印机的发明人，以及在混沌理论背后的天才，在他们的团队中甚至还有一个通灵人。你对他们如此天马行空的做法会有怎样的感受呢？

他们的使命就是成为这个世界创新的动力基地。他们不接受任何没有革命性的东西。这是施乐帕洛阿尔托研究中心的重生，它所要关注的是诞生下一代的数十亿美元的企业。那么接下来会发生什么呢？

不管你是否相信，Interval Research Corporation最后破产了。他们确实产出了大量的创新，但几乎没有什么项目最后公布于众。管理团队沉迷于纠正任何偏离正确方向的倾向，并把任何看起来太小不值得他们投入时间的项目全部封杀。Interval Research Corporation需要能引起轰动的大项目来匹配它强烈的野心和过度膨胀的自我。在管理团队的眼中，大多数从他们的实验室中流出来的创意似乎只是研究人员无谓的分心——不过是一些有趣的项目分支或者个人爱好而已——而绝不是他们所寻找的能够改变世界的公司的种子。鉴于不想在一些小小的创新上浪费资源，管理团队常常很早就终止了这种类型的项目，但最终正是这一做法本身令他们受到了伤害。

获取巨大成果的压力葬送了他们培育小创意的能力。一些幼苗可能会成长为他们所寻觅的大树，但他们太早就将之连根拔起以至我们永远也无法知道最后的结果。这就是他们失败的故事。创新是一个过程，需要时间来令其成熟，但他们的管理团队太急于求成，把任何不具有改变世界愿景的项目都过滤掉了。但正如你现在已经知道的，有大的构思并从小处着手才有可能获得最后的成功，而不是相反。

最后，Interval Research Corporation 确实也启动了 5 家有着宏大愿景的初创企业，并为它们配上了全明星团队，但所有团队均辜负了对他们的期望。正如美国著名建筑师、作家和发明人巴克明斯特·富勒（Buckminster Fuller）所说的："你无法从一条毛毛虫身上判断出它是否会成为蝴蝶。"而这也正是我们所学到的经验教训。

毛毛虫和蝴蝶

那么你又如何在早期就能辨识出一个大的机会呢？在硅谷的每一个投资人都想知道这个问题的答案。这是风险资本的圣杯。

不幸的是，尽管你也许可以从一些幸运的投资人那里听到一些故事，但我从来就没有见到过任何人能够始终在非常早期的阶段就分辨出哪些毛毛虫会成为蝴蝶。在企业有任何起飞的迹象出现以前，你几乎无法判断出哪一家创业公司会成为下一家引起全球轰动的企业。这是因为在这个方程式中有着太多的变量。初创企业具有很强的可塑性，在它们的冒险旅途中，所遇到的成千上万不同事物中的任何一件事都能使它们脱轨，或者从根本上改变它们，这些事情可以是：一个节点、市场的改变、概念的突破、法律的变化、股票市场的崩溃、新的竞争对手出现、技术的失败、创始人之间的争执、专利问题等等，而这样的清单我们还可以继续罗列下去，所以你根本无法预测哪些才是关键因素。著名的风险投资人维诺德 · 柯斯拉（Vinod Khosla）在他的Twitter中是这样呼应这一点的："预测未来几乎是不可能的事。我们需要的是谨慎、争辩和探讨。"

这并不是说有些投资人在辨识具有潜力的初创企业时不能做得比其他人更好。利用良好的直觉、洞察力以及相关的数据，一个有能力的投资人能够持续不断地淘汰那些很少或几乎没有任何潜力的初创企业，并聚焦于那些有着更高成功可能性的初创企业。经验丰富的投资人都喜欢说他们押注的是团队，不是产品或市场。这是因为一支好的团队能经受住风浪的考验，并且无论发生什么事都能找到解决问题的方法，而一支差的团队可能在麻烦刚开始出现时就已经分崩离析了。

甚至押注于团队也无法保证你不犯错误。多次创业者的成功概率并不比首次创业者高多少。以YouTube的联合创始人为例，尽管拥有着任何其他的创业者都梦寐以求的资金和各种关系，他们的第二家创业公司Avos却依然未能顺利起飞。在这几年的时间里他们不断地调整方向，试图寻找到一条可以走通的路径。所以选择一支好的团队虽然有一定的好处，但这也只不过是很多变量中的一个而已。

大企业中的创新团队同样如此。你也许会认为你所知道那支团队肯定会获得成功，但大多数情况下，那些在某个角落中无人关注的项目却很可能会成为公司的未来。Twitter、Gmail、Buffer、Dwolla和Todoist[18]所有这些成功的产品原本也只是分支或者业余项目而已。

在《精细化增长》(*The Granularity of Growth*)这本书中，理论家帕特里克·维格里（Patrick Viguerie）、斯文·斯米特（Sven Smit）和梅尔达德·巴格海（Mehrdad Baghai）认为，绝大多数真正伟大的创意在开始的时候往往显得微不足道。几乎所有能建立起10亿美元业务的创意在开始的时候看上去就像是一个2亿美元的构思。指数级的增长只有当很多小东西或者无关紧要的琐事都到位后才有可能实现，这些小东西可以是设计，也有可能只不过是一次意外。这就是为什么顶级的投资人会下注于由很多创业公司所构成的一个投资组合，他们寄希望于在一到两家创业公司上的投资成功来抵消在其他创业公司上的投资损失。把所有鸡蛋都放在一个篮子里的风险投资人不会走得很远。红杉资本、凯鹏华盈、Greylock以及所有其他一线的风险投资公司都将它们的筹码分散在多个初创企业中，并同时跨越了多个不同的领域。

聪明的早期投资人会很仔细地挑选他们要投资的初创企业，他们不会到处拈花惹草然后回家烧香祷告。当他们发现了一家很有前途的年轻创业公司后，他们会向它提供一笔资金，金额刚好足够它达成下一个有意义的里程碑，在这个节点上他们将会对该公司的业务做出新的评估并决定是否继续对该公司提供资金。在没有水晶球的前提下，这是对冲他们手上筹码的最好方式。这样当初创企业开始表现出起飞迹象的时候，他们就能帮助引进更多的投资人，并行使他们按前期投资比例所获得的权利来追加更大额度的资金。在风险投资的世界，这就是小创意如何转变成为大机会的方式。

发现机会

那么那些聪明的投资人又是如何找出那些潜在的大机会呢？在这个主题上我可以写一整本书，而且我也确实打算这样做，但在这里我会先总结五大最重要的准则：

- 团队——初创企业的创始人应该要有献身精神，对于他们的使命要有激情。有这样创始人的初创企业才是你要寻找的对象。不要只盯着CEO，你要与整个团队面谈并对其做出评估，面谈的对象从实习生到工程师，一个也不要错过。他们所有人都应该是聪明的、有竞争力的且对于他们的工作是狂热的信徒。如果CEO无法招募并激励一支很好的团队，那么这个CEO永远也不会成功。
- 客户——和初创企业的客户进行沟通。他们喜欢这些产品吗？ Airbnb的联合创始人布赖恩·切斯基（Brian Chesky）喜欢这样说："你只需要有100个人能真正热爱你所做出来的东西，而不是有100万人说他们有点喜欢。"

你想要看到的是客户对那些产品疯狂地爱不释手。如果那些客户没有滔滔不绝地谈论这家初创企业，那么这就不是你所寻找的机会。他们已经走到头了。

- 产品——产品应该能提供出色的客户体验。这并不是说产品需要有很多功能或者奇幻而精美的图片，而是说产品是否能以恰到好处的方式来响应客户的需求。响应客户的方式应该是极其简单的，朴素的产品往往能提供最佳的体验。
- 市场——在刚开始的时候，这家初创企业应该能做到专注于为一个狭窄的特别市场提供产品，但是其业务必须要有潜力扩展到一个足够大的市场，该市场的容量应足以支撑起一家数十亿美元业务的企业。否则的话，资本就只有很少的机会或者完全没有机会从中退出。
- 秘密配方——每一家伟大的初创企业都有某种东西能让它区别于它的竞争对手。那件只有它们能做到而其他任何人都无法做到的事情会是什么呢？这样的东西真的与众不同且富有价值吗，或者那只不过是添加了一些额外功能的山寨货？

还有很多其他的判断准则是那些聪明的投资人会加以考虑的，但是上面所罗列的是最为重要的几点。按照我个人投资初创企业的经验，其中的关键是你一定要关注细节，彻底搞明白该创业公司业务的核心机制，仔细分析你获得的所有数据，然后以此来推断这一机会是不是真的足够大。这里没有捷径可走。

第三章

打造产品：爱它，但不要太爱它

没有改变就没有进步，那些无法改变他们思想的人也同样无法改变任何东西。

乔治·萧伯纳

剧作家

你如何才能提出对于你所在的行业具有重大和长远影响的一些小创意呢？一种方法是让你的创新团队挑战他们自己的信念。我们所有人都相信或信仰某些东西，但是大多数时候，我们甚至没能意识到我们所相信的或者信仰的到底是什么。我们只是把我们的信念看作理所当然的，并且永远也不会去质疑。

例如，在人们的生活中有很多东西都被认为是正确的，但实际上它们只有部分是正确的：地球是球形的（不正确）；时间是恒定不变的（不正确）；眼见为真（不正确）；达尔文是第一个提出自然选择理论的人（不正确）。实际上，地球是椭球形的；时间是一个变量；我们的大脑构建了我们所看到的东西；早在公元前 4 世纪，希腊哲学家伊壁鸠鲁（Epicurus）就提出了自然选择这一概念。

让事情更为复杂的是，我们在不断地过滤各种信息并且将过滤下来的信息扔在一边。这就是我们大脑的运作方式，它会对信息做出分类并竭力简化（甚至是过于简化那些信息），其目的只是让一个有着无穷变量的、高度复杂的世界能够被我们所理解。我们所拥有的最大的过滤器正是我们的世界观。这一处于核心的、对一切均有着支配地位的信念系统主导或干预了我们如何来看待政府、宗教和社会。基于我们的世界观，我们会选择接受、重塑或者放弃一条新的信息。这一过程在人类整个历史的进程中都发挥了举足轻重的作用，正是我们的世界观使我们相信希腊众神和神话怪兽的存在，也在今天使我们相信那些像神一样的领导人。一个社会的世界观是如此之强大，以至它能把自己塑造成为现实。

一个很好的例证是基督教会，在中世纪，基督教会控制或者说支配了整个欧洲的思想，它对伊壁鸠鲁思想的刻意压制也使亚里士多德理论被曲解和神圣化。直到启蒙运动的到来人们的思想才获得了解放，这时人们才意识到，这个世界还存在着并不是由智者设计创造的可能性。今天，我们也有自己的偏见，但是我们中的大多数人却无法看清这一点，因为我们已经太过沉浸于这个时代了。

所谓的商业神话往往并不适用于你的世界

当涉及任何具体的商业业务时，存在着同样强有力的一整套信条来引领我们的思考。我们用自以为是的设想来过滤、塑造和转换所有向我们涌来的创意和信息。从众心理是极其强大的，而且大多数大型企业等级森严的管理架构又再一次地强化了从众心理，甚至那些最聪明的经理们也被迫随大流，否则他们就会有失去同仁支持的危险。在没有严肃认真的反对观点来挑战我们的信条的情形下，我们中的大多数人根本就不会质疑自己。我们会相信事情就该是那样的，直到一个突然冒出来的竞争对手跑来向我们证明我们错了。到那时，通常来讲就已经太晚了。

让我们来看一下三条被普遍持有的商业信条（或假设、设想）：

- 在低利润的业务中，降低成本是成功的关键。
- 提供奖金能够让员工的工作更为出色。
- 追究工作人员的责任可以减少人为的错误。

这上面没有一条是正确的，都不过是商业神话罢了。斯坦福大学的组织行为学教授杰弗里·菲佛（Jeffrey Pfeffer）在一篇名为“未经验证的设想可能会带来重大的后果”（*Untested Assumptions May Have a Big Effect*）的文章中深入探讨了我们所持有的一些商业信条，以及这些信条或设想又是如何影响企业的。他具体分析了航空业，在这个领域有些航空公司在不断亏损并且没有丝毫竞争力。“我要求参与者将各种不同的飞行员工资与不同的航空公司挂起钩来，”菲佛说道，“人们通常会把最高的工资和那些有着大麻烦的航空公司联系起来。他们的理由或者说设想是，更低的工资会导致更低的总成本，因此就会有更好的财务稳定性以及更高的利润。”

事实上，那些支付最高工资的航空公司，如西南航空公司，其业绩正不断地超越像联合航空公司这种正在大幅削减成本的航空公司。尽管这是很多人都信奉的信条，但降低成本并不等同于更高的利润或者更高的客户满意度。实际上真正发生的是，员工显得更加郁闷，且营业收入越高，客户所得到的服务也就越差。

美国健康有机食品连锁店全食超市（Whole Foods）是另一个违背传统信条的案例。当其他的食品杂货连锁店在关注该如何降低成本和价格的时候，它则选择了背道而驰——它在增加成本。它的构想是为客户提供在其他商店中无法购买到的高品质食品。这不但取悦了它的客户，而且还使得传统的低利润业务获得了更高的利润。

当涉及奖金时，类似的神话又不断地冒了出来。全世界的经理们都相信奖金能激励员工更好地工作。他们不明白的是，给某人奖金确实能促使生产效率获得短暂的提升，但随之而来的就是生产效率的全面下降。这是因为奖金使员工更关注于在做好某一件工作后个人能获得些什么，而不是做好某一件工作其个人获得的内在回报。那些业绩最好的人并不是为钱而工作，而是因为工作能令他们愉悦。工作是他们自身价值的一部分，而奖金只能葬送这种心理上的原动力。

“过去 100 年的研究表明，奖金在教育上也无法产生更好的结果。”菲佛论证道。有奖金的教师并没有什么出色的表现，反而更不如预期。

另一个破产的商业神话是员工必须为他们的行动承担相关责任。他们在西南航空公司发现，让人们为错误承担责任只能迫使员工掩盖他们所犯下的错误。这就使得在将来发生错误的概率大增。更好的方式是不再让任何人来承担责任，而是鼓励大家开放地讨论他们所犯下的错误，并且大家一起来做出改变以降低这些错误再次出现的可能性。

这些只不过是几个例子，说明了普遍所持有的商业信条或设想在面临实际挑战时是如何破灭的。

设想的时效性

哪怕你并没有接受任何错误的、被普遍持有的商业信条，你依然需要挑战你原来就持有的所有商业设想，这是因为商业世界始终处于一种不断变动的状态，任何时候都会有新的市场冒出来。今天新的商业模式正不断替代老的商业模式，新的技术正在颠覆一个又一个产业。而技术上的每一次进步都如海啸般带来全新机会。企业要想不断地成长，即便仅仅只是为了能生存下去，在今天的商业形态下，都必须不断地质疑自己的商业信条或设想，以确保它们还能依然有效。

昆廷·萨拉芬尚（Quentin Sarafinchan）在他的文章《设想管理》（*Assumption Management*）中这样写道："任何设想可能只是在一个特定的时间段内才成立的。"事实上所有的商业设想都基于过去的经验。我们需要不断地搜集最新的数据，重复测试我们的设想，并确保我们的业务基础依然坚实而牢固。大多数企业失败的首要原因是它们的一个关键商业设想已不再有效。

"每一家企业的领导人，无论他的业务规模有多大或在哪个行业中，都会对其公司的业务、所在行业、产品、客户、竞争对手、效率等做出一些自己的设想。"史蒂夫·麦金尼（Steve McKinney）在一篇名为"设想的重要性"（*Importance of Assumptions*）的文章中写道："或许在所有的设想中最自以为是的设想表现为这样的形式：只要我能把它做出来，客户就会上门。这样一句简短的句子实际上当下就处于如此多的公司、服务和产品的核心位置，但是在它的背后却很可能隐藏着数千项未经验证的设想或假设。"

霍夫曼船长的方法

那么你又该如何着手测试你的商业设想呢？当我和初创企业的团队一起工作时，我常常会要求他们列一张清单，写下所有他们认为对企业有益的设想，包括如何进行市场推广、如何分销产品，一直到为什么会选择这些公司作为合作伙伴以及为什么选择这样的销售渠道等等。接着我会要求他们仔细地审视这样一张清单，并系统化地对其中的每一项提出挑战。他们必须问自己：如果这一项是不正确的，我们又该如何处理？这对我的企业会造成什么样的影响？如果我能拿来一项全新的技术并用它解决这个问题，那它会不会让我以一种截然不同的方式来做这件事情？

在你尝试了这种方法后，你会发现这种做法能激发出各种全新的创意，以及你可能从来没有想到过的机会。

以美容产品业务为例：

• 十几岁的年轻女孩是我们唯一的客户群体。（那些妈妈们会成为我们的客户吗？）

• 十几岁的年轻女孩想更漂亮。（她们不想更聪明吗？）

• 十几岁的年轻女孩更喜欢可爱的设计。（为什么不是复杂的设计？）

• 十几岁的年轻女孩不关心社会问题。（她们关心环境问题吗？）

• 十几岁的年轻女孩在商店里喜欢用现金支付。（那么移动支付呢？）

• 十几岁的年轻女孩更喜欢在大型商场中购物。（她们不在智能手机上购物吗？）

• 十几岁的年轻女孩想要更便宜的产品。（那么她们会拒绝有机食品吗？）

……

同样，你对企业的各个方面提出正确的问题也很重要。

问题举例：

- 客户认为我们的产品怎么样？
- 我们的供应链能够改善吗？
- 有没有其他的方式来进行市场推广？
- 我们有最好的渠道合作伙伴吗？
- 有新的商业模式值得探索吗？
- 我们能不能为产品找到新的客户？
- 有没有被我们忽视的市场？
- 什么样的战略关系能改变我们现在的业务？
- 我们有没有什么事情是在浪费时间和金钱的？

……

另一种方式是让你的团队列出一张现有技术的清单，然后将这些技术与你坚信的商业设想一一对应，你可以问你的团队：如果我们应用这些技术来解决这个问题会怎么样？事情又会发生怎样的变化？有没有新的方式来满足客户的需求？

技术举例：

- 生物特征识别→安全性
- 语音识别→客户服务支持
- 嵌入式触摸传感器→生产和制造
- 大数据分析→市场推广

- 人工智能算法→物流
- 纳米材料→产品开发
- 移动支付→购买

……

在“创始人空间”，我还经常要求初创企业的团队必须一行一行地仔细过滤一遍他们自己的商业计划书，并挑拣出他们能够找到的每一种商业信条或设想。他们手上有什么数据能证明这些信条或设想是正确的吗？有没有任何能够支撑这些商业设想的证据？数据可靠吗？以及这些数据是如何得来的？我要求他们对商业计划书，以及其他任何对他们的商业策略和成功起到关键作用的文件，也做一遍同样的梳理工作。

你不能留下任何的疏漏。如果你确实想挑战一下你所持有的那些信条，那么试着回忆一下过去，并对你在整个职业生涯中所学到的一些最重要的东西提出质疑。你以前的老板曾告诉过你些什么？在像本书这一类的商业书籍中，哪些被公认为是正确的？你以前的教授和导师曾说过些什么？哪怕他们告诉你的有些观念在你实践中第一次碰到的时候确实是正确的，它们现在也可能已经不再成立了。总之，你需要像苏格拉底那样去质疑那些对你来讲是最为神圣的信念（信条）。只是不要走得太远，否则你最终饮下的可能会是一杯苦酒。

另外，不要自己单干。你应该让整个团队都参与进来。无论是行政助理还是公司的CEO，每个人都应该对所有的事情进行质疑。没有什么事情是神圣不可侵犯的，任何做法都不应该受到限制。你应该允许你的创新团队去踏足那些无人到过的地方。你的创新团队必须能自由地质疑你的公司里那些被奉若神明的事或人，且在必要时调配现有的营业收入来源，并最终改变你的整个企业。

但不要到此为止了，你还需要外部的意见，因为有时候你的员工距离你公司的业务实在太近了，他们已经无法提出正确的问题。引进专家、顾问和导师来质疑你的团队的设想，寻找疏漏，并提出之前无人提出的问题，这样的做法是能够为你带来好处的。当引进外部人士时，请确保他们有权提出一些令你很难回答的问题。否则，绝大多数外来专家会基于礼貌而不会对你的基本设想提出质疑。

这种类型的思考方式并不仅仅适用于初创企业。惠而浦是一家营业收入达到了 140 亿美元的家电生产商，它通过招募一个被称作 i–导师（i-mentors）的创新导师网络来进行这一类型的反思，这些导师在入职后经过培训被用来帮助其内部的商业团队质疑正统的市场观念。想要悖逆事情的常规是一件很吃力的事，但这些导师所提供的建议、分析以及批判性的思维使得企业家们有能力来挑战他们当下的做事方式。“最为有效的机制是将质疑探究的过程制度化。”塞思 · 埃利奥特（Seth Elliott）在他的题为“避免不好的设想”（*Avoiding Bad Assumptions*）这篇文章中写道：“对于重大决策中的关键设想，一定要征询第二种（以及第三种和第四种）意见。”

总之，你必须通过挑战自己、你的同仁和你所在的企业，来应对你现在正在做的和未来将要去做的事情的方方面面，用批判性思维进行深刻思考。只有这样你才能获得与人们通常所持有的信条不一样的新的洞见，并为你的企业的起飞扫清前进的道路。

你最大的优势是已经输无可输

永远不要和一个已经输无可输的人对抗。

巴尔塔沙 · 葛拉西安[1]

哲学家

创新的另一种方式是把自己看作一个已经输无可输之人。初创企业一般就处于这种状态。早期的初创企业通常没有客户、没有营业收入，当然也没有任何的限制，根本不在乎它是不是会彻底地扰乱一个市场。事实上，如果一家初创企业能够生产出与更为庞大的竞争对手向市场所提供的相同的产品，并能以更低的价格销售，甚至是免费送人，那么这对于任何创业者来讲都将是一次千载难逢的机会。初创企业也许无法做到像那些市场地位已经稳固的企业那样每年可以有数十亿美元的营业收入，但它也许能找到方法做到数千万或者数亿美元的年营业收入。这对于一家初创企业来讲毫无疑问是一笔巨额资金。这样的资金量已经足以把这家初创企业一路带向上市了。

大公司没有这样的选择。它们大多数已经是上市公司，且要对自己的股东负责。营业收入下降哪怕只有10%也是一场灾难，因为这已经足以令股价下跌并让CEO走人了。很少有上市公司能忍受其他公司用更低的价格来扰乱它们的市场。华尔街对它们有着更为严格的控制，而营业收入和利润在期许中只能有一个方向，那就是向上。换句话说，它们实在输不起。

在“创始人空间”，我经常对初创企业这样说，如果在某一个市场中你已经输无可输，而那些原本占据该市场的企业却根本输不起，那么没有比瞄准这样一个市场更好的选择了。如果你是带着颠覆性的商业模式进入该市场的第一家企业，那么无论做什么你都会赢，而你的竞争对手却只能输。那些已经扎根在这个市场的企业除了降价之外没有其他任何办法与你竞争，而且它们中的大多数宁愿慢慢地死去也不会选择在一个晚上就砍掉自己的利润。它们已经被当下的市场环境养肥了，根本无法想象一个它们不再是高高在上的世界。

让我们来看一下Skype这家企业，这是输无可输这种心态的主要案例。当这家微小的欧洲初创企业开始启动的时候，扰乱那些电信巨头的市场看起来还是非常遥远的事情。这些电信运营商们的市场地位极为稳固，实力雄厚且手上还有大把的资源。它们在长途电话业务上也有着数十亿美元的收入。这是它们的现金流，所以绝不会让任何人来扰乱它们的市场，更不用说一家从未听说过的来自爱沙尼亚的初创企业了。

但是Skype的秘密武器VOIP（网络电话）技术使得它能够通过互联网提供通信服务。那些电信公司早在Skype参与进来之前就有了相同的技术，但是这些巨头们从未打算使用这项技术来挖自己的墙角。在Skype成立后，它的创始人干的却恰恰就是这件事。他们用VOIP技术为任何愿意尝试他们软件的人提供了免费的长途电话服务。他们并不在乎这些开支，因为他们所提供的免费服务只是为了获取客户而付出的成本。通过对他们的用户向网络外的通话进行收费，Skype依然有赚钱的机会。整个概念非常简单，而且还管用。Skype最后在电信运营商们自己的领域中将它们击败，并随后又以数十亿美元的价格被收购了。

输无可输心态的另一个很好的例子是E*TRADE（亿创理财）。在E*TRADE成立之前，传统的股票经纪人对每一笔股票交易均要收取一笔令人很恶心的佣金。这笔钱也许只有几百美元，但有时候他们甚至可能会按照交易的百分比收取。在利用互联网避开了那些传统的经纪人后，E*TRADE向客户所收取的交易佣金只有原来很小的一部分，但它却依然很赚钱。很快交易市场上的顾客都希望每次交易仅支付低于15美元的固定费用。E*TRADE和其他线上的经纪人对证券市场的陈规来了个釜底抽薪，将整个市场翻了个底朝天。线上交易成了首选，而原来老的商业模式彻底消失了。

接着Robinhood（罗宾侠）来了，它是证券交易领域中最新的市场颠覆者。它放弃了在股票交易中收取佣金的传统，并愿意为股票交易提供免费的服务，因为它可以靠其他的方式赚钱。那么它又是如何做到这一点的呢？当然，首先Robinhood这么做对它来讲本就没有什么可失去的。如果能抓住现有的那些客户，并把它迁移到Robinhood自己的以移动为优先的产品平台上，那么它会很乐意去颠覆原来的那些颠覆者，在自己的平台上，它可以通过高价销售优质服务从客户身上获取利润。

随着技术的发展，扰乱和颠覆市场的机会将会不断地出现。因此，如果你在一家大公司工作并且想要创新的话，那么你需要像一个创业者那样去思考。你不用去担心这样做会不会吞噬自己的业务，因为即便你不这么做，其他人也会这样做，这只不过是个时间问题而已。如果某项技术已经存在了，一些突然冒出来的公司就会想出如何利用这项技术的方法，并且会以免费提供你的服务的方式来偷走你的客户。想赢得这样的竞争，你需要从自己身上偷走你的客户，哪怕这意味着在这一过程中你会有短期的损失。

亚马逊对这种做法是非常在行的，它不断地寻找机会来颠覆自己的业务。一次又一次，杰夫·贝佐斯找到了新的利用技术的方法降低价格，并以此为他的客户提供更多的价值，哪怕这样做意味着更低的利润——所有这些努力都是为了能在竞争中保持领先。对此一个很好的例子是亚马逊允许与它竞争的零售商在亚马逊的网站上销售它们的产品。作为一家占有主导地位的在线零售商，为什么亚马逊会允许其竞争对手就在它自己的产品边上，以更低的价格销售产品呢？这样做不会减少亚马逊自己的利润吗？不错，这样做确实会减少利润，但这也确保了客户能获得最低的价格，以及最大的选择余地。贝佐斯知道亚马逊不可能靠自己就能为所有人提供所有的东西，而如果他不让其他零售商在亚马逊网站上销售他们的产品，那么他的客户就会去其他的地方购买这些产品了。

最后，如果亚马逊没有颠覆它自己的市场并牺牲短期利润的话，它就有很大的可能会输掉现在所拥有的一切。这就是创新的关键。没有什么东西是不可以放在台面上的，如果客户有这样的需求而且技术也允许这么做，那么就满足客户的需求吧。

设计创新就是为用户解决一个真正的问题

> 我的目标是让复杂变得简单。我只是想做出这样的东西，它能真正简化我们基本的人际交流。
>
> 杰克 · 多西
>
> Twitter和Square的联合创始人

我想告诉你一些大多数人都不知道的关于我自己的故事。从内心来讲我是一个设计师，我热爱设计。我的母亲是一个艺术家，我是在参观世界各地的博物馆，学习那些从传统的大师到抽象表现主义画家和后现代主义画家的各种作品的氛围中逐渐长大的。当我还是小孩的时候，我想成为一个艺术家，但是我的父亲，他是一个从麻省理工学院毕业的火箭科学家，说服我去学习一些更为实际的东西。在以出色的成绩获得计算机工程学士学位后，我放弃了原来的专业转而进入了南加州大学研究生院学习电影和电视。我希望我能为这个世界带来一些我所创造的东西，我想要设计出我自己的现实。

在制作了数十部短片并参与了剧本的写作后，我加入了一家好莱坞的电视制作公司并很快就被提升，进入开发部门的管理层，我正是在那里遇到了日本世嘉游戏公司的创始人。他给了我一个在日本设计视频游戏以及大型街机游戏的工作机会。我怎么可能拒绝呢？作为一个狂热的游戏迷，这就像是梦想成真。因此，在接下来的几年里我的工作就是设计游戏，起初在日本后来又回到了硅谷。我开发的游戏包括电脑游戏、联网游戏以及手机游戏。

我对设计一直有着某种激情。我常常会花几个小时的时间翻阅设计杂志或者在Kickstarter网站上浏览新的产品，或者在一座城市中漫步，研究那些建筑设计。所以当有初创企业来到“创始人空间”，我会不由自主地对他们的产品设计进行反馈。我经常发现自己进入了一种非常狂热的状态，会大声地对那些创业者嚷嚷：“去请一个真正的设计师吧，你绝对不要自己去干这件事。”“你不是一个设计师。你是一个工程师，你手上的那东西看起来实在是太糟糕了。没有人能忍受这样糟糕的用户体验。”“客户并不关心你的技术。好的设计才是最重要的。”

每个人都认为硅谷是一个以技术为核心的生态系统，但实际上，设计现在已经位于这部创新机器的核心。我认为现在由设计创新所创造的财富要比由技术创新所创造的财富更多。对于每一项技术发明，在最新设计的产品中可以有上千种不同的方式来应用该技术，而且很多这样的新产品都有着打开和转换成数十亿美元市场的潜力。苹果并不是以其技术成为世界上最大的企业的。史蒂夫·乔布斯也并不是一个工程师，他是一个设计师和富有创意的思想家。

如果你看一下令苹果公司得以重生的iPod（苹果公司设计和生产的数字多媒体播放器），那并不是什么新技术的奇迹。当时在市场上已经有多款MP3（音乐播放器）。推出iPod并不仅仅是为了做出一款更优秀的硬件。苹果公司知道它在硬件上的竞争永远也不会获胜，所以它的思路是重新思考用户在一件设备上播放音乐时的完整个人体验。托尼·法德尔（Tony Fadell）当时在为乔布斯工作，正是他让iPod的设计变得如此超前，而这也正是为什么他对于如何创造出更好的用户体验具有极其强烈的兴趣。

如果你把iPod和同时期其他的MP3进行比较，那么你就会明白这是一个设计上的奇迹。首先，苹果创造了一个完整的生态系统，使得获取、播放和购买音乐成为令人愉快的体验。这其中就包括iTunes（数字媒体播放应用程序）在线商店以及iPod独特的界面，正是这两者使得用户可以毫不费力地浏览大量的歌曲以及播放清单。

有一项创新最能体现法德尔对于用户体验细节的关注和深刻理解。他注意到，无论是谁购买了一款新的电子产品带回家并打开包装盒后，一般是无法立即使用该产品的，原因是首先需要对电池进行充电。这也使得用户在使用这款新产品前不得不等候一个小时或更长的时间。这不是太令人失望了吗?

因此法德尔建议，在发货前必须确保产品包装中的每块电池都充满了电，这样用户只要打开包装后就能立刻使用iPod了。这完全改变了用户的体验。在这之前，还没有任何其他的电子产品生产商对于产品在打开包装时的表现——用户在打开包装和第一次使用产品时会有怎样的体验——给予了多少关注。但在今天，大多数高端消费类电子产品制造商在产品出厂时都会配上充满电的电池，并且对完整的开箱体验也给予了关注。

这就是设计创新的真正精髓，它要求你能完全站在客户的立场进行思考。你应该做这样的设想，当客户使用这件产品时他又会产生怎样的感受呢？毕竟，重要的是个人的体验，而不是功能。所以问题再小也不应该忽视，尤其是这个问题影响到了客户对于产品的整体感受时，就应该马上对此加以改进。让我们来看一看苹果又是如何仔细地设计它的包装吧，显然法德尔和他的团队想要用户在打开包装的每一步上都能兴奋起来。

法德尔继续参与了iPhone的设计工作，但之后他离开了苹果公司并花了 18 个月的时间来周游全球，在这段时间里他在思考接下来他该做些什么。“我不得不把自己撤出来，这样才能离开硅谷并获得新的视野，并使我能以一种不同的方式来观察这个世界。”他说道。有太多的人忘记了更新自己的头脑是有多么重要，持续不断的工作只会让你的创造力死亡。所以法德尔需要在开始他的下一场设计旅程前再次体验生活。

这次休整显然为他带来了回报，因为他接下来推出的是Nest的自动温控器，这是一件真正开创性的产品，而正是这件产品启动了物联网这一波浪潮。Nest所做的正是重新思考把智能设备引进家庭后所带来的完整用户体验，它的自动温控器更多的是一项设计上的杰作而不是工程上的奇迹，其优美之处在于这款产品是如此的简洁，你无须像在老式的数字温控器上那样进行编程，它已经能从你那里学习加热和制冷的习惯，然后会自动地进行调节来为你提供恰到好处的环境温度，并为你节省费用。

Nest还是一件能让你显摆的东西。它的外观令人震撼，没有那种让你不得不眯起眼睛的廉价LCD（液晶显示器），它的形状是漂亮的半球形，温度显示被很大胆地放在了球心，周边还环绕着一圈优雅的色环。它完全值得你向那群极客好友进行炫耀。早期的使用者非常喜欢这件产品，对于他们来讲，如果有一件东西超酷，那么价格绝对不是问题。

法德尔的设计哲学是，只是改善某件产品并令其变得更好并不那么重要，真正重要的是如何重建一个产品分类，而要做到这一点你的出发点必须是为客户解决一个真正的问题。他把这称为生产止痛片而不是维生素。虽然维生素能让你变得越来越健康，但在生活中它对于你来讲是可有可无的。然而如果你身体某处出现了剧烈的疼痛，那么你就需要止痛片来马上止痛。

但你又如何知道你是否有一个真正的问题需要解决呢？你可以问问其他人,他们是否也像你那样感到尴尬？你能消除他们的痛点吗？他们的痛苦和烦恼越多，那么创新的空间也就越大。确切地理解现有产品在哪些方面出现了磕磕绊绊是其中的关键，这就是你如何重建一个产品类别的契机。利用Nest的产品，法德尔想要去除的是为一件数字温控器进行编程的麻烦和痛苦。没人喜欢做这样的事。每当我住进一家新的酒店，我都会在房间温控上花一些时间，去琢磨那件该死的东西是怎么工作的。

当法德尔向他的朋友和同事演示Nest自动温控器的早期版本时，他们中有很多人想要增加一些功能。有些人想要一个触摸屏，这样他们就有了更多的控制权限。但是法德尔拒绝了，他坚信简单本身就是最好的功能。简单地旋转一个圆环来调节温度是一种绝妙的体验，他绝不想因为添加了更多的复杂性而破坏了这种体验。

谷歌用数十亿美元收购Nest的原因是它想要法德尔加入它的团队，因为只有他明白如何才能将技术无缝地编织进人们的日常生活中。这是在这个世界上很少有人能掌握的艺术，也是所有正在向前发展的产品的未来，无论该产品是用于家庭、工作单位或者户外，都是如此。谷歌把物联网视作下一波浪潮的前沿，而法德尔则为谷歌指明了道路。

其实法德尔并不孤独，世上还有很多其他创新设计的伟大案例。我们通常会认为Airbnb是一个极为出色的商业模式创新，但实际上它远不只是一个商业模式。确实，把你家中空余的房间出租给到你的城市做短暂访问的旅行者是一个非常巨大的进步，但我们绝大多数人还无法意识到，要解决这个问题会有多么的困难。

现在看起来好像很显然，人们非常认同通过出租空余的房间来获得额外收入这一创意，但最初情况却并非如此。当布赖恩 · 切斯基、乔 · 吉比亚（Joe Gebbia）和内森 · 布莱卡斯亚克（Nathan Blecharczyk）创立Airbnb时，所有他们接触的风险资本都认为这个创意有些疯狂。谁又会让陌生人进入他们的家呢？怎么会有人信赖那些随机到来的访客，并让他们进入自己的私人空间呢？如果那个陌生人是个小偷，或者更糟，是一个强奸犯或者杀人犯，那又会发生什么呢？所有人几乎都认为Airbnb永远不会真正地做起来。原因很简单，人们只是不想冒这样的风险罢了。

幸运的是，在Airbnb的三个创始人中有两位是设计师，他们在罗德岛设计学院求学时就已经相识，他们明白什么是设计思维的基本原则。他们的挑战是如何才能让人们接受共享生活空间这一全新的创意，即便他们彼此是完全的陌生人。

如果你仔细观察Airbnb的网站，它的网页会让你感到既友好又安全。网页上的描述和说明的用词温馨而友善，客户的个人档案配有很大的照片，这样你就能很清晰地看到即将到访的客户或者房主的形象。网页上还有足够的空间允许客户或房主对自己进行文字介绍。对客户的评语被放在客户档案中非常醒目的位置。切斯基和吉比亚甚至还考虑了应该如何来构建房东和房客之间的对话和交流，比如当他们互相发送信息时，那个文本框应该有多大，按钮应该被放在哪个位置，系统又该用什么样的方式来提示用户，等等。

“如果你想创造出一件杰出的产品，关注一个人就足够了。你只需让那个人拥有他从未有过的最令人惊叹的体验就行了。”切斯基这样说道。哪怕在网页上把他们的客户称作“主人”以及“访客”也是特意设计的。这就像是在你的家里举办一场派对并邀请客人，而不仅仅是对某个陌生人出租空余的房间。这样做的创意是主客双方有可能最终成为朋友。在这里你除了能获得额外的收入，还有机会结识来自全球各地的新朋友，并与他们分享你对于自己的家以及所在的这个城市的体验。正是这一点使得Airbnb变得如此与众不同，这也是为什么有很多人会喜欢上它。

大多数酒店是没有人情味的，你一般不太可能会和前台接待人员或者行李员成为朋友，但是在Airbnb，你被邀请进入了一个私密的空间，在这个空间里，你会有机会更加直接地了解某个人并和他们分享你的个人体验。他们在设计产品时就已经考虑到了这一点。

切斯基和吉比亚同时确保了Airbnb的首页具有某种魔力。他们把最具有吸引力和最具浪漫体验的空间放在了网页的最上方，这给了用户这样一种感觉：他们将会踏上一场冒险之旅，这是某种他们无法从一般的酒店能够获得的体验。主页上还放上了传说中的树屋、乡村的农场、豪华的公寓、森林疗养院，甚至还有城堡。在那些大幅的照片和迷人的描述下，这里俨然已经成为通向一个神奇王国的入口。

上面所有这些元素令Airbnb瞬间轰动起来，它横扫全球，并改变了我们所有人对于旅行的看法。但Airbnb并不只是一个孤独的案例。Box通过设计重新定义了我们该如何看待文件共享；Slack[2] 通过设计重塑了企业之间的沟通；小米通过设计抓住了低端智能手机市场；Snapchat和微信通过设计将短消息通信带上了一个新的高度；WeWork让办公室和办公空间的经营呈现出了全新的想象空间；Uber和Lyft（来福车）通过设计重塑了交通运输的概念。当然，这样一张清单还可以继续罗列下去。

对设计的理解是创新必不可少的。在未来的10年里，相比任何其他类型的创新，有更多的产品分类会通过设计创新被重新改造。这又是为什么呢？因为设计并不需要巨量的资本——它需要的是与众不同的天才，只有这样的天才才能从一项产品或者服务中感知到客户的真正需求。这意味着任何一个配有笔记本电脑的创业者，如果他能找出客户的痛点并把产品设计出来，那么他就有潜力颠覆价值数十亿美元的整个产业。

我最初的创业成功就来自设计。我和我的合伙人做了一个叫《亿万富翁》（*Gazillionaire*）的电脑游戏，这款游戏的目的是教育学生和成人如何成为一个企业家。在游戏中你在一个被称作Gogg的虚幻银河系中开始创立自己的贸易公司。在游戏发布的时候，游戏所采用的技术已经完全过时了，而我们的发行公司之所以会同意发布这款游戏是因为它的QA（品质保证）团队喜欢上了这款游戏。虽然游戏的动画非常粗糙，游戏的图像也不是由专业人员制作的，采用的技术非常原始，但所有这些并没能阻止它轰动一时。人们对于这款游戏所创造的独特体验欣喜若狂，游戏评论家对游戏给予了极高的评价。事实上，发行方对于我们的小游戏所获得的评价居然要好于他们投入了数百万美元的《星际旅行》（*StarTrek*）而感到非常沮丧。

令人惊讶的是，《亿万富翁》和其伴生游戏《零售帝国》（*Zapitalism*），以及《制造大亨》（*Profitania*）今天依然在销售。全世界的学校和大学使用这几款游戏来教授商业和经济学，而一些成年人在给我们的邮件中这样说道："我终于明白了为什么我必须摆脱我的信用卡债务！"这里的关键点是，好的设计几乎每次都能胜过大的预算和技术的魔法。

我想告诉创业者的是，如果他们想要获得成功，就不应该去拿一个工程师学位或者MBA。现在从大学里出来的工程师和MBA已经太多了。我们需要的是更多的设计师，更多能想出如何让机器与人类更好地工作和生活在一起的设计师。人类和计算机的共生关系是我们当下正在经历的这一场巨大转变的核心，关于未来的真正困难的问题，以及潜在的巨大变化都处于这个核心之中。

随着技术的进步，设计上的新的可能性每天都在出现。设计思维已经延伸进入了这样一些领域，其中包括连接在一起的设备如何才能相互沟通，传感器应该搜集什么类型的数据，我们如何才能建立起与AR之间的交互界面，以及什么样的电子设备可以被我们戴在手腕上、植入我们的身体、和我们的大脑相连接。当下，有成千上万种不同的行业等待着被完全颠覆，新的市场可以轻而易举地通过设计思维被创造出来。

重写商业规则才是真正的成功

> 相同的产品、服务或者技术可能会成功，也可能会失败，这取决于你所选择的商业模式。
>
> 亚历山大 · 奥斯瓦尔德[3]
>
> 作家和理论家

为什么你还要重新启用一个现有的商业模式呢？你完全可以进行创新，重写规则，并且从你的竞争对手脚下把市场给偷出来。硅谷的初创企业一直就是这样干的，而且这种做法还创造了巨大的价值。这可以归结为一件事：打破规则。商业模式的创新就是研究游戏规则，然后通过打破、改变和扭曲规则来进行系统化“作弊”。只有通过重写剧本，初创企业才能获得一定的优势接管一个数十亿美元的市场。

我发现在做这件事情上，哈佛大学的MBA并不总是最佳的人选。常常是那些未经训练的叛逆者会想出一些最聪明的办法来打破规则，比如乔布斯、盖茨、扎克伯格、彼得·蒂尔和马斯克。得出上面这种看法时我可能会有些偏见，因为我自己也同样没有接受过MBA的教育，但我通过运营自己的公司学会了这一切。因此我总是会不由自主地这样想，也许正是这一点让我具有了某种优势，因为很自然地我的思路与其他人完全不同。我不知道有什么规则，所以我会毫无顾忌地打破规则，我对所有的商业模式都会持开放的态度。在我的头脑中，任何事情都是有可能的。当一家初创企业来到“创始人空间”时，我会让他们向我演示他们的商业模式能行得通的证据。而无论这个模式是多么离经叛道，对我来讲，只要数据能支撑他们的愿景，那就不会有任何问题。

让我们来回想一下克雷格列表（Craigslist）是怎样开始提供免费的分类广告服务的。按照传统印刷媒体的做法，这个游戏根本就不应该这样玩。报纸把分类广告看作它们的奶油和面包，如果没有分类广告，它们怎么可能活得下去？但是克雷格列表送出免费的分类广告，这对于他们的业务几乎没有任何影响，因为它的成本结构和商业模式与报纸是完全不同的。

“如果你的竞争对手似乎完全不在乎这个生意，那么你要经营这样的生意就实在是太难了。”基准资本的风险投资人比尔·格利（Bill Gurley）这样说道。在激进的商业模式创新下，那些初创企业可能看上去并不是你的竞争对手，因为它们的商业模式对于现有的那些企业来讲可能是如此陌生，以至这些初创企业更像是决心摧毁他们世界的外星入侵者。

必须承认，虽然并不是所有的商业模式创新都是极端激进的，但是所有的商业模式创新都有一个共同的特征，而正是这个特征使得它们成为破坏市场的最强有力的形式之一，也因此值得我们对其进行分析。下面是初创企业进行商业模式创新的四个最新案例，以及我们能从中能获得的经验教训。

Uber

Uber树立起了商业模式的创新标准。它精明地把自己定位在客户和服务实际提供者之间的位置，这一商业模式彻底地颠覆了出租车行业。

Uber做得最漂亮的是，人们并没有对出租车司机产生依赖，哪怕他们确实产生了这种依赖，下次用车时大多数人也不会直接呼叫同一个司机，因为这个司机可能很忙，正在城市的另一面或者根本就没在岗位上。所以这里几乎不会有什么漏洞，也就是说客户一般不会跳过Uber直接进行交易。另外，只要人们经常使用Uber的服务，它的出租车费加在一起就是很大一笔钱。因此每个客户生命周期内的价值都会很高，这意味着Uber目前获取客户的相当大的成本是完全合理的——这也体现在了它的每轮融资都能拿到大笔的资金上。Uber还能在价格、服务以及其他选项的竞争中击败任何出租车企业。上面所有这些加起来就构成了一个极具竞争力的商业模式。

那么Uber能教会我们些什么呢？首先Uber的模式之所以有很强的竞争力是因为它满足了6个标准：

- 高利润——出租车费并不便宜
- 有价值的资源——任何拥有一辆车的人都能成为Uber的司机
- 回头客——有些人需要经常使用交通工具
- 可规模化——这项业务能快速地增长
- 可复制性——可以在世界各地复制相同的模式
- 大市场——这项服务具有很广泛的客户基础

Uber还关注客户的如下需求：

- 更快
- 更智能
- 更简单
- 更方便
- 有更好的体验
- 很酷

最后，Uber还着魔一般地竭力让整个过程变得更加顺畅：

- 只需按一个按钮
- 没有延迟
- 没有讨价还价
- 没有取消
- 没有负面的感受

Uber的商业模式还得益于网络效应。在路上的司机越多，就会有更多的乘客受益于更快的服务，而它所拥有的乘客越多，就会有更多的司机受到吸引而加入Uber。它的竞争对手很难对这种模式做出回应。

Uber颠覆出租车业务的方式是如此成功，以至出现了很多业务的“优步化”，从快递业务到干洗再到诊疗服务等等。这里的风险是，并不是所有的业务都可以与出租车行业做类比的，而且很多“优步化”的公司最终肯定会失败，其原因是它们的业务模式缺少了使Uber得以起飞的关键元素。

Airbnb

Airbnb是初创企业世界中的另一个神童，它创造了一个经典的具有颠覆性的市场。它的业务模式之所以能成功是因为它切入了一个极有价值但从未被触碰过的资源：你自己的家。与传统的酒店相比，通过让所有人出租他们家中的闲置空间，

Airbnb的住宿服务为客户提供了更多的地点、更好的价格，以及更多的服务选项，他们双边的市场对于竞争对手来讲可以说是易守难攻。提供闲置空间的房主越多，Airbnb就能吸引到更多的客户，而吸引到的客户越多，就会有更多的房主注册加入。太棒啦，网络效应再次起了作用。

Airbnb的商业模式还有很多与Uber相同的特征：

- 高利润——租房并不便宜
- 有价值的资源——人们家中闲置的空间
- 回头客——很多人常常在外出差旅行
- 可规模化——这项业务能快速地增长
- 可复制性——可以在世界各地复制相同的模式
- 大市场——这项服务具有一个很广泛的客户基础

就在最近，Airbnb增加了一项即时预订的服务，用以去除一个交易摩擦点，并最大限度地减少与房主沟通时所花费的时间。这对我来讲是一个真正的痛点，所以我非常高兴。只要按一个按钮，你的房间就订好了。所有这一切让Airbnb成为商业模式创新中的另一个成功的明星案例。当然在一些其他的市场，Airbnb无法依照上面的模式进行运作，这是因为在那些市场缺少了一个或者更多个上面所提到的基本要素。

SoFi

SoFi并不具备Uber或者Airbnb的所有要素，因此SoFi选择了走另一条路。通过专注于创建一个终生社区，SoFi改变了学生助学贷款这个行业。当学生从SoFi拿到助学贷款时，他们并不只是身上有了一笔债务，还同时加入了一个特殊的团体，这个团体会在这笔贷款的期限内为这些学生提供辅导和支持。

SoFi声称它的会员们平均节省了超过18 000美元的费用。在这里具有革命性的部分是，贷款通常被认为是一种逐利的业务，但SoFi却把学生贷款转变成了一种正能量的社会活动。SoFi为其会员提供了职业咨询和创业者辅导课程，同时还邀请会员参加社区活动以及欢乐时间。他们把拿到一笔助学贷款变得好像是加入了一个大学生联谊会或者是女学生联谊会，这就和通常的银行业务完全不同了。今后，SoFi还将继续向它的会员推荐抵押贷款、个人贷款以及财富管理计划等更进一步的产品。

SoFi还有它自己评估会员信用的标准，这个评估标准与大银行以及其他的借贷公司所使用的标准是完全不同的。SoFi考虑了会员的教育、工作经历和个人的财务历史，它不收取开户费或者申请的费用，也没有补偿金。而最具吸引力的是，它还提供失业保护，这意味着如果有一个会员在以后的生活中失业了，SoFi会暂停对其贷款的还款要求。正如你所看到的，SoFi的模式完全改变了整个竞技场，它甚至和那些传统的借贷公司不在同一个阵营内。它以一种全新的方式来思考客户，而正是这一点使它赢得了“千禧一代”的青睐。

在这里我们所学到的是，商业模式的创新并不局限于商业的财务模式，它实际上包含了整个价值链。SoFi已经重新定义了拿到助学贷款意味着什么，那已经不再是一笔交易，而是加入一个特别俱乐部的手续，在这个俱乐部中它的客户在今后的一生中均能享受作为会员的福利。

NGCodec

NGCodec（新一代编解码器）的创始人比这个行业中几乎所有人都更懂得什么是视频压缩。当我遇到他们的时候，他们正在开发下一代的编解码器，这种编解码器在对视频进行压缩和编码时比目前市场上的任何产品要快10倍且更为便宜。他们已经在这个项目上花了一年多的时间，也已经有了付费客户，而且几乎马上就能淘汰市场上的所有同类产品。但是他们却没有办法在硅谷融到钱，这又是什么原因呢？在当下4K（高清）视频越来越多的情况下，视频编码的问题一天比一天变得更为突出。他们出现的时机可以说恰到好处。

问题还是出在了他们的商业模式上。他们使用硬件对视频进行编码，因此他们计划对客户发放技术使用许可，但这就意味着他们会被漫长的硬件集成和部署过程、缓慢的销售周期以及有限的上升空间给束缚住，在这样的模式下无法进行规模化的扩张，也因此无法成长为一家数十亿美元的企业。

在和他们讨论了几个小时以后，我给出一个建议：“不要对你的客户发放硬件使用许可，这是一种错误的商业模式，你们应该将服务放到云端并采用SaaS（软件即服务）模式。我知道这并不是你们原来所设想的方式，但这是视频编码的未来。人们并不需要硬件，他们要的是解决方案。”

他们的CEO接受了我的建议，重写了全部的商业计划书，并在其中加入了新的商业模式。三个星期以后，他打了个电话给我，他们已经拿到了300万美元的风险投资并开始了赛跑。这个故事给我们带来的教训是，如果一种商业模式无法走通，那么你就应该尝试一下其他的模式。你不能仅仅对你的产品进行创新，还应该将产品和商业模式看作一台机器的两个部分并同时对这两者进行创新。

真正的创新

实现真正的、根本性的商业模式创新，实现那种有能力颠覆现有市场或者有能力创造出一个全新市场的商业模式创新，并不是一件容易的事。大多数初创企业只能为自己发展出某种竞争优势，而不是完全重写游戏的规则。这就是Uber、Airbnb和SoFi这样的初创企业会有那么高的估值的原因。它们是珍稀动物。如果你能像它们一样构想出改变原有规则的方法，那么你就能改变这个世界，去挑战自然规律，并让不可能的事成为可能。

不要轻易爱上你的作品

当你面对机器或者任何由你制造出来的东西时，无论你是一个多么出色的销售员，那东西要么能行，要么就是不行。

马克·安德森

安德森·霍洛维茨风险投资公司风险投资人

我通常会告诉那些在“创始人空间”里的初创企业的创始人，刚开始绝对不要去触碰电脑键盘。“绝对不要让你的工程师们在第一天就开始编写代码。”我劝告他们道，“那会让你们走上一条错误的道路！”好的工程师喜欢写代码，他们想做的第一件事就是全身心地投入去做出一件很酷的东西。问题是工程师们认为很酷的东西，客户却并不一定会完全认同，也许他们想要的是一件完全不同的东西。

在刚开始的时候就尝试去做出某样东西来常常不仅是在浪费时间，而且还可能是你走向失败的原因。你的团队在开发一件产品上所花的时间越长，所有人对这件产品的期待就越深，没有人会抛弃他们努力工作的成果。在花了几个月的时间开发出一件产品后，团队成员对于他们所创造出来的东西就会产生某种情感。即便有证据表明他们所创造的东西并不是客户想要的，整个团队也常常会继续向前推动这个项目，为产品增加新的功能，解决出现的问题，并寻找方法来让一件正在失败的产品获得成功。在这件正在失败的产品上他们所倾注的时间和资源越多，在最后面对现实时也就愈加地困难。这就是我所说的“制造者陷阱”。

2011年，哈佛商学院的迈克尔·诺顿（Michael Norton）、耶鲁大学的丹尼尔·莫孔（Daniel Mochon）和杜克大学的丹·艾瑞里（Dan Ariely）完成了一项研究，他们发现，当你在制作某件东西的时候，你对这件东西的价值判断要远高于其他人的判断。他们的研究由很多不同的实验组成，在其中一个实验中，参与者被要求组装一件“宜家”的家具，在另一个实验中，参与者被要求创造折纸形象。

在“宜家”实验中，实验对象的任务是组装一件“宜家”家具。研究人员会要求实验对象对他们刚刚组装完成的家具进行估价，然后再与由专业人士所组装的家具进行估价比较。研究人员发现，实验对象愿意以平均高出正常价格63%的价格来购买他们自己刚刚组装完成的家具，即便这是一件质量更差的作品。

在另一个实验里，研究人员要求实验对象制作折纸青蛙和起重机，接着他们让专家制作出同样的折纸青蛙和起重机。尽管专家的作品明显更为出色，但实验对象却认为他们的作品和专家的作品相差不多。与此同时，没有参与制作过程的其他实验对象对专家的作品则给予了更高的评价。

现在通常把这一类现象称为“宜家”效应。这是一种认知上的偏差，在这一类现象中人们会对他们自己所参与制作的作品给出一个更高的估值。换句话说，人们会因为他们自己在时间和创造力上的投入而被情感所蒙蔽。这里的教训是，当你的创新团队开始投入一件产品或服务时，他们与这项工作的联系会越来越紧密，而这样一种联系最终会让他们无法看清现实。哪怕有证据表明他们的客户并不需要这种产品，产品的创造者们还是会这样去想："我们该如何才能解决这个问题呢？"因为产生这样一种想法要比让他们承认自己所创造的东西没有任何价值容易得多。

见鬼的是，我自己也曾经掉入过同样的陷阱。认识我的人都会承认我是一个情绪很冲动的人，无论做什么事我都会把自己所有的东西投入进去：工作、爱、玩耍！因此当我想出了一个惊人的主意：将整个互联网转变成为一个虚拟世界时，我不由自主地为这一概念所倾倒。

每一个看到我的原型机的人都表现出了同样的狂热。这是一个游戏，玩家可以在其中创建一个他自己的化身并用这个化身在网页之间行走。你的化身可以出现在谷歌、亚马逊或者Facebook的网页上，而且你还可以聊天、讨论、交换虚拟物品、玩游戏以及踏上冒险之旅去寻找宝藏。你还可以用你的化身去任何一家在线商店与朋友一起购物，在某一个乐队的网站上闲逛并和"粉丝"一起倾听音乐或者前往任何新闻网站并对那些头条新闻进行讨论。它的可能性几乎是无穷无尽的。

唯一的问题是我们没有足够的证据证明这是行得通的。很早就有证据表明我们的创意概念并没有在用户中引发共鸣。虽然最开始他们很喜欢这样的体验，但几个星期后，他们就不再回来了。把互联网转变成为一个庞大的虚拟空间听起来令人惊叹，但在现实中几乎没有一个大型的虚拟空间，包括虚拟人生游戏《第二人生》（*Second Life*）也没有信守它当初的承诺。用户更喜欢结构化的游戏体验，而不是在一个自由的空间内与其他人进行沟通和交流。

不幸的是，这一点在当时并不明显。虚拟世界是一个热门话题，而我虔诚地相信只要我们有更多的时间就能解决这个问题，这个时候我实际上已经掉进了制造者陷阱。我对我们游戏的狂热只不过推迟了不可避免的方向调整。如果我没有花那么多的时间去制作而是花更多时间去分析，那么我就能节省下时间和金钱。人们常说恋爱是盲目的，因此在创作的时候绝不要爱上你的作品，否则的话你就会像我这样体验心碎的感觉了。

隆重推出新产品之前请多打几遍草稿

如果你知道这肯定能行，那么它就不是一次实验了。

杰夫·贝佐斯

亚马逊创始人

避免制造者陷阱的最好办法是制作“有针对性的原型”。一件“有针对性的原型”有几项关键的特征。首先它只需要花费最少的时间和精力就能建成，但它却依然能让你的团队测试关于你的业务的基本设想。

“有针对性的原型”有很多种不同的表现形式，这里并不存在某种唯一的模板。大多数“有针对性的原型”和你的最终产品是完全不同的，它们的任务只是帮助你搜集数据。你需要做的是，列出与你的业务相关的所有设想，然后设计出一个独一无二的实验测试你所列出的每一个设想。这些实验通常会涉及某种特殊类型的原型，而这种特殊原型就是用来测试和验证某些特定设想的。

举例来讲，如果你想测试消费者会不会购买你的产品，你可以用Wix、Squarespace或者Unbounce.com这一类的建站工具，花半天的时间做出一个登录页面。接着你可以利用谷歌的竞价广告或者Facebook很简单地把精准流量导向你的登录页面，这样你就可以开始接受产品预订了。从拿到的订单数据，你能很快地做出真实的评估，即人们是否会真的购买你的产品。

当Shoesite.com启动时，它的目标是在线销售各种鞋子。它的创始人尼克·斯威姆（Nick Swinmurn）一开始并没有把所有的东西都做出来。首先，他想用尽可能简单的方式来测试他的设想，所以他推出了一个非常基本的网站，上面放了一些鞋子的照片，价格都是从当地的鞋店抄来的。他在这个网站收到了一些订单后，就用自己的信用卡在当地的鞋店购买了鞋子，然后发给了他的客户。他赚钱了吗？没有。但是用这种方式，他可以验证这个市场的需求而无须花很多的时间和资金去建立一条供应链，租借仓库并建立基本的库存。这个实验被证明是如此成功，以至它吸引了谢家华（Tony Hsieh），他给这个初创企业重新起了一个名字叫Zappos，然后还是他从风险资本那里融到了钱，扩大了企业的规模，到最后又是他以12亿美元的价格把公司卖给了亚马逊。

这里还有一个故事可以说明在生产制造之前进行验证的重要性。有一家初创企业的创始人带着一个很有意思的创意来到"创始人空间"，他们的创意是打造商业厨房的分享市场。食品技术的市场正在爆发，各种各样的公司正在从全美各地冒出来，所有这些公司都需要准备各种膳食并运送到人们的家里，但问题是没有足够的商业厨房。按照美国的法律，如果你的食品是面向公众销售的，那么你必须在一个有执照的商业厨房中准备你的食品。餐厅在非营业时间是不需要使用它们的厨房的，因此这家初创企业预见到了将需要商业厨房的公司与各家餐厅进行匹配可以创造出一个新的市场。

这家初创企业的创始人是一对兄妹，他们组成了一支很好的团队，其中哥哥曾是微软公司的工程师，而妹妹则负责业务开发。当我们第一次交谈时，他们正准备做出整个平台，这会花费几个月的时间。我让他们先停下来，不要去做任何东西。首先准备一个有针对性的原型，他们应该在花时间和精力编写软件之前先搞清楚他们的商业模式是否可行。

"先建立一个简单的登录页面，"我对他们说道，"设计一张人们可以填写的表格，然后在后端用手工进行所有的匹配。"

在接受了我的建议后，他们停下了程序的编写然后做出了一个登录页面。接着他们打电话给餐厅的老板，并询问他们是否愿意将自己的厨房出租给那些在餐厅的非营业时间里准备食品的公司。同时，他们和那些需要使用商业厨房的公司联系，并询问他们是否对注册这样的服务感兴趣。

他们很快发现这个市场太小了并且还充满着各种问题。餐厅的老板都不太愿意让其他人来搞乱他们的厨房，即便他们最终同意了，时间也可能并不合适。接着还有这样一些问题，这家餐厅有什么样的设备以及设备是如何摆放的。还有他们该如何为那些公司管理原料的供应和食品的存储呢？可以这样讲，这并不是他们想要涉足的业务。幸运的是他们很快就发现了这一点，而且在时间和金钱上也没有什么大的投入。

需要记住的是，“有针对性的原型”更多的是一个过程而不是一个产品。随着你的团队逐渐弄明白了哪些能行，哪些不行，这个原型也应该在这一过程中不断地改变它的形态。如果“有针对性的原型”是你的登录页面，那么你的团队应该对其做A/B测试[4]并对页面上的所有东西进行逐步调整，这其中可以包括价格、产品种类、产品设计、产品名称、广告文案以及网站用户体验（UX）和用户界面（UI）。随着原型的每一次迭代，你的团队应该回到办公室里将他们所学到的东西整合进入下一个版本，这样你就创建了一个连续的反馈回路（见图3–1）。通过将反馈回路与创造过程进行融合，你和你的产品之间的情感联系就会最小化，因为你的产品成了你发现的过程。

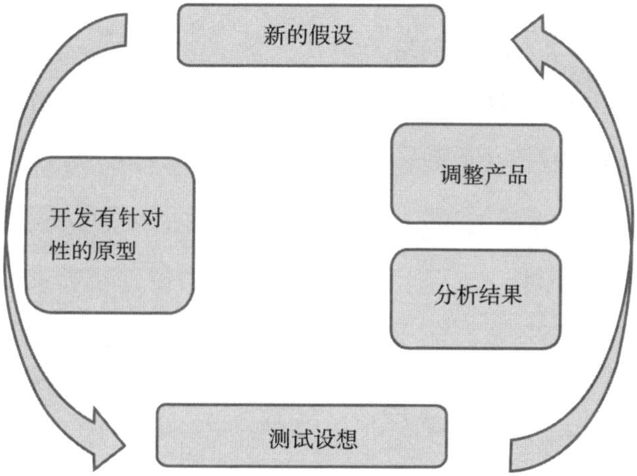

图 3–1　反馈回路

重要的是你应该记住，并不是所有的原型都需要编写代码或者需要某种专有技术，有些最为有效的“有针对性的原型”并不涉及任何硬件或者软件。“有针对性的原型”可以是一次口头上的宣传，也可以是用笔和纸进行的展示或演讲。只要原型允许你进行测试并搜集相关的数据，这就已经足够了。有些最好的“有针对性的原型”可以用现成的、马上能购买到的工具来进行制作，这些工具包括：

- 笔和纸
- 棋盘游戏和《大富翁》游戏中的虚拟货币

- 戏服和角色扮演
- 白板和记号笔
- 思维导图软件
- 计算机图像和绘图工具
- PPT 演讲
- 流程图绘制软件
- 3D 动画工具
- 摄影机
- 照片
- 原型设计软件
- 开源软件

为一个新的创意建立原型并不存在什么单一的方式，你可以尝试多种技巧并看一看哪一种方式最为有效。关键是要让你的创新团队以创造性的方式进行思考，并尽可能早、尽可能频繁地与你的客户接触。让他们在客户的身上去尝试一些东西然后回来重新加工，接着再次走出去尝试其他的东西。这样每次你和一个客户发生接触，你的团队就能学会一到两样新的东西，并能更好地理解你们所需要解决的问题。

Making Elephants Fly

The Process of Radical Innovation

第四章

锁定市场：你先吃透用户，用户才想吃透你

了解你的核心竞争力，并专注于在你的核心竞争力领域做得更出色。

马克·库班[1]

Broadcast.com的创始人，电视节目名人

开发你公司的核心竞争力可能要花好几年的时间，核心竞争力可以是你公司的生产流程、专有知识产权或者分销关系网。这些可能是你最有价值的资产，其中有些部分对于你的竞争对手来讲几乎是无法复制的。所以，当你开始创新时，首先问自己如下几个问题，然后再开始着手会对你有很大的帮助。你的公司在哪些方面做得比其他任何人都要出色？你的团队拥有哪些人才？有哪些专业技术或工艺是你所独有的？

如果你的公司拥有一个世界性的分销网络、独家的销售渠道、强势的品牌、商业秘密、成熟的生态系统、精细化的流程

或者可靠的专利，你肯定希望你的创新团队能充分利用这些优势。如果你能充分利用并立足于你的核心竞争力，那么成功的机会要远大于你在一个没有专业知识或者优势的领域中进行创新。

换句话说，你需要专注，因为你绝不想让你的创新团队随机地、在任何能激发起他们想象力的项目上进行投入。假设你公司的业务是生产汽车配件，那么让你的团队去开发3D食品打印机，或者记录健康状况的可穿戴设备这样一些项目就不太明智了。这听起来好像有些离奇，但我确实看到过这样的案例。对创业者来讲跳上一辆流行的花车，拥抱他们所看到的正在发生的趋势，常常是很有诱惑力的，哪怕这些与他们公司的核心业务完全没有关系。

当耐克决定推出智能健身手环Nike+ FuelBand时，它在这件产品上已经花了很大一笔钱。这是一款可穿戴电子设备，与Fitbit推出的产品很类似。这件产品不但开发成本高昂，而且在上市的时候耐克还发起了一场闪电营销战。在耐克所准备的电视广告中，美国著名运动员勒布朗·詹姆斯（LeBron James）和塞雷娜·威廉姆斯（Serena Williams）手上戴着这款产品参加了他们各自的比赛。“在公司的核心竞争力上，你不能设置障碍或者加以约束。”耐克的首席工程师艾伦·维斯特（Aaron Weast）这样说道：“如果我们把自己约束在一个核心竞争力的小圈子里，我们就会对自己造成伤害。你需要有打破这个圈子的意愿。”

尽管在产品上市的初期市场很热闹，广告宣传也做得轰轰烈烈，智能手环FuelBand在销售上却从未能真正起飞。在同期的同类产品市场上，Fitbit占据了69%的市场份额，Jawbone占据了19%的份额，FuelBand从未有超过10%的市场份额。耐克最后遣散了它的硬件团队中的80%的成员，并停止生产这个产品。为什么会发生这样的事呢？主要原因是耐克缺乏相关的专业技术和能力来推出一款真正具有竞争力的产品。FuelBand并不像它所宣传的那样好用，用户开始抱怨，耐克免费进行了产品更换，但最后还是不得不同意花费240万美元来解决与用户所发生的争执。

公平地讲，FuelBand并不完全在耐克的核心竞争力范围之外，它充分利用了耐克的强势运动品牌和无与伦比的市场机器。问题在于这件产品上有太多的领域是耐克并不擅长的。本质上来讲，耐克还是一家制鞋公司，但开发硬件和软件并不是一件容易的事，特别是它现在所面对的竞争对手是以硬件和软件作为其核心竞争力，对这整个行业有着深刻理解的初创企业。那么FuelBand是一个错误吗？不完全是。对耐克来讲，如果要建立起与其他行业相连接的新平台，这是在正确的方向上所走出的第一步。但是，这个例子也表明，要打造一家公司的核心竞争力并取得成功是多么困难，在耐克这个案例中，哪怕这件运动型可穿戴设备与耐克这家世界领先的运动鞋、运动服装和运动设备的生产企业之间有着如此强力的契合也是如此。

这并不是说耐克无法在硬件和软件领域发展出它自己的竞争力，只不过这并不会在一夜之间发生。在真正走到这一步之前，这家公司还需要面对一次又一次的失败。为了维护耐克公司的信誉，它最后转向了开发一款iWatch的APP，并由苹果公司负责相关的硬件部分，这次他们很可能会成功，因为这是一个更为简单的方案。对耐克公司来讲，它不可能每次碰壁后就完全放弃。

打造企业核心竞争力所带来的问题是，对于一项无法100%与企业核心优势相契合的业务，大多数公司都无法忍受持续的、一连串的失败。当事情变得越来越棘手的时候，它们会选择放弃，其结果是除了损失之外什么也没有得到。因此在你的核心优势圈以外进行产品开发前，必须确信这是一条你承诺会全力以赴走下去的路——哪怕面临的是持续的失败、时间上的损失以及代价高昂的错误。

谷歌就是这一类型企业的一个例子。它愿意投入大量的金钱和资源来开发企业新的核心竞争力，这意味着企业需要有新的分销渠道、新的市场推广方式、新的技术和新的生态系统。那么这对于大多数企业来讲是不是一个正确的选择呢？我的看法是，这绝不是大多数企业应该去做的事。谷歌是这个世界上少数几家能够承受这类高风险赌博的企业之一。

哪怕对于谷歌来讲，这也不是一件轻松的事情。它同时展开的有数十个项目，从可吸收的癌症检测药片到无人机快递业务、能量风筝以及互联网气球，这些项目中的大多数都已经失败了。下面我们仅罗列谷歌失败项目中的部分案例：

- Google Glass
- Google Lively（一个虚拟现实空间）
- Google Answers（网上有偿的知识问答市场）
- Google Print Ads（谷歌印刷广告）
- Google Radio Ads（谷歌无线电台广告）
- Dodgeball（一个与具体登录地点相关的社交网站）
- Jaiku（一个推特的复制品）
- Google Notebook（谷歌笔记本）
- Google Shared Stuff（谷歌分享）
- Google Buzz（基于Gmail的社交网络服务）
- SearchWiki（维基百科搜索）
- Knol（类似维基百科）
- SideWiki（谷歌网页注解）
- Google Video（谷歌视频）
- Google Catalogs（谷歌商品目录）
- Google Wave（一种个人通信和协作工具）

这份清单我们还可以继续罗列下去……

而这里还没有包括谷歌X实验室，这是一个“月球发射”工厂，至今在这里已经有超过100个项目被判处死刑，其中就包括悬浮滑板、太空电梯、悬浮式货运飞机、垂直农场，甚至还有远距离传送装置！尽管有这一连串失败，谷歌依然在坚持尝试，期望能发展出新的核心竞争力。当然，偶尔它还是会获得一些项目的成功，安卓系统就是其中的一个例子。安卓并不是在一夜间就获得成功的，它经历了多次的迭代，谷歌也因此得以将开发移动软件作为其核心竞争力，并收获了相应的回报。

打造全新的核心竞争力所需要面对的困难是大多数企业会选择在靠近其核心优势的区域进行创新的原因。这样做会更容易些，而且还能更经常地获得回报。让我们再回头看一下耐克，耐克在其核心竞争力之上进行创新已经有很长的历史。最开始的时候是华夫训练鞋，这是耐克品牌的传奇领袖菲尔·奈特（Phil Knight）从他妻子的华夫饼烘烤铁模具中获得的创意，而现在，耐克的创新已经包括了600多项专利和发明，其中就有：气垫缓冲减震技术（Air Max cushioning）、飞梭适体纤维技术（Flyknit form-fitting fabrics）、全适应自动系鞋带技术（HyperAdapt self-lacing）。这些不断产生的核心创新使耐克成为它自己领域内的世界主宰且其地位始终不倒。耐克还持续不断地侵入邻近市场，在充分利用核心竞争力的基础上推出新类型的运动服装和运动装备，然后收获相应的回报。

谷歌最大的成功也来自从其核心向邻近领域拓展过程中的创新。竞价广告是其搜索服务背后的货币化引擎；谷歌地图则将搜索扩展进入了真实的物理世界；谷歌地球在谷歌地图上叠加了一层层信息；YouTube是谷歌对于视频搜索的答案；谷歌书籍允许用户搜索超过 1 000 万册图书；Gmail和谷歌文档使用户能交流、创造、分享、存储以及搜索自己的个人内容。而安卓系统把上面所有这些服务都搬到了手机上。

这里你能学到的是，当你从公司的核心优势出发向外扩张时，你成功的机会可以有大幅度的提升。贝恩公司（Bain & Company）的克里斯 · 祖克（Chris Zook）和詹姆斯 · 艾伦（James Allen）对 1 850 家企业进行的研究表明，大多数有利润且可持续的增长均是由企业突破了它们核心业务的边界，进入了邻近的市场空间后所带来的。企业如果能够以可重复的、可预测的方式来扩展它们核心优势的边界，并将这种方式程序化，那么它们就能在企业发展上获得最好的结果。换句话讲，你需要有一个能持续地从你的核心竞争力区域向外扩张，并进入相关领域的计划。

耐克就始终如一地在这样做，它从慢跑运动扩张进入了网球、篮球、高尔夫球和橄榄球等运动。耐克的公式是，从它最为了解的鞋开始，首先在目标市场上建立起领先地位。然后推出由该项运动的顶级运动员代言的整个系列的服装。在高尔夫运动市场，它选择的是老虎 · 伍兹；在篮球运动市场，它选择的是迈克尔 · 乔丹。再之后它就会陆续推出与目标市场相关的运动器材和配件。这一整套非常成功的拓展模式令耐克的竞争对手在它面前黯然失色（见图 4–1）。

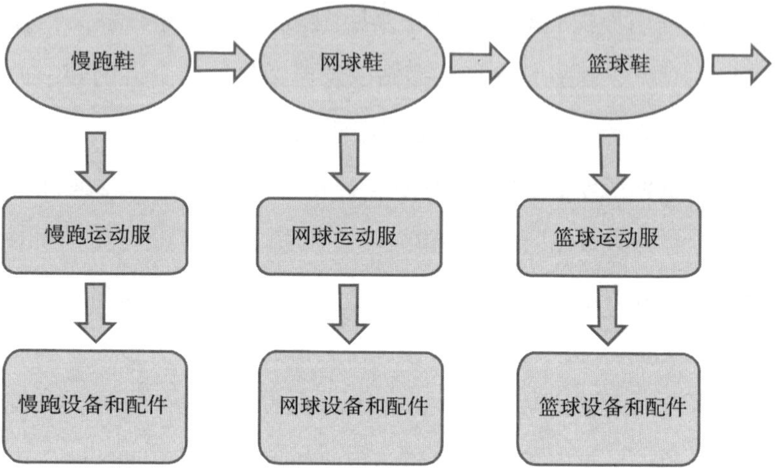

图 4–1 耐克的策略

1987 年，耐克的营业利润是 1.64 亿美元，锐步的营业利润是 3.09 亿美元。到了 2002 年，耐克的利润已经增长到了 11 亿美元，锐步的利润却下降到了 2.47 亿美元。到 2015 年，耐克的收入已经超过了 300 亿美元。耐克和锐步都在同一市场开始起步，在起步阶段锐步赢了，但耐克想出了如何扩张进入邻近市场的方法，并通过系统化地扩张核心优势范围，打开了新的市场机遇。亚马逊、沃达丰[2]和戴尔都采用了这一策略。它们首先扩张进入邻近的客户群，引入新的产品线，开发新的分销渠道，然后再全面进入一个在地理上邻近的新市场。

按照前面提到的祖克和艾伦的研究，当一家企业尝试启用一种新的做法时，这一新方案有 75%的可能性会失败。然而，从其核心优势出发向外进行创新的企业，如果它们所使用的是可以复制的模式，那么平均来讲它们成功的概率会增加一倍。这是因为它们能充分利用自己的核心竞争力、工艺流程和专门技术，并且还能受益于学习曲线效应和战略优势。

那么你如何才能复制上述的做法呢？一切均始于纪律和专注。不要随随便便地就开始创新，你需要制订一个计划。当你和你的创新团队进行最初的互动时，你需要问他们如下这些问题：

- 我们公司的核心竞争力是什么？
- 我们如何才能充分有效地利用我们的核心竞争力？
- 什么类型的产品能发挥我们的长处？
- 我们在竞争中有没有可能获得不公平的竞争优势？
- 我们能扩张进入哪些邻近领域？
- 在今后的5年里我们的计划是什么？
- 这个计划与我们的长期愿景和使命如何进行同步？
- 我们能构建出什么样的模式用于扩张进入新的空间和领域？
- 我们如何才能每一次都做得更好？

要走向成功，你的每一步都必须非常严谨。大多数成功的CEO不会关注一个新的市场，除非他们确信在几年内能成为这个市场排名前三的企业之一。在访谈中，祖克和艾伦不断地听到那些最好的CEO这样说："永远不要让你的核心业务出现风险。"他们会评估很多不同的机遇，但每次仅关注其中一个机会。这确保了他们的资源不会被摊薄或者他们不会分心。

奥兰国际（Olam International）就是一个很好的例子。它最初只是尼日利亚酪脂树果和腰果生产商与大型食品加工企业，如绅士（Planters）和玛氏公司（Mars）[3]的中间商。奥兰国际找到了如何才能可靠而有利润地从一个混乱的、处于发展中的市场向外出口日用品的办法，这一方法成为它的竞争优势。接着它开始寻找方法以便在其他的市场上能充分利用这一核心竞争力，并扩张进入布基纳法索、象牙海岸、加纳和喀麦隆等非洲各地的市场。

奥兰国际随后又将其核心产品从酪脂树果和腰果扩充到了可可豆、咖啡、芝麻以及其他产品。每一次扩张，它只改变其中一个变量，即要么是产品本身，要么是产品的产地，而其他所有的东西均维持不变。奥兰国际现在已经成长为一家有着19亿美元年收入的跨国公司，它的客户包括卡夫食品、通用食品、雀巢以及莎莉集团。1997—2003年，奥兰国际的收入增长了84%，利润增长了28%，资金回报率增长了35%。而在这段时间里，奥兰国际的绝大多数竞争对手却步履沉重而缓慢。

上面所得到的经验非常明确，每次你只需要在一件事情上进行创新，搞明白哪些才是行得通的，接着再继续进行创新，就这样逐渐扩张你的核心优势（见图4–2）。在耐克的运动手环Nike+ FuelBand这个案例中，它在太多的领域中同时进行了创新：硬件、软件、新技术、新的分销渠道等等。这就是它们会失败的原因。

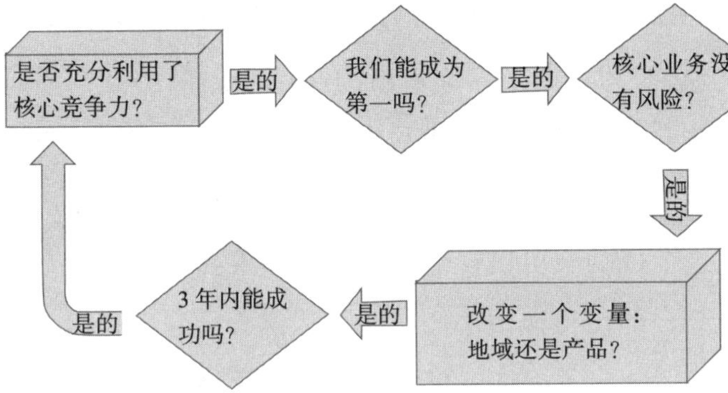

图 4–2　从核心向外扩张

宝洁公司的CEO雷富礼是这样说的："复杂性是大企业的祸根，它扼杀了企业的增长。"在雷富礼的任期内，宝洁公司出售了大部分的食品和饮料业务，这样它就能聚焦于核心竞争力，并在最为熟知的领域推动创新。企业关注范围的缩小使得雷富礼有能力重塑宝洁公司，并更好、更充分地利用宝洁独特的人才、生产流程和资源，同时增加宝洁在所有核心业务上的创新。

20 世纪 90 年代末，因"佳洁士"牙膏的销量不断下降，宝洁公司推出了两款创新产品，新产品充分利用了宝洁所拥有的在用户、品牌、市场营销团队、分销以及销售渠道上的优势。宝洁的创新选择了与牙膏相邻近的领域：牙齿的美白与牙刷。佳洁士净白牙贴和电动牙刷是第一批创新，在它们上市后的第一年内，每款产品都产生了 2 亿美元以上的新销售额。

宝洁是从其核心业务向外拓展创新的大师，它不断地寻找和分析邻近的市场，然后提出能够尽一切可能充分利用宝洁优势的新产品创意。“当我在 2000 年成为宝洁的CEO时，”雷富礼说道，“我们正在推出新的品牌和新的产品，当时这些新品牌和新产品的商业成功率只有 15%—20%……今天我们公司的产品成功率在 50%—60%，大约有一半的新产品成功了。这个成功率可以说恰到好处。如果我们想让这个数字变得更高，即便很谨慎小心，我们依然会受到诱惑而犯下错误，而且还会出于谨慎就仅关注那些没有潜力来改变游戏规则的创新。”

雷富礼所采用的方法的另一个好处是，它让宝洁公司的业务在全球范围得到了发展壮大。通过专注于公司的核心业务，宝洁在全球不同的地区以更快的脚步进行扩张。今天，宝洁公司 40% 以上的创新来自美国以外的国家，它在印度、中国、拉丁美洲以及非洲的雇员都是这整个创新过程的一部分。

宝洁公司在推出新产品的同时还建立起了市场准入壁垒、强大的客户忠诚度以及完善的分销、市场推广和销售渠道。这使得它可以走得更快，规模膨胀得更大并且还进入了全球各地的新市场，同时它又将创新内蕴的风险限制到了最小。

正如我们所看到的，最优秀的创新者往往立足于他们的核心业务优势，用分类定义的产品和服务把公司带入邻近的市场。如果你能做到这一点，那么你已经明白了自己的核心竞争力，你创新成功的概率也会因此大幅度地提升。

用户的建议正是创新的灵感来源

我告诉那些创始人，开始的时候不要在你的商业模式上花太多的精力。最重要的任务是首先做出人们想要的东西。

保罗·格雷厄姆

Y Combinator联合创始人

当初创企业加入“创始人空间”时，我问他们的一个问题是：“谁是你们的客户？”另一个问题是：“你在客户的身上花了多长时间？”令人惊讶的是，很多初创企业根本没花多少时间在它们的客户身上。这听起来有些疯狂，但大多数早期的初创企业确实如此。它们可能与客户曾有过简短的沟通，但是它们中的大多数根本就没花什么时间来理解客户的需求。如果说有一件事阻止了绝大多数初创企业的业务腾飞，那么这件事只能是从一开始它们就缺少了客户的参与和与客户的沟通。

有一个初创企业团队，他们来“创始人空间”的目标就是将中国的制造商与全球各地的产品设计师连接起来。我认为这是一个很聪明的想法，因为好的设计能帮助一件普通的电子产品在销售上远远超出它的竞争对手。将制造商与顶尖的设计人才进行匹配的市场是非常有价值的。

问题是那家初创企业的CEO并没有在她的客户身上花足够的时间。她对于自己想做的东西有很强烈的想法，但是这些想法并没有根植于她的主要客户的需求。她是一个设计师，因此她很清楚和明白设计师想要什么，但她对于制造商的需求却只有非常脆弱的认知，这阻碍了她的项目的进展。我告诉她，她应该花尽可能多的时间去接触在中国的制造商，搞清楚他们到底想如何与设计师进行沟通，并用一种能完全模拟这种沟通过程的方法来构建她的市场。只有做到了这一点，她才有希望获得成功。

和这家初创企业一样，你的创新团队同样需要离开办公室走向客户。大多数工程师和创意设计类人员会很高兴能不受打搅地专注于手上的项目，而且在工作中哪怕面对真正的客户他们也不会主动进行任何交流，但这是一个巨大的错误。客户可以是他们最好的信息来源。如果没有在一开始就理解那些常常是没有明确表达出来的需求，以及找出客户还尚未得到满足的需求，那么他们将无法设计和制作出任何东西。

让我们设想一下，你的客户是大型购物中心里的零售店。在这种情况下，你的创新团队应该花尽可能多的时间待在那些购物中心里，与零售商交谈并了解他们每天都需要做些什么，没有什么比这种实际的经验更重要的了。在这个过程中，你的团队可以和零售商建立关系，发现他们是如何运营的，并找出需要改进的地方。如果你的团队成员花了足够多的时间来进行沟通，那么有些创意可能就会自己冒出来，而这些创意也许是他们之前永远也不会想到的。读一本书、参加一次会议或者组织一次调研是无法为你带来这一类知识的，只有在现场你才能获得这些知识。

我曾经和萨阿德 · 伊赫桑（Saad Ehsan）在“创始人空间”一起工作过，他对于如何与客户沟通有自己的理解。他的创业构思来自他的第一份工作，在大学毕业后不久，他在尼夏特（Nishat）获得了一份令人垂涎的工作，尼夏特是巴基斯坦最大的纺织品联合企业之一。他原以为他很喜欢这份新的工作，但很快就感到他只不过是不得不做这份工作罢了，因为他的工作内容只是单调地抓取一些数据并将这些数据填入一张Excel试算表中。

“我整天做的事情就是完全不动脑子地盯着电脑屏幕直到晚上。”萨阿德说道。这对他来讲就是折磨，这项单调乏味的工作促使他构想出了一个解决方案。他找到了他当工程师的兄弟，两个人一起开始建立一个系统，这个系统能很聪明地将冗余和重复的工作自动化。如果能成功完成的话，他的软件就能够取代他。

最后萨阿德仅仅在加入了这家纺织企业的 4 个月后就离开了。他以为他的老板会很不高兴，因为尼夏特给了他一份更好的工作。但萨阿德拒绝了这份新的工作，他自己创立了Altomation，而他以前的公司最终成为他的第一个客户。

无论什么时候只要你的团队看到客户越来越沮丧，那么这就是一个你绝不想错过的机会，每一个突然冒出来的烦恼都是创新肥沃的土壤，是你的团队需要去耕耘的。你应该训练你的团队始终保持敏感、勤做笔记，并愿意就任何事情展开讨论。比如，如果你有 5 个人一直泡在外面，那么他们就应该每周聚一次，互相比较一下大家的笔记，分享所学到的东西，并对可能的解决方案和机会进行头脑风暴。

联邦快递是一个很好的例子，这里我们就用它来说明与客户的沟通和交流是如何引发创新的。联邦快递的重要客户之一是医院，很多医院都希望能够将活体组织和器官运送到世界各地的病人那里。这种贵重货物在运输途中需要一直保存在某种理想的条件下，但如果在运输途中发生了什么意外，它们又该如何做出判断呢？医生绝不想移植一个在运输路上受到了损坏的新肾脏。为了解决这个问题，联邦快递和外科医生、病人以及医疗设备供应商一起紧密合作。他们拿出来的解决方案是利用Senseaware（感应器）。利用它，医生就可以追踪包裹的位置、内部气压、温度、湿度以及是否曾被暴露在光线下等数据。这一创新使得医院能够很清晰地了解这些活体组织和器官在抵达的时候会处于什么样的状态，这关系到最终能否拯救一条生命。如果没有与客户进行紧密的沟通，联邦快递永远也无法拿出这样一个解决方案。

星巴克则采用了不同的方式，它不但鼓励客户的反馈，而且还建立了一个透明的平台。在我写这本书的时候，“我的星巴克创意”（My Starbucks Idea）这个网站已经收到了11 677条关于社会责任的创意、24 063条关于地点和氛围的创意、24 268条围绕着它的星巴克卡的创意以及数量达到46 368条关于它的咖啡和特浓咖啡的创意。所有这些建议都是客户通过互联网直接发给那个网站的。平台会显示出哪些创意正在被审核、测试或考虑。

星巴克会将最好的创意付诸实践。例如，为了更好地履行社会责任和节能，它在店内安装了LED（发光二极管）照明。在顾客的明确要求下，它和众包物流平台Postmates（邮友）合作快递饮料和食品，在菜单上增加了午餐包，制作了星巴克生日蛋糕泡芙，全面推广了防溢出的小棍（splash sticks），还引进了一些新的咖啡口味。

这些客户的建议与创新之间的紧密整合已经创建了一个强大的网络社区和良好的客户体验。在帮助星巴克巩固和拓展其行业领导地位时，这种紧密的关系也显示出了其重要性。

提出正确的问题

客户为增加创新提供创意是非常在行的，但当涉及激进的、根本性创新时，那就是另一个故事了。亨利·福特有一句名言："如果我问客户他们想要什么，他们会说更快的马。"史蒂夫·乔布斯同样也鼓吹："客户的工作并不是了解自己想要什么。"按照他们的观点，当所有人还都在骑马的时候，什么样的客户才会想到他要的是一辆汽车呢？或者哪些人会回答说他们想要的是一部iPhone呢？事实上客户一般都想象不出什么才会是有可能的，或者什么才是最佳的解决方案。

川崎汽车公司在吃了苦头以后才发现这一点。在市场上引入了一种创新的个人水上交通工具——水上摩托车（JetSki）以后，川崎公司问客户他们想要什么，客户回答，想要在水上摩托车的两边增加额外的填充料，这样他们站着的时候就能更加舒服了。川崎公司听到了这一要求，而与此同时它的竞争对手却并没有就此停下来，它开发出了类似的产品并且在上面安装了座位。猜一猜最后是谁赢了？川崎汽车公司失去它的市场主导地位，因为客户更愿意坐着而不是站着——哪怕现在的产品已经增加了额外的填充料。

这里的问题并不在于川崎公司倾听了客户的要求，而是在于它没有提出正确的问题。当你问客户他们想要什么的时候，他们会更倾向于描述他们所知道的东西，而不太可能去想象一件完全不同的产品。因此，他们会关注于在现有方案基础上的增值改良，比如上面例子中提到的填充料。为了避免这一点，你的创新团队在向客户提问时应该这样问：他们希望这些产品能为他们做到些什么。这只不过是对措辞做了一些细微的调整，但其结果却截然不同。

如果川崎公司当初问客户他们想要的是什么样的结果，他们很可能会这样回答："以一种更为舒适的方式来骑乘水上摩托。"这样的回答就有可能打开各种可能性，在两侧增加额外的填充料只不过是可能的解决方案之一，而增加一个座椅则是另一种解决方案。

Fashion Metric[4] 的CEO达伊娜·彭斯·林顿（Daina Burnes Linton）也被上了同样的一课。当她创立公司时，她曾这样设想，在商店购买服装时，人们可以对选中的服装拍一张照片，然后立即从一个私人时装设计师那里获得对服装的款式、是否合身等信息的反馈，这样他们就不会买错东西了。当她在她的朋友和家庭内部征求对这个创意的看法时，他们很喜欢这个想法。幸运的是，她没有相信他们，而是回到了潜在的客户中并问了一个开放式的问题："当你去买衣服的时候，你所遇到的最大问题是什么？"让她惊讶的是，没有一个人回答说她们感到难以决定该买什么，一个人也没有。如果她没有以正确的方式提出她的问题，那么她做出来的APP就会无人问津。因此如何提问与你问什么同样重要。

医疗设备制造商Cordis把这一过程提升到了一个新的高度。它让创新团队首先设计"基于结果的客户访谈"，在访谈中它向客户提出的问题是"他们想要什么样的结果"，但绝不会问他们"想要什么样的解决方案"。有一个主持人会引导整个访谈，主持人需要确保剔除掉那些指向解决方案的回答。无论何时只要客户提出一个解决方案，主持人就会问为什么他们想要这个解决方案？这个方案能够为他们做些什么？

然后Cordis会整理出那些结果，把其中重复的去除并且对保留的加以归类。接着组织一次调研，由参与者按照满意度和重要性对这些结果进行打分，并在最后用一个数学公式来衡量每个结果的潜力。它的创新团队拿到的结果是一个非常有价值的数据集合，他们可以利用这些数据来开发新的产品和服务。在了解到客户想要的是什么样的结果后，Cordis开始探索各种不同的产品，并以产品是否能提供客户所需要的结果为基础对每一款产品进行评估。Cordis消化了它所学到的东西，并开发出了动脉支架。单单这一项创新在两年后就让Cordis的营业收入翻倍，其股价也急剧上升。

向谁提问

重要的不仅仅是你该如何提问，更关键的是你该向谁提问。很多公司会向它们的“高级用户”或者“领先使用者”征集反馈信息。这些客户对相关公司的产品有着极其全面的了解，他们是专家，但问题是他们的反馈往往和绝大多数客户没有任何关系。

泰科公司（Tyco）旗下的一家医疗器械生产商U.S. Surgical发现了这个问题。在收到了来自高级用户——一群外科精英的多次建议后，它开发了一组复杂的器械，可以在多个不同的方向上移动和旋转。它相信这件产品会很受欢迎，但结果却并非如此。大多数外科医生发现，新的器械由于过于复杂而根本无法使用。因为它的二次订单量也低于5%。

这里的教训很明确。吸引客户的参与并与之沟通非常重要，但前提是你对正确的人提出了正确的问题。闭门造车是永远无法开发出好的产品和服务的，所以把研发实验室与我们周围的世界隔离开来绝不是你想要的答案。向客户询问他们想要什么通常所获得的也仅仅是增值改良。而想要获得革命性的进步，你的创新团队就需要深入理解客户的实际需求，即便这一需求你的客户无法清晰地表达出来。你与客户沟通的程度越深，客户参与的程度越深，你了解他们的业务越多，搜集到的数据越多，那么各种可能性也就会越发清晰地呈现出来。

与其向用户疯狂推销，不如坐下来安静倾听

> 你需要内心的谦卑才会认识到我们还有很多不懂的东西，绝不要吃老本，我们应该而且必须不断地学习和观察。如果我们不这么做，那么可以肯定的是某一家初创企业就会在将来取代我们。
>
> 王雪红
>
> HTC公司联合创始人

让我们来谈一下观察的力量，以及这种力量如何给予你的创新团队在其他情形下会被忽视的洞见。在“创始人空间”，我会提醒那些初创企业不要在客户面前表现得好像无所不知，并试图以此来打动客户。这不是正确的方法。相反，它们应该闭上嘴巴。

我所发现的观察客户的最好方式之一是，当他们第一次使用你的产品或者摸索一项新的功能的时候，你应该站在他们的身后，视线越过他们的肩膀仔细地观察他们的操作。比较难以做到的是，你必须保持安静，哪怕他们向你提出问题，你也不应该回答，你只需要点头示意并让他们继续说出他们想说的就行。在这整个过程中仔细地关注他们正在用你的产品做什么，他们有什么样的体验，以及他们在什么地方感到了尴尬。一定

要确保他们能够大声地说出，在使用你的产品的时候，他们的大脑中都出现了些什么样的想法。事无巨细地将这些用笔记录下来，然后将笔记作为你所获取到的数据。

如果你提供的是软件、硬件或者云服务，那么这种类型的观察可以作为市场调研、产品预售、产品设置或者培训过程的一部分。你的团队看上去不过是正好在那里可以帮助你的客户，但实际上，他们可以扮演双重角色：培训师和观察者。用这种方式可以向客户学习，确认客户的需求，并发现你们的产品是否确实像你们所承诺的那样提供给了客户所需要的结果。

宝洁公司在全世界各地都有业务，且每一个市场都有其特别的需求。在印度，宝洁发现 80%的人是不使用洗衣机的。如果情况确实如此，他们又该如何来扩张用于洗衣机的洗涤剂的市场呢？为了找到解决方案，他们派出了一些团队去观察大多数的印度人是如何手洗衣物的，结果令他们非常惊讶。尽管印度人洗任何东西都是用手洗，但他们却在使用原本是为机器准备的衣用洗涤剂。问题是这些洗涤剂常常会导致皮肤过敏、擦伤和灼伤。正是这一观察促使宝洁公司开发出了专用于手洗的特殊洗涤剂。它把这一产品称作“Tide Naturals”，这是一款真正的突破性产品。

观察的力量居于创新过程的核心。观察和学习就是你如何进行创新的过程，但是你一定要避免我称之为的“卖方综合征”。这种病症的表现是你的创新团队不仅不再倾听客户的声音，相反还启动了销售模式。他们的任务已经变为获取客户对他们现有解决方案的肯定，而不是继续观察和学习。我曾不止一次地看到过这种情况。初创企业的创始人不再倾听客户正在说些什么，反而在那里竭力地说服客户他们的产品可能提供了最好的解决方案。他们甚至会走得更远，直接过滤掉那些负面的反馈，只关注那些证实了他们信条的说法。这样的行为只会阻碍创新团队的进步，而且这样的做法不过是在原地踏步，根本无法看见前方到底发生了些什么。

你的创新团队需要明白，创新并不等同于你能想出些什么高招来，创新更像是做一个侦探：搜集证据、与客户面谈，并把隐藏起来的真相拼接在一起。顿悟和来自神灵的赐福很少会导致创新的出现。真正有用的是发展你的观察技巧，这包括学习如何倾听、提出正确的问题、找出如何才能拿到所需数据的方法并正确地分析这些数据。

通常情况下，你的团队一些早期的设想和创意可能都是错误的。如果你的团队想要在他们的探索中获得成功，那么这是一个必须要面对的现实。你的工作是让他们明白，能够坦率地承认自己的天真和无知，并致力于一个不断发现的过程是一种智慧。下面我罗列了一些很好的策略，可以用来打磨一个人的观察和提问的能力。

首先，把节奏放慢。你最好的、最有效率的团队成员往往是那些在一个又一个任务之间不断冲刺的人，他们总是想尽快地把事情做好。这对于工作效率的提升是一件好事，但却并不有利于学习。所以，你应该确保你的团队成员在必要的时候能慢下来，观察他们的周围正在发生些什么，提出问题，并与同事和伙伴进行沟通。这能让他们搜集到在平时的忙忙碌碌中可能会忽视的丰富信息。

接下来的做法是让他们暂时放下正在思考的问题。很多具有极高智商的人会极度沉迷于自己的思维，以至他们会拒绝与外部世界进行交流。你需要帮助你的团队暂停他们过于活跃的想象力，并花些时间来研究周边的外部世界。让他们练习倾听而不是谈论，培养你的团队成员提问的习惯，而不是给出问题的答案。这听起来很容易，但对有些人来讲这是一件极其困难的事。

被动倾听是一种需要培养的艺术。单单仔细倾听还不够，如果你的团队成员在倾听时坐立不安，或者在倾听中摆弄自己的手机，或者在错误的时机打断或插入对方的谈话，那么你想获得的结果可能会被所有这些行为所扭曲。最好的倾听者会训练自己如何在不让谈话对象分心的情形下进行倾听。精神分析学家是运用这一技巧的大师，谈话节目的主持人也是被动倾听的专家。在合适的时间简单地轻轻点一下头、抬一下眉毛或者不出声，用这些方式一个好的倾听者能够鼓励谈话对象说出在其他的场合他们不会透漏的信息。

能够意识到自己的心神不宁是很有帮助的。当团队的成员担心其他人会对他们有什么看法时，他们就会停止倾听。他们可能正在担心自己的妆容、衣着或者上周对某人说过的某句话。他们可能还会由于心中过于不安而不由自主地想表现自己，让自己显得是房间里最聪明的那个人。所有这些症状都会阻碍你的观察。你需要帮助你的团队在门口就放下自我，专注于当下的问题。重要的是他们能学到些什么，而不是别人对他们会有怎样的评价。

观察的时候如何隐藏你的意图也很重要。你的团队不能明显地表露出他们正在寻找什么。如果他们不能做到这一点，那么其他人就很可能有意识地或无意识地做给他们看。大多数人都想着能帮上些忙，而如果他们感觉到你的创新团队正在寻求某一个问题的答案，那么无论正确与否，他们都会替你想出一个答案来。取悦我们周围的人是人的天性，所以你需要小心，不要用任何无意识的偏见来污染整个实验。这意味着善于观察并不仅仅只是提出正确的问题以及倾听，还关系到你所提出的问题该如何组织措辞以及如何来引导整个观察过程。

用一种很随意的方式，并且在一个不是刻意安排的时间段来询问一些重要的问题是减少偏向性的一种技巧。当观察一些人的实际工作时，你的团队不应该对他们进行凝视或者加以干涉，你应该把他们当作墙上的一面广告挂旗。他们越是没有注意到有人在观察他们的工作，那么这些观察所获得的信息也就愈加精确。你或许可以让你的团队去选修一门关于人种学者如何观察外来文化的课程或者读一本这方面的书。在整个过程中你的团队所做的任何事情都会对所搜集到的数据产生影响。

让我们再来看一下宝洁公司。当它在墨西哥推出Ariel Ultra洗涤剂时，它确信这种新的衣用洗涤剂将会在市场上碾压一切对手。它有以前产品两倍的清洗效力，价格却只有原来产品的一半，而且仅占有原来产品一半的空间。这样的产品难道还不能令人满意吗？当问客户这是否就是他们想要的产品时，它获得了极高票数的正面回应。所以当这款产品最终失败时它震惊了。怎么可能会发生这样的事呢？它没有做错任何的事情。

因此只是简单地提问还不够。如果单从表面来看某样东西的确相当不错，这时绝大多数客户都会这样回答："是的，我喜欢这个主意！"但这并不意味着这件东西就是他们真正想要的。在这款产品退出市场后，宝洁公司采用了另一种做法。它尝试了"墙上的广告挂旗"这个技巧，在没有任何信息输入和人为干预的前提下，观察客户在他们的日常生活中是如何使用宝洁的产品的。它的目标是找出客户行为背后的心理学：客户是如何来感受它的产品的？是洗涤剂中的什么因素让客户感到了产品的好或者坏？他们现在所用的洗涤剂符合他们的期望值吗？

所获得的信息令它非常惊讶，客户并不喜欢Ariel Ultra洗涤剂的新特性。大多数人把洗涤剂的用量和其清洁能力等同了起来。另外，新产品Ariel Ultra还无法产生出他们原来已经习惯了的泡沫数量，而这一点又强化了他们的担忧，即他们的衣物没有被洗干净。为了回应这种现象，宝洁公司推出了一款全新产品Downey Single Rinse（唐尼一次性漂洗），这款产品可以用更少的洗涤剂产生更多的泡沫，这使得客户节省了时间、金钱以及储藏空间，同时在视觉上向用户保证这款洗涤剂能洗干净他们的衣物。

这款新产品不但成为热销产品，还让它获得了一次教训。客户并不总是能告诉你他们想要些什么，所以你应该仔细地观察和深入调研，并以此来理解他们的心理、感受和需求。

什么才是真正重要的

你的团队应该训练自己去寻找真正重要的东西，这意味着他们首先要理解所面临的问题并经常能主动地去策划一些场景，在这些场景中他们能揭示在客户的头脑中以及在一些看不到的地方实际都发生了些什么。要成功地做到这一点，你的团队需要事先讨论并计划他们该如何与客户进行对接，并搞明白他们需要搜集哪一类数据。仅仅与客户在一起对他们来讲还不够，他们还需要找到这样一些方法，即如何才能成为客户决策过程的一部分，如何才能接触到客户可能会认为是属于专利技术的关键信息，如何才能与客户一起共建一种互信和开放的关系。

构建一种开放和互信关系的部分内容是，你的团队应该与你的客户成为好友。你的团队不应该仅仅关注结果，还需要对这个方程式人性化的一面也予以关注，建立那样的联系要比简单地完善个人的观察技巧更为重要。如果你的创新团队想要接触到客户的目标、欲望以及真正所关注的问题，他们就需要开放自己。你的团队中的不同成员可能会有不同的技能，有些可能对于提出正确的问题非常在行，其他人可能在分析上极为出色，还有一些人可能拥有某种魔力，能够让其他人可以很自然且很舒适地谈论任何事情。这些类型的组合使你的团队中的每一个成员都能充分利用他们的强项并产生出色的结果。

反思是这个过程的另一部分。花时间仔细地琢磨一些细节常常能揭示出人们曾说过的话以及做过的事的背后所隐藏的含义。在每一次观察活动结束后，让你的创新团队静静地坐在一起并反思他们刚才都经历了些什么。福尔摩斯被描绘成为一个抽着烟斗在所有他所搜集到的事实面前进行沉思，以寻找可能线索的人，这样的描写绝不是偶然的。我不会建议你去抽烟，因为抽烟有害健康，但你的团队成员也许可以听听音乐，或者躺在摇椅上，或者出去散散步。我的很多最好的创意来自我沐浴的时候。一些能让你的思想开放并思考一些问题的简单活动非常适合你把一些点连成线，并构想出创新的点子。

大声地谈论是把很多看上去随机的信息碎片拼接在一起的另一种技巧。你应该让你的团队对于他们所学到的东西展开积极的讨论，每一个人手上可能都会有一些不同的观察来的事实，或者解释这些事实的独特方法。培育一种开放的和友好的对话，并确保在这样的对话中没有人会试图去主导或者向其他人推销一些想法，那么这样的对话就是将原始的观察塑造成为有意义的数据的最好方式之一。有了这些数据，你的公司就可以行动起来了。

最后，你的团队所听到的和看到的都将成为开启下一次创新的关键。

可以大力合作的远远不止你的团队成员

在以色列这个缺乏自然资源的土地上，我们学会了重视我们国家最大的优势：我们的头脑。

西蒙 · 佩雷斯

以色列第九任总统

当我为大企业以及初创企业进行咨询服务时，我会清楚地说明创新绝不会仅仅发生在你企业中的某一个地方，创新会发生在你的整个生态系统中。把创新团队送到客户那里只不过是整个拼图游戏中的一块而已。另外，你还需要将你的团队送到你的战略合作伙伴、渠道合作伙伴、销售商、供应商、政府机构、制造商和分销商那里。你应该问自己这样一些问题：我们让谁变得更富有了？我们让谁变得更具创新力了？谁对于我们的生态系统才是至关重要的？

我们拿供应商举个例子。看上去他们只是在卖东西给你，但如果那些东西对你的业务至关重要，那么花些时间和他们一起创新肯定会带来回报。如果你正在生产的产品需要你的供应商所生产的配件，那么让那个供应商明白你是如何使用他们的产品的，以及对于他们的产品你的真正需求是什么，所有这些信息也许能帮助他们构想出一个更好的设计方案。

让你的创新团队与你的合作伙伴手拉手一起工作，以促进相互沟通、知识的交流以及共同为将来制订计划，那么你就能在竞争中获得非常巨大的优势。最新的研究表明，一家公司取得成功的关键不仅仅在于它所拥有的杰出人才和最前沿的技术，生态系统也在其中起到了很大的作用。当企业与其关键的合作伙伴共同为他们的客户提供更多的价值时，出现重大突破的可能性也就越大。

我曾与之一起工作的一家初创企业构想出了这样一款产品，该产品使用类似谷歌眼镜的那种头戴式光学显示器来优化仓库管理过程中的“分拣和包装”流程。当时整个创意还处于概念阶段，但是这家企业的创始人是利用他们生态系统的大师。他们意识到这些设备的生产商，比如谷歌和爱普生（Epson），想要销售他们的硬件，而销售硬件的最好方式是拥有引人注目的软件。通过从一开始就将合作伙伴引入创新过程，他们成功地被介绍给了一些拥有巨大潜力的客户，其中包括丰田汽车、特斯拉、沃尔玛、辉瑞制药和SAP公司（德国软件公司），当时他们甚至还没能做出一台工作原型机。这家除了一个创意以外其他什么也没有的小小初创企业最后获得了几家大企业的资助得以开发原型机。在这之后，他们很快又从风险资本和企业投资人那里融到了150万美元的投资。如果他们没有利用好自己的生态系统，这样的事是绝对不会发生的。

特斯拉公司是另一个利用生态系统的很好案例。它已经做到了很多专家认为是不可能的事，即创立了一家全新的、可以和所有老牌汽车生产商竞争的汽车企业，它的竞争对手包括福特、戴姆勒股份公司、通用汽车、丰田汽车、大众汽车等。特斯拉是通过建立起自己的创新生态系统来做到这一点的，这个生态系统包括汽车配件供应商、电池专家、软件和硬件开发商、制造商、设计师等等。正是这个生态系统使特斯拉在电动汽车市场中占据了领先地位，单靠特斯拉自己单枪匹马是不可能做到这一点的。

其他的例子如富卓汽车（Futuris），这是一家为特斯拉的Model S车生产皮座椅和其他部件的澳大利亚企业，这家企业搬进了靠近特斯拉公司的厂房，这样两家公司就可以一起进行创新了。“供应链的本地化，以及就位于特斯拉公司南面10英里处，这实在太棒了。”富卓汽车公司的总经理山姆·科格林（Sam Coughlin）说道，“我们能快速地做出反应，而且我们的工程师一直在和特斯拉的人一起工作。”正是这种紧密的合作使得特斯拉显得与众不同。

Eclipse Automation是一家专为制造设备提供测试服务的加拿大公司，它也在特斯拉公司的旁边开设了维修车间以及工程办事处。“我们在湾区有几个客户，但是特斯拉是我们决定在这里建立办事处的主要驱动因素。”总经理杰森·巴斯奇（Jason Bosscher）说道。特斯拉的开放性以及积极参与合作的姿态，在某种程度上使它生态系统中的合作伙伴都受益匪浅，这又进一步促使特斯拉能够更快地获得创新成果，更聪明地做出决策，并在很多其他突然崛起的汽车制造商失败的地方获得了成功。

超越你的生态系统

有些公司又将这一概念向前推进了一步。它们走出了自己的生态系统，并开始接触之前从未碰到过的，或者从未有过任何业务交往的新的人才。“围绕着你的公司建立创新生态系统是不够的，因为你能结识的也就只有那么几个人。”西北大学凯洛格商学院的莫汉比尔·索内（Mohanbir Sawhney）教授指出，“在你的创新生态圈内，你接触的范围是有限的，而且企业的视野通常来讲也是有限的。所以需要来自第三方或者中介机构的帮助。这些机构可以在企业和创新者之间建立联系，并充分发挥出它们的潜力。”

IBM也采用了相同的做法，通过创建“Innovation Jams”这个平台，IBM汇聚了10万个参与者来把握各种机会和解决相关的问题，其中有很多参与者之前从未和IBM合作过。事实上你最需要的人才往往既不在你的公司里，也不在你的人脉圈内，他们所拥有的专业知识能让你的企业更上一层楼，但是你需要给他们一条途径，使得他们能够参与进来并与你的公司展开合作。

InnoCentive[5] 构建了一个创新市场，这是另一个直面这一需求的平台。在这个平台上有超过 25 万来自 200 多家企业的科学家注册，他们将通过这个平台帮助不同的企业解决它们所遇到的问题。“你能想象你手上有一个 25 万 PhD（博士）的人才库来为你解决问题吗？”莫汉比尔·索内这样问道。很多参与的科学家或者已经退休，或者来自新兴市场，或者为全世界各地的实验室工作。对他们来讲，这是一个能令他们兴奋起来的挑战以及一个赚钱的机会。例如，当 NetFlix 利用 InnoCentive 这个平台来改进它的“推荐算法”时，猜一猜是谁在平台上做出了响应？是 AT&T（美国电话电报公司）实验室。它们的科学家最后解决了那个问题并赢得了相应的奖金。

在 InnoCentive 平台上所贴出的悬赏问题常常是已经被彻底放弃的项目。这些项目也许在企业内部已经不可能获得解决，但按照 InnoCentive 的数据，悬赏的问题获得解决的成功率在 50% 左右。这就显示了到企业之外去寻求答案这一做法的力量。那些看上去非常棘手的问题能得到解决的根本原因是，那些难题对局外人是开放的，这些局外人拥有着发出悬赏的企业所没有的独特经验、观点和专业知识。“从那些得到解决的问题中，你可以看到，出现了一些真正有趣的，却不是很明显的不同行业之间的联系，原因是你所接手处理的问题并不是你自己领域内的问题。”索内说道。

让合作伙伴参与进来

当企业没有让所有必须参与的合作伙伴参与到项目中来时，无论它的技术有多么新颖，其结果常常是令人沮丧的。以电视机市场为例，在20世纪90年代，飞利浦、索尼以及其他公司共同投资了数十亿美元来开发具有突破性图像质量的电视机。然而，它们的高清电视机并没有能真正地火起来，原因是当时还没有合适的生态系统让合作伙伴都参与进来。尽管当时的电视机已经利用了最先进的技术，但由于缺乏信号压缩技术、广播的制式标准以及演播室制作设备，以至最后实际播出时图像质量很差。有时候只拥有一件出色的、鹤立鸡群一般的产品还不够，企业还需要在早期引入合作伙伴，以生产建立完整的生态系统所必需的额外要素以及为客户提供价值。

在这个方程式中甚至竞争对手也可能是不可或缺的。对于真正的突破性创新产品，常常需要有多个公司的优势和独有资源才能提升消费者的关注度，开拓出一个全新的市场，并驱动市场的需求。正是出于这样的考虑，所以绝对不要自动地把竞争对手从你潜在的合作伙伴清单中去除掉。分享创意并一起合作可能是创造出一个全新市场的关键。任何市场的先行者通常都会犯下的错误是，在涉及标准以及生态系统的某些关键环节上放弃与他人的合作，在这一做法的背后，那些先行者所考虑的是如何利用自己的专有技术以及专利来排除将来可能会出现的竞争。但实际上，单单这一做法本身就可能会枪毙一个即将浮现的产品分类。

你的目标不应该是防止其他任何人来了解你在做什么，或者从你正在做的事情上获益，保密绝对不是你强有力的盟友。相反，你应该分析整个生态系统，确定你需要让谁来参与这一过程，并与之展开合作，一起来做大这个蛋糕，只有这样，各方才能从中获益。换句话说，如果你不能为你的创新合作伙伴带来更多的财富，你就无法建立起一个创新生态系统——你只能自己单干，但这样的话事情就会变得更为困难。

下面是从一开始你就需要问自己的一些问题：

- 谁是我们最优先的合作伙伴？
- 我们需要引入什么类型的合作伙伴？
- 他们在与我们的合作中可以获得什么？
- 我们如何帮助他们获得成功？
- 与竞争对手的合作能令我们受益吗？
- 没有这些合作方的参与，整个市场看上去会是什么样子的？
- 过去我们是如何成功找到那些合作伙伴的？
- 在过去我们有哪些做对了，有哪些做错了？
- 我们能做些什么来培育参与式的创新？
- 有哪些不同的方式落实创新合作伙伴关系？
- 如何确认和酬谢我们的创新合作伙伴？

内部生态系统

除了把目光转向公司外部，你还应该把你的创新团队送到你自己企业内部的不同部门和群体中。这包括你的市场、制造间、后勤物流、研发、销售、采购、财务和会计等部门。任何企业成长到一定程度后，其日常运作就好像有很多个独立的单位，而不再是一个凝聚在一起的整体。很多单位部门会因为地域、语言、文化、专注的项目、专业领域和功能等被割裂开来。你对待这些部门的方式应该和你对待外部合作伙伴一样。你不能期望当你需要他们的时候，他们会马上跳上你的战船。因为让他们参与进来需要时间、精力和事先制订的计划。

这不是一项容易的任务，特别是当有些部门已经习惯于像是在自己的封地中一样，它们也许并不想参与你的创新团队的项目，而你将不得不尽力向它们阐明参与的好处。一种方式是把你公司内部的各个部门看作一些外部的合作伙伴或者是客户。你的创新团队应该倾听它们的需求，向它们学习，并一起构想出问题的答案。你的目标应该是将创新团队嵌入你公司的所有关键部门，并给予他们以一定的自由度来发现问题，找到解决问题的方案，并在整个公司里构建创新文化。

拿你公司的人事部门为例。我们假设你在留住员工上出了问题，你最优秀的雇员只要收到来自竞争对手的录用意向书，就会马上跳槽。为了处理这个问题，你创建了一支创新团队，团队成员由来自人事部和公司其他部门的2—5个关键人物组成。通过将这支创新团队嵌入人事部门，你开始了发现问题的旅程。

很自然，你的创新团队不应该将他们所有的时间都花在人事部里。他们应该走出去和公司的所有雇员接触，倾听他们的想法，观察他们是如何开展工作的，最后向他们提出正确的问题。通过观察和开放式的讨论，他们也许能找出为什么有些员工不开心，为什么有些员工离职了而有些却留了下来，以及人事部门该如何更加积极地响应。通过这一过程，你的创新团队将找出有可能持续恶化的问题，并提出可以进行尝试以及测试的解决方案。随着时间的流逝，如果你看到员工留了下来并且士气也得到了提升，你就会知道哪些改变是有效的。如果没有出现变化，那么你就需要继续去发现。

现实是绝大多数你的内部创新团队能够带来的也只是小步的增值改良，他们不会为你的整个企业带来彻底的转变。但是这些小的改变能够让你的企业明显地更有效率和富有成效。哪怕所有这些内部的创新没有带来大的改变，但这些小的改变累加在一起也能够让你的企业在竞争中获得巨大的优势。内部创新的优美之处在于它们几乎是无法复制的，对你的竞争对手来讲复制市场上的产品相对容易得多，但复制公司的内部流程，即便不是不可能的，那也会是极其困难的。

让你的创新团队融入内部以及外部的整个生态系统需要你付出巨大的努力，因此你或许应该从几个部门和少量的合作伙伴开始，然后以此为基础进行扩张。时间和金钱上的投入肯定会为你带来回报。请记住，只需要一两项微不足道的、恰到好处的创新就足以开启一条全新的业务线，或者彻底瓦解，或者转变你现有的业务。你有更多的团队活跃在生态系统中，你也就有更多的机会去发现和突破。另外，可能并不是某一个单独的创新，而是跨越多个部门、多个合作伙伴的多个不同的创新整合在一起的效果，才能最终使你的企业腾飞。

搜集数据，并用它检验你的创意

没有数据，你只不过是另一个持有这一观点的人而已。

W. 爱德华兹 · 戴明[6]

质量管理专家

想要创新，搜集数据是必不可少的。你需要做的是实际证明某一项表面看上去可能很棒的创意在现实中也是很棒的。我参加过很多初创企业的路演，但我可以告诉你的是，你常常根本无法判断，某项听起来可能改变这个世界的创意在现实中是否真的能改变些什么——更不用说去改变这个世界了。

当你经过深入探究后，很多非常有前途的创意最终却显露出它们只不过是一枚哑弹而已。只需要一个被忽视的数据，就像你忽视了那些在水下的冰山一样，它就能立即让你沉船。如果你想让你的项目避免遇到像“泰坦尼克”号那样沉船的命运，那么你需要让你的创新团队从第一天起就留意观察相关的数据。数据是很关键的东西，没有数据，你的团队所谈论的只不过是胡乱的猜测，并将不可避免地浪费大量的时间和金钱。

我曾经指导过的一家初创企业做的是一种全新类型的游戏，用户可以在这个游戏中自己创建内容。公司的创始人一直在和我谈论在他们的游戏中有哪些独特的东西以及创新，但是当我问他们要数据时，事情就变得很清楚，他们的客户留存率以及用户参与度指标这些数据都非常凄惨。他们是不是真的做出了有史以来最具创新性的游戏已经无关紧要，用户并不想玩他们的游戏。数字绝对不会说谎。最后，我告诉他们放弃这个项目并重新开始。这根本行不通，你不可能与数据进行争辩。

格雷丝 · 吴（Grace Ng）进行她的第一次创业的故事是关于数据冲击的另一个案例。她的基本构想是让用户以视觉（图像）的方式来了解这个世界，他们可以通过在社交网络中分享视觉（图像）的方式来提问或者搜寻答案，而无须在谷歌的页面上输入文字进行搜索。格雷丝之前的职业有广告代理商的背景，因此她坚信品牌就是一切。在启动项目之前，她花了 6 个月的时间来制造、测试和打磨她的新服务。她希望所有的东西都是那么的完美和漂亮，但是在推出这项服务后，她几乎没有任何用户。她无法理解这是为什么，为此她采访了一些潜在的用户，并很快发现没人在乎她所提供的这项服务。显然她所解决的问题实际上并不存在。要是她能够更早地知道这一点，那么她就能节省辛勤工作的 6 个月。

格雷丝重新回到原来的出发点，然后想出了另一个主意。她打算推出一个帮助初创企业创始人获取用户体验反馈的服务。当时还没有人提供这样的服务，而这看起来像是一个真正需要解决的问题。这次，她没有直接动手开发产品，而是首先安排与客户接触并搜集数据。通过组织访谈，她发现她的目标客户群体中有 60% 对于这项服务表现出了强烈的兴趣。下一步她需要数据来判断他们是否会愿意付钱来使用这项服务，所以她建立了一个临时应急的页面，在页面上她描述了相关的服务，然后加上了一个“购买”按钮。把流量推送到这个页面后，她在几个小时里就拿到了 10 个订单。中大奖了。这次是真的了。

格雷丝需要知道的第三件事是供应商那一边是不是也同样没有问题，所以她开始接触一些有经验的用户体验设计师，询问他们是否想要一些新的客户。她当时确信他们会这样回答：“是的，绝对需要！”谁又不想要更多的客户呢？但令她惊讶的是，有经验的用户体验设计师对这一创意没有表现出任何激动的情绪。他们对于选择客户是非常挑剔的。他们喜欢在事先仔细地审核每一个新的客户，并且只选择其中最好的。走进死胡同了？不完全是。在访谈中，她发现当这些设计师刚开始他们的职业生涯时，他们也非常迫切地想要有新的客户。这对于她的双边市场来讲是极为关键的信息。她意识到她的目标群体应该是那些刚入行不久的用户体验设计师，他们还没有真正建立起自己的声誉，因此想要获得更多的客户。

甚至在有了所有这些数据后，她也没有立即开始构建她的服务。相反，她用邮件的方式手工模拟了她的服务，把那些需要用户体验反馈的客户与用户体验设计师对接了起来。用这种方式，她能确切地看清整个流程是如何工作的。她想知道客户需要从用户体验设计师那里获得哪种类型的反馈。反馈的信息是图像、文字还是语音？设计师喜欢如何开展工作？以及促进这种类型的沟通和交流的最好方式是什么？格雷丝知道当她开始设计这项服务时就会用上这些数据。一旦她发现自己已经无法继续处理整个工作流程时，她就把页面撤了下来，并开始分析她发现的所有问题，然后动手创建正式的网站。格雷丝所接受的教训是，尽可能早且尽可能多地搜集特定客户的数据是开发一件产品最有效的方法。格雷丝现在作为精益创新机器[7]的联合创始人，教授精益创新的方法论。

搜集数据的另一种方式是通过观察宏观趋势。当史蒂夫·乔布斯发布iPad（苹果平板电脑）时，他很有信心这将会是一款引起轰动的产品，不仅仅因为这是一款漂亮的产品，更因为调查数据站在了他这一边。在2010年皮尤研究中心所发布的一份研究报告中有这样一组数据：40%的美国成年人利用移动设备无线接入互联网，而这个数据在2009年还只有32%。但如果再加上笔记本电脑的用户，这个数据就是59%的美国成年人。乔布斯早就意识到了人们想要一个比使用笔记本或者上网本更为优雅、自然的方式来访问互联网，而此时iPad就是对这一需求的回答。那些数据和趋势只不过加强了他的直觉。

Dropbox是另一个例子。创始人用了三分钟的简单讲解视频作为开局的第一步。在视频中演示了他们计划将要提供的一些功能，其结果是在一夜之间，就有了75 000人在他们的页面上注册——所有这些都发生在他们有真正的产品之前。这个小小的测试足够证明，他们的企业肯定能够起飞。

如何搜集数据

正如你从前面的例子中能够看到的，有很多种不同的方式可以用来搜集有用的数据以验证一个新的商业概念。下面我会描述一些最为有效的方法。

谷歌关键词工具

谷歌的关键词工具是一种了解客户对你的产品需求程度的快速且简便的方法。用搜索与你产品相关的多个关键词作为开始，谷歌可以明确地告诉你对这些不同的关键词，每月实际发生了多少次搜索。如果没有人搜索与你计划提供的产品相关的关键词，那么也许还不存在相关的需求。

谷歌趋势

谷歌趋势可以为你提供更多的数据。对你的产品创意做一个搜索，那么你就能够看到这里的每一个关键词在过去几年里的搜索量。搜索量的发展趋势是向上还是向下？需求曲线是波动的还是相对比较平坦的？在需求曲线上是否会有突起的尖峰？是什么引发了这些需求的突起？所有这些都在告诉你一些你在着手开展业务前所需要知道的信息。

朋友和家庭

大多数人首先会想到的是他们的朋友和家庭。这很容易理解，因为从朋友和家庭那里搜集数据并获得反馈是最容易，同时也是最为方便的途径。但是请小心了，来自朋友和家庭的数据可能会出现某种偏差。你试着问一下自己，你的朋友和家庭是否确实是你的目标市场。如果不是，那么向他们咨询意见可能带来的更多是坏处而不是好处。你应该不会以一些没有什么价值的数据为基础来做出决定。另外，他们太了解你了，因此他们可能无法给你某种没有倾向性的建议。我的建议是你可以跳过他们，去寻找你想要接触的真正客户。

客户访谈

《创业者手册》（*The Startup Owner's Manual*）的共同作者史蒂夫 · 布兰克（Steve Blank）很喜欢说的一句话是："在一家初创企业的办公室里是不存在客观事实的，有的也只是个人观点而已。"他的意思是你必须走出去和客户进行交流，因为客户访谈是最好的方式。只是你要小心，不要提出有诱导性的问题。这就需要你非常严格地分析将要提出的每一个问题，以确保这些问题都是开放的。

博客和社交网络

像博主（Blogger）、Facebook、Twitter和微信这些博客平台以及社交网络是你展示创意、吸引和沟通客户、搜集反馈和数据的非常好的方式。事实上，关于这本书的书名，我也利用了上述这些渠道来搜集我所需要的反馈。当使用社交网络时，一定要确保瞄准正确的目标人群。例如，如果你的目标人群是青少年男性，那么照片分享网站Pinterest可能就不是最为合适的社交网络。用Twitch或者Snapchat的效果可能会更好。

分析竞争对手

在“创始人空间”我总是督促那些初创企业花更多的时间来观察他们的竞争对手。你也许会惊讶地发现竞争对手可以为你提供大量的数据。请确保你的创新团队一定要花足够的时间在你的竞争对手的网站上，那可能会是一个数据的宝库。首先，你的竞争对手赚钱了吗？如果没有赚钱，又是为什么？如果他们所有的事情都做对了，但却没有像野草一般地疯狂成长起来，那么你凭什么说你能成功呢？

接着你需要注意的是竞争对手是如何定位他们的业务的。他们用什么样的方式来描述产品？他们对客户做出了什么样的承诺？他们是如何定价的？所有这些数据以及更多其他的东西都可以在大多数网站上获取。但不要仅仅只盯着他们的网站，去看看他们在Facebook的主页、Twitter上的简介，以及他们的博客。读一读所有的帖子、推文以及你能找到的所有跟帖。他们的客户在说些什么？他们喜欢那些产品吗？有什么东西令他们感到尴尬吗？客户整体上活跃吗？

在线商店同样能为你提供深刻的洞见。观察一下竞争对手的产品是如何陈列的，读一读所有的用户评价和综述。如果客户对质量或服务感到不满，这对你来讲就是机会。尽可能地将这些数据分类，并组织成为有意义的统计图表，这样你就能展开分析，并将这些数据与其他竞争对手的同类数据做横向对比。

到面向公众开放的公共档案中去查询、挖掘出关于你的竞争对手尽可能多的数据。这就像你登录WHOis.net网站，然后查询他们是在什么时候登记注册了公司的网址一样简单，或者你也可以简单地在网上查询媒体评论或者新闻稿，看看他们是在什么时候第一次启动或者发布新产品的。如果你的竞争对手是一家初创企业，查查它是否已经调整了公司的发展方向，找一下它之前是在哪里投放广告的。所有这些可以告诉你它的目标客户是谁，以及它又是如何来推广产品的。

在早期你能搜集到的数据越多越好。在你放出一个登录网页、制造一台原型机或者花更多的时间与客户沟通前，尽可能多地搜集数据吧。也许你最终会发现，你实际上并不真的想从事这个特别的行业或者开发那件新的产品。又或许你已经确信你有做这件事情的更好方式，而这种方式又是你的竞争对手尚未发现的。

登录网页

登录网页常常被用来在产品还处于研发阶段的时候“收割”邮件地址，但这并不是登录网页的最佳使用方法。搜集有价值的数据是登录网页更好的使用方式。你可以这样设计你的登录网页，它们看上去就像是一个完整的网站，在页面上客户可以实际下订单，提出建议或者展开讨论，这一切甚至可以在你的产品尚未构思完毕之前就能做到。这使你能测试一系列的关键设想，并对每个设想搜集相关数据。这包括：

- 客户想购买你的产品吗？
- 有多少客户愿意付钱？
- 客户更喜欢哪一种设计？
- 哪一种市场营销文案是最有效的？
- 你的产品概念火了吗？
- 客户对这项创意的参与有多深？
- 客户有哪些反馈？

……

A/B 测试

当进行A/B测试的时候，你可以向一组客户展示样本A，另一组客户展示样本B。通过简单的分析，你就能估量出哪一种更有效率。样本A和B可以是价格、设计以及市场营销文案。当和登录网页一起使用时，这一类型的测试能够产生非常有价值的数据。利用Unbounce、Optimizely[8]和谷歌网站分析这一类的工具，你可以测量网站的跳出率、使用率和转换率。

广告宣传

哪怕你的产品还处于创意阶段，你同样可以运营一个复杂的广告宣传活动并测量相应的点击率。你还能搜集广告投放的成本数据并用这一数据来预测你的客户获取成本。类似Facebook和谷歌竞价广告这样的平台能够让你在用户统计数据中进行深入的挖掘并瞄准特定的用户群体。所有这些数据能够帮助你建立一个更为精准的客户档案。

众筹

像Kickstarter和Indiegogo这样的网站是搜集数据、估算市场需求，并在这一过程中筹到资金的最佳途径之一。但你最好还是小心谨慎一些。能够融到很多钱是好事，但你需要确保融资的价格没有问题。很多获得了众筹资金的项目低估了制造出最终产品的成本和所需要的时间，并在最后无法提交成果。这很快就会成为一个噩梦。而且仅仅只有众筹网站上的那些人喜欢你的产品并不一定意味着这是一个很大的、可以规模化的业务。很多支持者可能只是出于个人的爱好以及本身就是相关技术的早期接受者，因此他们并不一定能代表整个市场或者代表你的目标客户。在你到一个众筹网站上进行实况路演之前，尽可能多地做些市场调研以及数据采集肯定会为你带来回报，因为到时候你就能相对较为自信地知道谁会是你的目标客户，以及你是否能兑现你的承诺。

预购页面

除了预购页面通常都是在公司自己的网站上之外，预购页面和Kickstarter或者Indiegogo所举办的活动实际上非常类似。它们可以让用户提前购买产品，帮助企业估算市场需求并搜集相关数据。

讲解视频

所有人都喜欢带有讲解的视频，因为视频能让产品活起来。人们常说一张图片能抵一千句话。如果真是这样的话，那么一段讲解视频至少要抵一千张图片，或者说相当于用了百万句话。

有针对性的原型

有针对性的原型有很多不同的形式，包括PPT文档、数字图像、3D模型、用笔和纸进行的模拟、场景角色扮演以及单一功能的MVP。单一功能的MVP的一个很好的案例是

Foursquare[9]。当Foursquare上线的时候，它的唯一功能就是能够在特定的地点登录网站，并被网站所识别。

最为常见的有针对性的原型是完全用现成的技术制造出来的、用于临时应急的MVP，因此它能够被快速地部署以用于搜集数据和测试市场。Groupon（高朋）上线的时候只用了WordPress[10]、苹果邮箱以及一个能在网站收到订单后自动生成PDF（便携式文档）的苹果脚本。这些就是他们测试市场时所需要的全部了。

虚拟的MVP

当你需要有一个在线产品或者服务能在用户面前模拟正常的工作，但实际上在后台却是由创始人自己在手工完成所有的工作时，那么用户所使用的产品就是一个虚拟的MVP。ZeroCater是一家在线为企业提供午餐外卖服务的初创企业，当阿拉姆·萨贝提（ArramSabeti）创立ZeroCater的时候，所有的事情都是他自己手动完成的，他的后台工具只是一张庞大的电子表格和电子邮件。从表面上看，网站的功能一切正常，但那只不过是一个空壳。这使得他能搜集必要的数据来验证他的概念。

有人管理的MVP

“有人管理的MVP”和“虚拟的MVP”非常类似，只是前者并不隐瞒在网站的后台有人在做具体的工作这一事实。事实上，他们把有人在后台工作当成了产品的一个特色，他们可以瞄准一群经过筛选的客户并为他们提供高度个性化的服务。“Rent the Runway”是一个向女性出租品牌服装的网站，这个网站通过向女大学生提供个性化服务来测试它的商业概念。这一做法提供了足够的数据来验证它的模式的可行性。

挖掘更多的方式和可能性

上面列出的所有都是很有价值的搜集数据的方式，但绝不要止步于此。只要有足够的创意，我们就能构思出更多新的数据来源。上面所列出的绝不是一个完整详尽的清单，这只不过是一个开始。你搜集到的数据越多，从长远来看你得到的好处也就越多。绝对不要自欺欺人地以为在搜集数据的一两个月后你就已经能大功告成，其实你的这项工作永远不会结束。聪明的创业者从构思出他们的创意那一天到产品的发布，直到将来，都在不断地搜集着数据。

你需要持续不断地搜集数据来改善你的商业流程和分析方法。请记住，数据总是要比企业的愿景更有价值，数据应该构成你的商业计划的基础，因为只有数据才能使你的所有计划变得真实。这才是你的创新团队需要去关注的。

这里让我引用谷歌前产品高级副总裁乔纳森·罗森伯格（Jonathan Rosenberg）的一段话：“用数据来支撑你的立场。靠你嘴上说‘我想……’是无法赢得一场争论的，只有当你说出‘让我演示给你看……’时你才有可能在争论中获胜。”

如果你无法用坚实的证据来支撑你的想法，那么无论这些想法是多么具有创意，它们实际上都是无关紧要的。毕竟到最后，你的企业是“沉”还是“浮”靠的是事实而不是其他，因此尽早地把握住这些事实应该是你的首要任务。

用户获得的价值才是最应该关注的事情

那些感到困惑的企业认为，它的目标应该是营业收入、股票价格或者其他什么。实际上你应该关注的是那些能带来上述这些收益的东西。

蒂姆 · 库克

苹果公司CEO

聪明的企业更为关注价值而不是金钱。它们愿意牺牲短期的营业收入增长以换取长期的市场主导地位。让我们来看一看硅谷的一些最为成功的创业型公司：谷歌、Facebook、Twitter、Snapchat、Instagram和WhatsApp[11]。这些企业从它们诞生的第一天开始就专注于为用户创造价值；这些企业在它们的产品刚上线的时候都曾经拒绝用广告来赚钱；在以后的发展过程中，这些企业对如何在产品中植入广告以及其他的货币化形式都极为谨慎，它们这样做是为了不降低产品对于用户的价值。

和聪明的创新团队一样，聪明的创业型公司也同样关注两件事：用户的满意率和市场份额的增长，它们会避免任何损伤用户体验或者阻碍增长的事情。创业型公司知道要在市场上占据主导地位就必须处于市场的第一位，而这意味着与其他任何人相比，它们要向客户提供更多的价值。如下就是一些具体的案例。

Bitly

作为一家提供流行的“短网址”服务的初创企业，Bitly在用户的眼中只不过是他们用来缩短网址链接的某种东西。但是这家企业却坚持不懈地致力于为客户增加价值。它看到了一个机会，对于任何一个点击了Bitly链接的人，它完全有能力搜集关于那个人的数据，这其中包括那个人做出点击时的动机、所处的地理位置、所属的客户群体、真实的意图、个人内容偏好以及其他更多的东西。Bitly的CEO马克·约瑟夫森（Mark Josephson）这样说道：“那些企业的市场营销人员至今未能意识到我们的产品所能提供的额外价值，所以我们整个公司都再次聚焦于帮助他们获得这些产品原本就内蕴的价值；我们的做法已经彻底地改变了客户的体验以及他们对于我们产品的价值认知。”Bitly的使命是，通过提供对于客户行为的深刻洞察，成为能够向市场营销人员提供价值的必不可少的工具。这样做的结果是在一个更长的时间段它与客户发生了更为频繁的互动。

Etsy

Etsy是一家展示和销售手工制品的初创企业，尽管它的客户数量已经超过了2 000万，但它依然还在寻找新的方式为客户增加价值。大多数亚马逊和易贝的用户所搜寻的是在他们已经确定了目标的产品，而Etsy的用户则希望探索并发现一些独特的东西。他们希望在偶然中所发现的东西能让自己惊喜和兴奋。按照Etsy的产品高级副总裁迈克·格里斯哈沃（Mike Grishaver）的说法，他的团队正持续不断地改善如何向用户推荐产品的方式，他们的推荐算法所基于的一些因素已经超越了用户之前浏览和购买的历史。网站所推荐的结果就像是一次冒险之旅，常常能令那些购物者感到惊喜，甚至购物者自己也不知道他们会想要购买哪些特殊的物品。格里斯哈沃对其他公司的建议是："你需要超越用户在你的网站上能得到些什么这一基本的模式，去寻找能让他们感到与你的网站存在着更多联系的深层体验，然后把这种体验融入他们在你网站上所经历的每一种经验中。"结果胜于一切。他们对推荐算法的每一次改进都使得用户的参与度增加，满意度上升。

亚马逊

对于如何让价值高于金钱，亚马逊可以堪称大师了。与它的任何竞争对手相比，杰夫·贝佐斯总是能确保为他的客户提供更多的价值。在销售图书的过程中，贝佐斯发现客户更希望能提供免费的快递服务，这个数据促使他启动了Amazon Prime（亚马逊金牌客户服务），金牌会员只需要支付一笔固定的年费就可以获得无限次的快递服务。接着他发现客户希望他们的订单能尽快出货，因此亚马逊为金牌客户提供了所有订单免费的两天到货的服务。

亚马逊把退货也做得极为简单。亚马逊的竞争对手实际上令客户的退货变得极为困难，而与它的竞争对手不同的是，亚马逊的退货过程没有任何麻烦。你只需要打印出一张标签，然后UPS（美国快递公司）就会上门来取件，整个过程没有人来问你任何问题。亚马逊这样做需要花钱吗？当然，但这种做法令客户的购物体验没有任何的痛苦，所以客户在购物前也就不会有丝毫犹豫，因为他们知道，如果他们不喜欢就可以退货。

尽管有这些创新，贝佐斯依然在不断地思考如何才能为他的客户增加价值，他完全不在乎把短期利润往后延。华尔街知道了这种做法后，相比大多数其他的上市公司，它给了亚马逊更多的空间。在有了空间进行创新后，亚马逊为它的金牌会员增加了更多的免费服务。接下来的就是亚马逊视频，客户通过这一平台可以免费获得成百上千部电影和电视节目。这是Netflix服务的简化版，会员无须支付任何月租。亚马逊随后为金牌会员提供了免费的流媒体音乐和免费的照片云存储。

所有这些服务花了亚马逊相当多的钱，但正是这些服务把亚马逊的客户更牢固地锁定在了金牌会员的生态系统中，令其会员转向竞争对手的难度越来越大。我就是一个亚马逊的客户，而我能告诉你的是，我从来就没想过要转向另一家公司。在亚马逊的网站上有我的电子书、照片和音乐。我不会放弃那些东西。

谷歌

谷歌也是采用这种做法的大师。它把Gmail、谷歌地图、谷歌文档以及大量其他的服务送给了它的客户。每次当一个用户登录一项新的谷歌服务时，用户与谷歌之间的关系就加深了一层。放弃Gmail或者谷歌文档并不是一件简单的事。而你使用它的服务越多，那么转向另一个竞争对手——比如微软的服务，也就越发的困难。正是这一点使得谷歌变得如此强大，因为它总是将价值放在金钱之上。如果低价是你的公司所能提供的唯一价值，那么客户转向你的竞争对手也就变得非常容易，价格没有黏性。

真正具有黏性的是客户在其中投资了时间和精力的各种服务。如果我学会了如何使用某种特定的软件，那么在做出改变前我就会很犹豫，尤其是如果我当初花了很长的时间才掌握该软件的使用方法，我才不想再重复一遍我当时曾做过的那些事情。另一个具有黏性的价值是内容，如果我上传了我的内容到一个APP，并且这些内容在导出时会很困难，那么只要我还珍惜那些内容，我实际上已经和那个APP绑定在了一起。第三个也是最强有力的黏性因素是朋友。这也是谷歌竭力想把用户从Facebook那里吸引到谷歌自己的社交平台Google+上的原因。但最后，甚至谷歌也无法做到这一点，因为朋友是最具黏性的。我也许可以放弃我在网上的那些内容，但是让我放弃在网上的那些朋友实在是有些强人所难了。带着你的朋友转到另一个平台不是一件容易的事。你也许能说服个别的朋友进行迁移，但你可以去试一试能否让你所有的朋友同时转移到另一个平台。

客户的维系

那些因客户流失而失血的企业，那些只是用新客户来取代老客户的企业，它们最终都将会付出代价。要获取新的客户你需要支付很高的成本，除非你能从每个客户身上压榨出足够的金钱，否则那种不断更换客户的模式是不可持续的。因此，关注通过为客户提供真正的价值来保留你现有的客户是最好的模式。Kissmetrics是一家数据分析公司，它发现获取新客户的成本要比保留现有客户高7倍。它还发现，那些与原来公司断绝关系并出走的客户，其中有71%离开的原因是原来公司的服务太差了，其中还有61%转向了原来公司的竞争对手。另外，丢失一个客户的平均价值是243美元。

SumAll是另一家数据分析企业，它发现，在其网络中，大多数稳定企业总的营业收入的25%—40%来自回头客。更有意思的是，拥有40%回头客的企业要比那些只有10%

回头客的企业创造了高于50%的营业收入。结论很明确，如果你想获得成功，那么就通过为客户提供价值来保留住你原来的客户吧。

另一个很好的例子是Insightly，这是一家为小型企业提供客户关系管理系统（CRM）的初创企业，它的产品功能强大，但非常简单易用。它不断地努力来提高客户留存率。它所用的一个方法是，找出自己的忠诚客户在使用服务时最经常使用的4项功能，然后专注于用这4项功能来教育其他客户。林恩 · 措弗利斯（Lynn Tsoflias）是该公司的客户成功副总裁，她相信企业家需要“引导客户实现他们的目标，并帮助他们从解决方案中获取最大的价值”。Insightly这样做的结果是它获得了更高的客户留存率以及更高的客户满意度。

价值的种类

有很多不同类型的价值可以提供给你的客户。最显而易见的价值有价格、质量、服务和选项。还有一些其他的价值如客户体验、可靠性、社区、内容、功能、美感、品质标记、速度、声誉、品牌、安全性等等，创业者需要了解在他们的业务中能够提供价值的每一个元素，然后对这些元素逐个加以改善，直到所有元素叠加在一起能达到最佳效果。对于能够向客户提供的每一种形式的价值均需要得到确认，并在产品的生命周期内进行最大化。

这就是这个世界上最成功的企业所做的事情。它们永远也不会停止寻找为客户增加价值的方法，这已经成为它们排在首位的目标，而且对于竞争对手窃取他们业务的企图，这也是最好的防御方式。只有彻底理解了企业的价值定位和客户的感受，一家企业才能有效地在市场上展开竞争。

客户忠诚度

你有没有听说过净推荐值（Net Promoter Score）？这是一个评估客户忠诚度的流行工具，弗莱德·莱希哈尔德（Fred Reichheld）2003 年发表在《哈佛商业评论》（*Harvard Business Review*）上的一篇题为“成长中你所需要的一个数字”（*One Number You Need to Grow*）的文章中首次引入了这个工具。这个工具可以测量一个客户是否会将一家公司的产品或者服务推荐给他的朋友或者同事。很多《财富》杂志 500 强的企业用这个数据来衡量它们的绩效。

净推荐值是通过向客户问一个简单的问题得到的：你有多大的可能性会向你的朋友或者同事推荐这家企业、产品或者服务？客户会给出一个 0—10 的分数，这里 0 的意思是完全没有可能，10 的意思是非常有可能。推荐者给出的分数是 9 分或者 10 分。被动者给出的分数是 7 分或者 8 分。批评者给出的分数是 0—6 分。净推荐值等于推荐者所占的百分比减去批评者所占的百分比。得分越高，客户的满意度也就越高，企业在竞争中胜出的概率也就越大。各个品牌和企业以一种宗教般的虔诚使用这个分数来衡量它们的进步，并注入资金和资源来提高这个分数（见图 4–3）。

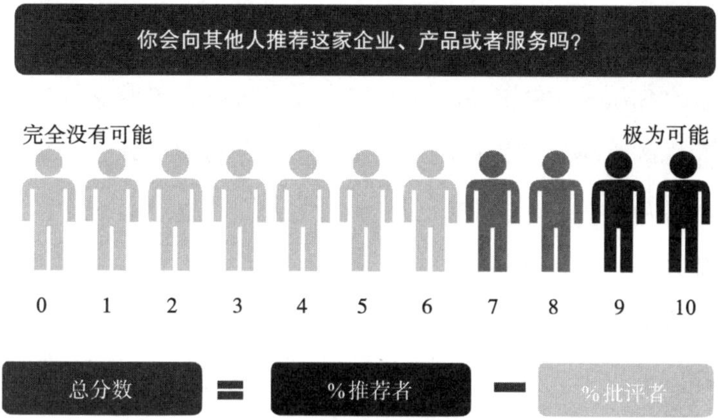

图 4–3　净推荐值

这听起来相当不错，但这里有一个问题。我认为净推荐值把事情过于简单化了，从而导致了错误的结论。《彭博商业周刊》（*Bloomberg Businessweek*）在 2013 年发表了题为“成为美国最令人痛恨的公司的好处及证据”（*Proof That It Pays to Be America's Most-Hated Companies*）这样一篇文章。这本杂志发现“客户–服务”上的得分和在股票市场上的回报没有任何关系。事实上，一些最令人痛恨的企业在业绩上要好于它们那些受人欢迎的竞争对手。花钱让所有的客户高兴并不是问题的答案。很多在这个世界上最赚钱的企业都有一个很低的净推荐值。

在《MIT 斯隆管理评论》（*MIT Sloan Management Review*）

上一篇题为“客户满意度的高昂代价”（*The High Price of Customer Satisfaction*）的文章就走得更远了，这篇文章指出了净推荐值没有用处的三个主要理由。第一个理由是团购综合征。Groupon把向客户提供很高的折扣这一想法兜售给了很多小企业。Groupon究竟是因此而声名远扬还是臭名昭著，这完全要看你的立场。这样做的结果只是以一个极高的代价换取了较高的客户满意度。折扣吸引了新的客户，但这些客户中的大多数却并没有留下来接受这些折扣。特殊的折扣价让那些现有的客户也非常高兴，但这个效果却是短命的。在没有一个更新的折扣的前提下，这种兴奋会很快消逝。这里的关键是没有一家企业能做到在一段时间内始终做亏本生意，哪怕这样做可以极大地提高净推荐值。不择手段地集中资源以提高净推荐值没有任何意义。

关于净推荐值的第二个问题是，对于那些面向大众市场的公司它就完全失去了意义，比如沃尔玛的净推荐值就很低。沃尔玛公司销售从服装到杂货的所有东西，让沃尔玛公司和类似安德玛或者全食超市这样的专卖店提供同样层次的客户满意度是极其困难的一件事。沃尔玛提供了太多的产品分类，也因此在任何一个分类上它都无法做到最好。另外，客户的面越宽，要迎合任何一组客户并照顾到他们的特别需求也就愈加地困难。“净推荐值”并没有将这些因素考虑在内，因此其结果也就必然发生偏差。

关于净推荐值的第三个问题是，类似于像康卡斯特公司[12]

（Comcast）这类拥有着实际垄断地位的公司一般都会得到非常低的分数，但是这一类公司都非常赚钱。这恰恰是因为它们的客户没有任何其他的选择。在我居住的旧金山市，如果你想要有高宽带互联网接入服务或者现场直播的体育节目，那么康卡斯特公司确实是你唯一的选择。哪怕你因为糟糕的服务而想杀了那个给你安装有线电视的业务员，但对康卡斯特公司来讲这根本就无所谓，实际上没有任何人能帮得上你。因此，它可以要求你支付极高的价格但却提供很普通的服务，同时还能继续保留住它的客户。

如果你是在50英里范围内唯一的一座加油站，那么你也拥有了某种垄断地位。你可以把油价抬得很高却只提供很少服务或者根本没有任何服务。当然，这会让客户满意度下降，但如果你是唯一能提供这种产品的人，而你的客户又需要这种产品，那么他们就没有任何选择。只要看一下苹果公司，它在手机上的定价就要比其他任何品牌都高很多，这是因为它创造了某种实际上的垄断。你没有办法从他的竞争对手那里购买到iPhone，而安卓系统的手机生产商不得不在价格上展开竞争。那么苹果公司能不能通过降低价格来提升它的净推荐值呢？当然，它能够做到这一点，但是它为什么要这样做呢？

在净推荐值中还有另一个缺陷，事实上在衡量客户满意度的时候，净推荐值并没有考虑到这些客户对于企业的价值。在净推荐值的计算中，所有的客户都被认为是相同的，但是在现实中情况却并非如此。有些客户对于企业的价值远远超过其他的客户，那些花了很多钱的回头客要远比那些来占小便宜的客户有价值得多，那些占小便宜的客户花的是企业的钱。如果你把他们的数据视作同等有效的数据，那么实际上你已经扭曲了什么对于企业来讲才是真正重要的东西的结论。

这就是我将净推荐值修改为“总价值得分”的原因。与净推荐值不同的是，总价值得分强调了一家企业产品和服务的总价值。这里的产品或服务是提供给那些与直接竞争对手相关联的客户的。下面是总价值得分的计算方法（见图 4–4）。

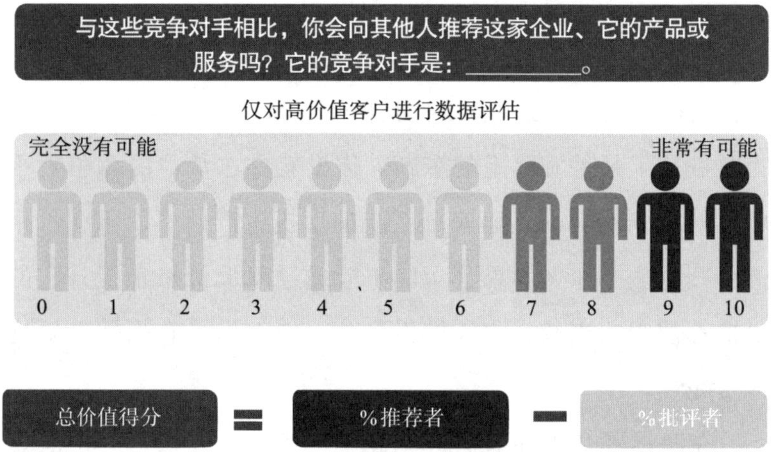

图 4–4　总价值得分

1. 询问这样一个问题：与这些竞争对手相比，你会向其他人推荐这家企业、它的产品或服务吗？它的竞争对手是：________。

2. 如果没有真正的竞争对手，那么这家企业就处于事实上的垄断状态，总价值得分不再适用。

3. 如果企业实际上并不处于垄断地位，那么对每一个客户，要求针对上述提问给出一个 0—10 的分数，这里 0 分是指非常不可能做出推荐，而 10 分是极有可能会推荐。

4. 接着将客户分成两个组：

- 高价值客户 = 能带来利润的或者有价值的
- 低价值客户 = 不能带来利润的或者没有价值的

5. 计算的公式：

- 批评者 = 给出 0—6 分的高价值客户
- 被动者 = 给出 7—8 分的高价值客户
- 推荐者 = 给出 9—10 分的高价值客户
- 总价值得分 =% 推荐者—% 批评者

让我们假设你有 35% 的推荐者和 10% 的批评者，那么你的总价值得分是 35–10=25，这里最高的可能得分是 100，而最低的可能得分是 – 100。

总价值得分解决了我所提到的净推荐值的几个问题。首先，总价值得分只采用了来自高价值客户的数据。其次，它询问客户的问题是：与竞争对手相比较，他是否会推荐这家企业、它的产品或者服务。总之，这个分数只有在与直接竞争对手进行比较时才有意义，比如沃尔玛与塔吉特超市进行比较，但绝不应该将沃尔玛与专卖零售商进行对比。

尽管事实上美国客户满意度指数（American Customer Satisfaction Index）显示，沃尔玛的客户满意度在美国所有主要的食品杂货零售商当中是最低的，但人们却依然在涌向沃尔玛，今天沃尔玛已经成为美国最大的食品杂货零售商。这里的根本原因是沃尔玛比它的竞争对手向客户提供了更多的总价值，哪怕它在一些垂直领域如食品杂货等方面落在了后面。无论你是否喜欢沃尔玛，它那些具有强大购买力的大型商店、齐全的产品种类以及高成本效益的供应链管理使得它能在服务于大众市场的同时保持低价和健康的利润。

当杰夫·贝佐斯为亚马逊创造价值时，也是同样的道理在起作用，到最后最重要的依然还是总价值。亚马逊没有必要在其网上所销售的每一个产品类别中都做到最好。事实上，它几乎永远无法和专卖零售店进行竞争，但这没有关系。亚马逊如果花费大量的时间和金钱，期望在每一个可能有利可图的市场上去赢得竞争是完全没有任何意义的。毕竟它并不是专业在做某一项特别的业务，它只是一家网上的超级商场，只要它能成为最佳的默认网上购物目的地，它就赢了，就像是沃尔玛在线下所做的那样。

康卡斯特公司是一个类似的带有一丝转折的故事。我很喜欢亚马逊，相比较而言，我个人以为康卡斯特公司的收费实在太高了而且服务还很差。但是在我所在的市场，其他的选择更加糟糕。如果你让我来评价康卡斯特公司，那么它的净推荐值将会是负值，但是它的总价值得分将会是N/A（不适用），因为它没有真正的竞争对手。确实，如果康卡斯特公司能降低价格并改善它的服务，我会很高兴，但只要它还处于实际上的垄断地位，那么对于我这个人会有些什么样的想法它实际上是根本不会在乎的。换句话说，客户的满意度只有在同行业的竞争对手之间做比较时才能显示出其重要性。

只要有来自其他供应商的同行业竞争，那么康卡斯特公司将被迫改善它的服务，否则它就会失去市场份额。随着更多的电视节目转向在线播出，并且在一些市场上已经有竞争对手在提供更好、更便宜的宽带服务，我们已经看到了这种转变的出现。要不了多久，康卡斯特公司就会感受到切肤的痛苦。等那一天到来时，它要么被迫提升品质、降低价格，要么做区别化经营，否则就会失去它的客户。

在今天赢者通吃的时代，客户会很快地转向能提供最佳总体价值的企业。如果你的创新团队无法向客户提供最大的总体价值，你们就应该重新思考策略。降价只是一个临时性的解决方案，它并没有改变基本的方程式。当涉及维系你的客户的事情时，价值总是高于金钱。这就是赢者总是把价值放在金钱之上的原因。

第五章

持续创新：基业长青，靠的是内部创新

失败并不能令你停下脚步。让你止步的是你对失败的恐惧。

杰克·莱蒙[1]

演员

在本章中，我会解释为什么恐惧是创新的死敌。无论你是为初创企业工作还是为大企业工作，如果你让恐惧占据了你的内心，那么你做出再大的努力也终将无济于事。而这一点在等级森严的大型官僚组织机构中更是如此。在那样的环境下恐惧感会不断地生长和蔓延，并且会像致命的寄生虫那样慢慢地扼杀任何创新的意图。

让我们从人性开始讲起。人类生来就拥有恐惧感，它是我们基因的一部分，也是我们能存活下来的原因。我们尤其担忧和惧怕我们群体中的其他成员会如何看待我们，这是因为作为一种社会性的动物，我们的幸福感依赖于我们所在群体中的其他成员。

史前世界是一个充满着凶猛的野兽、敌对的部落、干旱、饥荒以及疾病的残酷世界。智人要比其他物种更为成功的原因是智人学会了如何开展合作，并作为一个群体一起工作。如果我们令同伴感到了不安，我们就很有可能会被赶出部落，那样的话我们生存下来的机会就会急剧下降，从群体中被驱逐出去相当于被判处死刑。哪怕一个被部落驱赶出去的人想办法活了下来，他也几乎不可能找到配偶，所以他的基因也就无法传递给下一代。因此，小心谨慎并尽量避免做出可能会危及自身在群体中地位的行为，是一种被数千年的自然选择不断加强的人类性格特征。

如果你打算作为一个企业家来进行创新，那么你就必须克服这种刻在你基因里的恐惧。这是因为创新是与明哲保身完全相反的一种人类行为，创新本身就蕴含了风险，代价高昂，且创新的过程充满着失败。让事情更糟糕的是，企业通常都有森严的等级和不可通融的规章，对于成功会予以奖励但对于失败则会予以惩罚。

所有的经理人对于好的创意都想居功，但没有人想和那些糟糕的想法有什么牵连。因此一个典型的职业经理人会宁愿不进行什么创新，除非他知道这件事是行得通的。但如果面对的是一个之前从来没人碰过的新项目，你无法知道这个项目是否会成功。正如杰夫·贝佐斯喜欢说的那样，“如果你知道这肯定能行得通，那么这就不是一次实验了”。

因此职业经理人对于创新会迟疑不决，而且一旦某个项目启动以后，他们都不太愿意停止，即便已经很清楚这个项目不会产生任何结果。让项目继续下去，并祈祷在最后的关键时刻这个项目组的成员能够想出什么办法来拯救它，这样的做法肯定是更为安全的。在大多数企业里，这种做法导致了大量的时间和资源的浪费。最好的团队被束缚在了一个毫无希望的项目上，参与者士气低落，且无法创造出任何价值。

你需要灌输给你的创新团队的是，他们的工作就是不断地快速尝试，一个接着一个再接着一个的创意，其中99%的创意在还未成型时可能就已经死去了。甚至当他们决定对一个看起来相当有前途的创意进行投入后，这个创意却依然有可能最终在半路上死去。毕竟，绝大多数风险资本所投资的初创企业都会失败，因此在企业内部那些真正具有创意的项目其情况也会同样如此。而且越是具有创意的项目，其失败的概率也就越高。

在每一个创新项目中均存在着很多未知因素，而且大多数人都会本能地去回避承担任何风险，没有人会喜欢不确定性。有太多的研究显示，即便做出的选择会让他们陷于不利的处境，人们也几乎总是选择一个确定的结果而不是一个无法预知的后果。例如当人们面临两项选择，选项一是可以有85%的机会赢取1 000美元（即有15%的可能什么也得不到）；选项二是可以简单地直接拿到800美元，那么绝大多数人都会选择一个明确的结果而不是赌一下运气，即便你向他们解释了从平均的角度来看赌一把运气可能会对他们更为有利，人们也依然会做出同样的选择。实际上你只要看一下简单的算术就会明白，如果每个人都选择赌一把运气去赢得那 1 000 美元，那么平均来讲每个人可以获得：85% ×1000 + 0.15× 0=850 美元。

同样的逻辑也适用于在一家企业中启动一个新的项目。如果你给员工这样的选择：要么加入一个几乎肯定能成功的项目，但收入会比较少；要么冒一些风险加入一个创新团队，但可能会有较高的工资以及高度的不确定性，你认为一般人会做出怎样的选择呢？实际上几乎每一次都是前者胜出。

从科学家是如何对待失败的态度中我们能学到不少东西。科学家的日常工作就是首先提出一个假设，接着他们会做一系列的实验来验证这一假设，如果这个假设走不通，他们就会继续提出其他的设想。如果科学家一碰到死胡同就举起双手宣告自己失败了，那么今天我们也就不会有任何科学了。科学就是不断地尝试和失败。实验所获得的结果与你所提出的假设不一致并不是什么耻辱，这只不过是整个过程的一部分罢了。科学家的工作就是持续不断地提出新的假设，然后对这些假设进行实验，并将实验结果尽可能忠实地记录下来。当科学上的一些假设被证明是正确的时候，它和维护某个人的声誉没有任何的关系，它所涉及的只是对于真理的发现。真理就在那里，哪怕实验的结果是伪造的或者人们对实验的结果完全不予以理会，真理也不会发生任何改变。曾经有些科学家试图在实验结果中作假但都毫无例外地被后人发现，还记得科学史上的冷聚变吗？那些人的下场实在可悲。

问题是商务人士并不是科学家，他们对于自己的声誉非常在乎。声誉才是最重要的，真相则在第二位。在商业世界，失败会被人看不起。这里的逻辑是如果你犯了错并且失败了，没有人会再信任你。为了建立信任，你必须要有一个毫无瑕疵的成功记录，这是你获得升职的理由，也是你获得融资的依据，为什么你是老板而其他人却不是。在商业世界，成功就是一切，但这却是一副能杀死创新的有毒药剂。

正是这些毒药使得职业经理人不愿意进行创新。大多数人天生就具有创造力，在每一个具有一定规模的大企业中，哪怕是在那些最保守和最古板的公司内部，都会有一些很有才能、富有创造力的人。他们有创意且愿意开展创新，但他们却并没有这样做，这不是没有原因的。事实上，绝大多数企业的组织架构不会允许他们这样做，因为员工因失败所受到的惩罚要远大于因成功而获得的回报。在这样的组织架构中任何一个理智且聪明的人都很明白，在一个激进的创新项目中去冒险并不是职业发展的一步好棋。

为了在企业所有的层面上都建立起创新的氛围，而不单单只是在研发实验室内与科学家们谈论创新，你需要创建一个可以包容失败并不以失败为耻的组织架构。在Facebook，他们鼓励所有的员工都尊奉三个信条：

- 动作要快而且还要打破条条框框。
- 如果你没什么可担心的，那么你又会如何去做？
- 把人放在事情的核心位置。

前面两条的设计目的是允许员工失败，并给予员工承担风险的自由。而第三条则是整个社交网络的核心。这三条合并在一起构成了Facebook的企业哲学，这一哲学也是Facebook从一个学生宿舍里的项目成了这个世界上最强大和最具创造力的企业的背后推动力。

只有把失败放在创新行动的核心位置，坦然面对而不是掩盖失败在创新过程中所扮演的角色，你才有可能把企业推向未来，并为你的员工在可能会取得重大突破的冒险中提供安全感。达顿商学院的工商管理教授爱德华·D.赫斯（Edward D. Hess）是这样说的，“失败是创新过程中一个必要的组成部分，因为失败会为我们带来教训、迭代、适应，以及通过一个反复迭代的学习过程而建立起来的新的概念和物理模型。几乎所有的创新都源自在之前失败中所汲取的教训”。

波士顿的市长办公室用了一种独特的方式来处理这个问题。因为市政府相比大多数私人企业甚至更为厌恶风险且行动迟缓，让政府雇员进行创新实在是一个挑战。为了应对这个问题，市长办公室建立了“新城市机制”（The New Urban Mechanics）团队，这个团队成员的唯一任务就是对他们的工作进行创新。换句话说，他们的工作就是承担创新的风险和失败后的责任。这些创新人员把他们所有的时间都用于帮助其他的部门启动新的、旨在解决难题的创新项目。

项目总监苏珊·阮（Susan Nguyen）解释道："如果项目成功了，部门会得到所有的荣誉。如果项目失败了，我们承担所有的责任。"这就是关键。通过承担所有失败的责任，创新团队给了其他部门失败的许可，从而在保留正面因素的同时去除了负面因素。通过为所有部门提供庇护，他们创造了一种信任和安全的氛围，这对于鼓励大胆尝试和承担风险是极为有利的。

让我们来简要回顾一些曾经历过多次失败的著名家伙：

- 桑德斯上校的保密炸鸡配方曾经被拒绝了超过 1 000 次。但是上校从未放弃，并在 65 岁的时候创立了肯德基（KFC）。
- 马克·库班没有成为木匠、厨师和餐厅服务员，他成功地把Broadcast.com卖给了雅虎，获得了数十亿美元。马克喜欢说的话是："我已经明白无论失败多少次都无关紧要，你只要成功一次就足够了。我曾尝试去销售奶粉，有很多次我就是一个傻瓜，但我从中汲取了教训。"
- 阿里安娜·赫芬顿[2]的第二本书曾被36个出版商拒绝。之后她自己创办了《赫芬顿邮报》，这是美国最成功的在线出版商之一。

• 弗兰克·温菲尔德·伍尔沃斯[3]年轻时曾在一家布店里工作，但他的老板不让他接待客户，因为“弗兰克缺乏足够的常识来为顾客服务”。弗兰克最后成立了伍尔沃斯公司，而这家公司正是Foot Locker[4]的前身。

• 盛田昭夫是索尼公司的联合创始人，他推出的第一件产品是电饭煲。不过他的电饭煲会把饭烧焦。幸运的是，盛田昭夫并没有就此放弃。

• 米尔顿·赫尔希[5]先后创办了三家不同的糖果公司，但都失败了。不过他的第四家公司却表现出了非凡的魔力。

• 比尔·盖茨和保罗·艾伦最早创立的是Traf-O-Data公司。他们的产品没有成功，公司也倒闭了。在这之后他们创立了微软。

• 当托马斯·爱迪生还很小的时候，他的老师就说他实在是太蠢了，根本无法学会任何东西，并建议他在一个不需要智力的领域中寻找工作。也许爱迪生的1 093项专利正是用来证明他的老师所犯错误的一种方式。不过爱迪生自己也并不是一个不会犯错的天才，在他推出白炽灯泡前他实际上经历了9 000多次失败。“我没有失败过。我只是发现了10 000种不起作用的方式而已。”爱迪生是这样说的。

• 弗雷德·史密斯在耶鲁大学的时候想出了一个商业经营概念，但这个概念却让他的考试成绩几乎不及格。这个商业概念后来造就了联邦快递（FedEx）。

- 亨利·福特[6]最开始创建的两家汽车公司都失败了，这使他几乎破产。但他的第三家公司成了今天大家所熟知的那家公司。

- 罗兰·赫西·梅西最早开设了4家零售布店，但这些店最终都倒闭了。他汲取了从这4家店所获得的经验教训，然后成立了今天我们熟知的梅西百货。

- 理查德·布兰森因为他旗下的维珍银河航天公司、维珍唱片公司和维珍航空公司而出名，但很少有人谈起他的多次失败，比如他的维珍可乐和维珍伏特加。

- 乔治·斯泰因布伦纳曾经拥有一支很小的篮球队叫作“克利夫兰风笛手队”，这支球队在他的率领下最后破产了。但30年后，他却带领着纽约扬基队以6次进入世界大赛的成绩完成了一次不可思议的回归。纽约扬基队成了美国职业棒球大联盟中最能赚钱的球队之一。

- 本田宗一郎曾经去丰田公司求职，但被拒绝了。在没有工作的情况下，他开始在家里制造小型摩托车然后销售给他的邻居。这些就是最早的一批本田摩托了。

- 华特·迪士尼曾经因为“缺乏想象力和没有原始的创意”而被一个编辑开除。雪上加霜的是他创立的第一家动画企业破产了。接下来就是我们大家都已经熟知的历史了。

如果你没能消除对失败的恐惧，你的企业将局限于增量式创新，在这种情形下你的员工将只是改善你现有的产品和服务，而不是创造出全新的产品和服务。增量式创新是很安全的，相对来讲几乎没有什么风险，企业在这方面一般都做得很不错。但是增量式创新无法抵挡市场早晚会出现的扰乱和颠覆，也无法创造出一个全新的市场，它更多只是一种防御手段，能够让你的企业保住原有的市场份额，却无法让你重新定义这个市场。用增量式创新的方式，你永远无法以蛙跳来超越你的竞争对手并实现指数级增长。对于想拥抱激进式创新的企业，他们首先要做的是对恐惧开战。

好好利用每一个员工的独特想法

大企业推进创新会有很多困扰。创新会涉及一些糟糕的设想，或者某些看上去很糟糕的设想。

本·霍洛威茨

安德森·霍洛维茨风险投资公司联合创始人

相比初创企业，大企业中会弥漫着更多对于失败的恐惧。但创业者会更愿意去承担风险，因为他们在心理上已经准备好了去面对在成功的路上可能会出现的多次失败。在大企业中，中层经理们因为有一个稳定的、可预测的环境而获得了职业上的发展。他们当初加入大企业就是因为大企业能为他们提供一条安全的、低风险的职业发展途径，并为他们的家庭提供生活保障。

改变你的企业文化不可能一蹴而就，但是你可以采用以下这些实际的步骤来做到这一点。首先你需要创建一种“包容的文化”。你不但需要接受失败而且还要包容那些愚蠢的观点、低级的错误、相互对立的思想以及无谓的花销。无论团队成员的观点看上去可能会有多么疯狂或者不正统，那个提出这些观点的人不应该受到批评。并不是每一个项目都应该获得批准，你需要有一个严格的过滤和筛选流程，但这一流程不应该对某些设想的提出者做出过分的评判。有时候，表面上看起来令人无法容忍的想法可能恰恰是企业所需要的。

读一点历史吧，你会注意到在历史上有一些疯狂的、不切实际的想法却在未来成了现实，这已经成为历史发展一种模式。伽利略因为宣称地球不是平的而被送到宗教法庭进行审判。英国发明家查尔斯·巴贝奇在凭空构想出第一台可编程的计算设备后身无分文地死去。当第一台商用计算机系统UNIVAC被发明后，很少有人能想象出个人计算机在未来发展的可能性。但正是那些在加利福尼亚的嬉皮士、业余爱好者和黑客为我们带来了个人计算机的革命。当理查德·斯托曼（Richard Stallman）到处宣扬开源软件的好处时，大多数企业都认为这纯粹是在发疯。在那些正常人看来，怎么可能会有企业将具有知识产权的代码送人呢？那些可是企业自身的竞争优势啊。当移动电话刚开始出现的时候，谁又能想到它会变成音乐播放器、照相机和私人助理呢？

因此当某个员工提出一个看上去相当荒唐的主意时，你应该提醒自己，他们也许发现了些什么，那很可能会是掩埋在沙土中的金子。为了防止你公司内那些最极端的思想者被挤出公司，你的公司文化需要能容纳各种不同的意见和信仰体系。你必须教导你的员工不要批判各种差异，你需要让那些拥有奇思异想但却常常不愿说出口的员工能更舒服地进行交流。如果你想向前做出巨大的跨越，那些古怪的、与世格格不入的人也许正是你所需要的人。

PayPal的创始人和Facebook的早期投资人彼得·蒂尔（Peter Thiel）很喜欢这样问其他人："你有哪些重要的事实是无法获得大多数人赞同的？"彼得·蒂尔意识到不赞同你的人越多，那么你的想法的潜力可能也就越大。他提出了这样一个观点，往往只有怪胎才能发现机会而我们大家却对其视而不见，其原因恰恰是那些怪胎的思维方式与众不同，并且他们往往能从一个非常独特的视角来观察这个世界。

鼓励团队积极参与

在一次改善企业文化的尝试中，谷歌企图弄明白到底是哪些因素使得团队更具有创新能力且更有效率。在2012年，它启动了"亚里士多德项目"，该项目的目标是寻找出为什么有些团队的业绩会远远超出其他团队。谷歌的研究人员查阅了近半个世纪的学术论文，其中有一项研究是由卡内基–梅隆大学、麻省理工学院和联合学院的心理学家所进行的。在2008年，这些心理学家雇用了699个人来参与一项关于"什么因素促使团队能有更好表现”的研究。其中有一项实验要求参与者对一块砖头的用途进行头脑风暴，有些团队想出了数十种独特的使用方法，而其他的团队仅给出了几种方法。令人惊讶的是，得到最好结果的团队并不是那些由最聪明的人所组成的团队。一些在IQ（智商）测试中表现平平的团队要远比那些极其聪明的人所组成的团队更为出色。为什么会是这样一个结果呢？是哪些与个人能力无关的因素能够让一些团队比其他团队更具有创造力和更有效率呢？

答案是：团队成员之间的相处方式。那些鼓励所有人都积极参与的团队得分会更高。而且，有着更高社会敏感性的团队，即团队的成员能根据其他人的语气、用词以及非语言的暗示来直接了解他人的感受，其作为一个整体会表现得更为出色。这两个因素能够将一个群体的智慧以及生产效率提升至远超过那些由更多经验和更多才艺的个人所组成的团队。

为了确认这一发现，谷歌对自己的180个内部团队也进行了研究，并且发现，当团队的成员感到可以毫无顾忌地说出他们自己的想法时，这个团队就会有最好的表现。这被心理学家称为“心理安全”。人们所处的环境越是能互相开放、互相接受，他们之间的合作也就会越好，并且相互之间也就越能产生一种集体感。能够做到团队成员之间公开进行辩论、随时打断对方，并能就每一件事情的各个方面进行讨论的团队会有最高的得分。利用这一数据，谷歌开始着手建立一种“包容的企业文化”，在这样的企业文化中每个人都能积极参与而不用担心被批评或失去现有的职位。这正是谷歌能成功创新的关键之一。

放下自以为是

蒂姆·哈福德是《金融时报》的专栏作家和记者，他认为要建立一种创新文化，你的团队就不应该有上帝情结。他的意思是说，无论团队的成员多么聪明或者富有学识，他们都不应该以为他们会有所有问题的正确答案。每个人都应该接受在大多数的时间里任何人都会犯错这一事实，直截了当地承认你不懂这些问题常常是创新最好的开始，这样团队就能接受非正统的解决方案以及新的创意。

让我们来看一看联合利华是怎样做的。这家公司是最大的衣用洗涤剂的生产商和销售商之一。当它想对自己的生产过程进行创新时，它有两个选择：雇用一支由世界上最聪明的工程师所组成的团队，然后让这支团队来设计一种新的喷嘴将洗涤剂喷洒在干化床上；或者随机地做 10 个不同的喷嘴，对每一个喷嘴进行实验，然后选出其中的最佳设计，接着在这个最佳设计的基础上再做出 10 个改进型号，就这样不断迭代，直到最后得到最优化的设计为止。

绝大多数公司都会选择第一个选项。为什么不对相关的问题直接投入脑力资源并得出正确的解决方案呢？如果所需解决的问题是如此复杂，以至最聪明的头脑也无法给出完美的设计方案，那么在这样的情形下，依靠蛮力进行试错要远比依赖聪明的头脑更为有效。联合利华就是这样做的，在经过了45个轮回的试错后，它最终得到了最优化的喷嘴设计，这一设计是如此复杂和违反直觉，可以说，没有人能预见或设计出这样的东西。为了创新，联合利华不得不承认，与简单地尝试各种可能性直到获得正确答案这种方式相比较，他们的工程师们显然还不够聪明。这对于大多数企业来讲是一个企业文化上的重大变革。

创新文化的特征

在最近几年里，不同企业采用了不同的方式来进行创新。微软现在鼓励自己的创新团队不但要参与产品创新，还要参与商业模式以及商业策略的创新。在做出这一改变后，微软的团队已经将企业引向了一个之前被视作禁忌的方向，他们把免费的办公软件Office版本带进了安卓系统和iOS这两个平台。在企业文化发生改变之前，这样的做法会被看作异端邪说。微软正在努力推动反对美国国家安全局以及欧盟监管机构在个人隐私以及信息披露方面的一些做法。这一类型的策略创新在以前是被认为是超乎想象的。

欧特克有限公司（Autodesk）是在3D设计和工程软件领域有着极其强大实力的企业，目前这家企业也在推动建立创新的企业文化。它举办了一系列的创新研讨会，在研讨会上它并没有训练员工该如何想出新点子，而是更多地关注于如何应对员工们已经形成的意见和想法。谁应该来倾听这些想法？这些想法应该通过什么样的途径被大家所知晓？在评估这些想法时应该使用什么样的流程？它的目标是创立这样一个系统，在这个系统中员工们可以不受抑制地去开创一些新的方向，并且明白该如何在企业的支持下，一步步地将一个新的想法转变成为一个实际的项目。

IBM前CEO路易斯·格斯特纳（Louis Gerstner）曾协助将个人计算机转变成为一种主流产品，他曾这样写道："当我还在IBM时，我已经开始意识到企业文化并不是这个游戏的某一个方面，它就是游戏本身。"

《市场营销》（*Journal of Marketing*）观察了17个国家的759家企业，期望能找出是哪些因素使得一些企业开展了创新，而另一些企业却没有。尽管创新受到了诸如政府、当地的创新氛围、劳动力供应和资本等一系列因素的影响，但至今为止最为重要的因素依然是企业内部的文化。无论你在什么行业或者你的员工受教育水平如何，只要环境允许，人们就会开展创新。

在《MIT斯隆管理评论》上杰伊·拉奥（Jay Rao）和约瑟夫·温特劳布（Joseph Weintraub）发表了一篇题为"你公司文化的创新度有多少？"的文章。文章中罗列了创新文化的一系列基本特征。下面就是他们所建议的关注要点：

- 价值——这并不是什么企业领导在嘴上说说的东西，只有这个企业的领导身体力行才能定义一个企业的价值。

真正致力于创新的企业会在促进创造力、员工教育以及启动新创业项目上进行投资。

• 行为——企业领导每天都在做些什么？他们是否愿意颠覆自己当下的业务、消除各种官僚做派和习气、克服障碍并倾听客户呢？这些才是真正重要的东西。

• 氛围——企业是否能提供一个不会动辄得咎的氛围以鼓励学习、在员工中建立信任并提倡独立思考呢？

• 资源——企业能动用的资源有哪些？在这里资源包括管理系统、项目、资金以及敢为人先的创新领军人物。

• 流程——企业是否已经建立起了一个创新漏斗，借此好的创意可以向上提交、进行审查并付诸实施呢？

• 成功——企业对于所开展的工作能展示出怎样的成绩？在创新上有很多种不同类型的、被人们所认可的成功标准，其中包括来自客户的外部认可、企业自身业务上的成功以及个人的成功。

让我们来看一下Adobe[7]是如何将创新的企业文化付诸实践的。Adobe公司的创新副总裁马克·兰德尔（Mark Randall）推出了一个被称作“启动盒”（Kickbox）的项目，在这个项目中他们会分发一个红色的盒子，盒子是专门设计用来激发企业创新的。每个盒子中放了一张预存有1 000美元的信用卡。员工可以自由地以任何方式将这笔钱用于他们的创意，没人会对此提出质疑。“启动盒”内还包含了一份6个步骤的指南，这份指南将帮助员工熟悉创新的流程：

1. 定义你的动机。

2. 详细起草和描述你的创意，并使其与公司的目标相一致。

3. 用框架、记分卡以及实际操作来评估你的创意。

4. 验证所提出的问题以及相应的解决方案。

5. 搜集相关数据来支持你的设想。

6. 寻求资金的支持：到处走走，然后看看是否有人认可你的愿景。

为了让整个项目显得更为温馨，每一个红盒子中还放了一张星巴克的礼品卡和一块巧克力。Adobe一共向员工发放了1 000个这样的红色盒子，随后又在全球举办了各种研讨会。下面列出的是这一项目所获得的部分成果：

• 收购富图力（Fotolia）公司，富图力是一家照片图库公司。

• 建立Adobe Knowhow.com，在这个网站上Adobe创意软件的用户可以发布教学视频。

• 开发出了Memory Maker，现在Memory Maker已经被集成进入Adobe Lightroom中作为该款软件内置的视频同步功能。

- 呼吸项目（Project Breathe）的建立，这是Adobe公司为培养员工的专注力并进行冥想培训的一个内部项目。

Adobe甚至将“启动盒”项目对外开源，这样任何人都能在网上下载并免费使用。你可以去试一试，当然在你下载的盒子里肯定不会有预存了1 000美元的信用卡。

建立互信

互信是构建一种创新文化的核心概念。大多数人对于企业的变革是持开放态度的，而且只要他们确信这种变革不会给他们自己带来伤害，他们甚至会很愿意去承担风险。你当然可以只是在嘴上说一说“应该重视失败在创新中的作用”等，但除非你能以实际的行动来支持这一观点，否则你将无法在企业的内部建立起真正的互信，你的员工也不会积极地参与进来。

互信，不但对于那些参与创新的员工来讲是必不可少的，对于整个企业来讲也是必不可少的。如果某些创新会使得有些人或者整个部门被淘汰呢？他们的岗位会受到什么样的影响？他们是被重新培训后转岗还是就这样走人呢？除非公司管理层能真正直面这些问题，否则企业内部的互信是不可能建立起来的。让我们直面这样一个现实：创新也许对于企业和股东是一件好事，但它对于所有员工来讲却并不一定是一件好事。

当你开始着手一个创新项目时，你的企业也许需要回答如下这些问题：

1. 这个创新项目对于员工会有怎样的影响?

2. 在这个过程中谁会有发言权?

3. 谁会是最终的决策者?

4. 如果有必要的话，受到影响的员工会在重新培训后转岗吗?

5. 企业愿意提供的支持有哪些?

6. 为什么这件事对于每一个员工都是重要的?

7. 企业可以做些什么才能使这件事皆大欢喜?

真诚地回答这些问题是建立互信的第一步，当企业需要冒巨大的风险进行变革时，企业内部的互信是必不可少的。

超前思维

创立一种具有超前思维、欢迎公开辩论以及接受新事物的企业文化是创新的基础。从众心理以及与其他人保持一致的欲望是创新的敌人。这个问题的根源依然可以追溯到我们的史前社会。部落团结在一种声音下并作为一个整体来开展活动是维持部落生存的关键。那些每个人都按照自己的想法做事的部落都已经被消灭了。其结果是大多数人对于跟随在他人的身后会感到轻松自在，相信大家都相信的东西要比挑战普遍认同的真理容易很多。历史给了我们无数这样的例子，在中世纪，大多数人都相信化石只不过是一块石头而已，或者是创世纪中所描写的那场大洪水的结果，又或者是因某种衍化的力量而在泥土中自然生长出来的东西，因为这就是中世纪人们普遍相信的东西。甚至在21世纪，大多数人也不会去质疑自己的信仰体系，他们只会简单地去接受一种世界观，并且把这种世界观中所有内蕴的假设都当成无可争辩的事实。

为了转变企业员工的思考方式，你必须挑战正统的观念。通用电气启动了一个被称为“快速工作”（FastWorks）的项目，在这个项目中，项目主管会接受各种培训来承担风险、不断地总结经验教训，并且提出各种问题，企业的年度审核也被每天持续的签到和更新所替代。“这是公司整个组织架构的改变。”通用电气的全球创新加速总监韦夫 · 戈德茨坦（Viv Goldstein）这样说道。这个全球企业界的巨人甚至将其总部办公室内的隔墙敲掉，以腾出更多开放的合作空间。通用电气的CEO杰弗里 · 伊梅尔特（Jeffrey Immelt）则走得更远，他将他的餐厅改造成了一个“创新休闲室”，里面布置了吧台、白板以及宜家的沙发。“这主要是为了营造一种氛围，使人能够用不同的方式进行思考并愿意去承担风险，”戈德茨坦这样说道，“可以说这是最令人无法相信的经历，而我在通用电气已经工作了20年。”

把办公室用明亮的颜色重新粉刷、创造出更多的开放空间、添加时髦的家具和桌式足球是一个不错的开始，但是改变企业的文化并不只是这些简单的事情。它所涉及的已经超越了对外宣称创新是公司的第一要务，以及对员工的创意予以奖励等这些简单的行为。改变企业的文化首先是人们如何看待自己以及他人，而这需要从包容开始。正是意识到了这一点，很多最具创造力的企业正在对他们的企业文化进行重新设计。

“当一种创意行不通时，我们会很小心，我们绝不会让任何人来我们的办公室说明原因。”纽约四季酒店的经理山姆·约安尼季斯（Sam Ioannidis）这样说道。为了改变企业的文化，四季酒店停止了使用像“失败”和“错误”等这一类的词语，转而使用“小毛病”这样的词汇。“小毛病”是可以修复或者克服的，但“失败”或“错误”所导致的结果往往是比较持久的，且包含了追究责任的含义。改用不同的词汇来定性同样的问题对于有些人来讲好像有些愚蠢，但这涉及问题的核心。人们所使用的语言携带了很多心理学上的包袱。如果你能成功地改变人们描述自己行为的方式，那么你就能改变他们的思考方式，这在任何企业里都将是很强有力的工具。

四季酒店在全公司范围内推出了一个创新项目，这个项目为其 35 000 名员工提供了形成基本设想、进行尝试并改善客户体验的工具和行为准则。其中包括一本创新手册和一些视频材料。斯泰西·奥利弗（Stacy Oliver）负责运营这个项目，他认为没有必要去拥抱失败，但必须接受失败是日常工作和生活的一部分。

谷歌则更进了一步，它会庆祝失败。阿斯特罗·特勒（Astro Teller）是谷歌X实验室的负责人，他不但在每一次失败后恭喜他的团队，还常常给那些早期就失败的项目团队奖金和额外的假期。“如果在项目早期就失败了，那么这种失败的代价还是很低的。”特勒这样说道。“但如果在项目即将结束的时候失败，那么这个失败的代价就太高昂了。”谷歌的目标是让团队尽可能早地失败，这样他们就能够马上转而尝试其他有可能会成功的项目。这样节省下来的时间和金钱，以及空出来的人手就能支持一些新的项目并承担更大的风险。

在与“耶鲁的见解”（Yale Insights）的一次对话中，IDEO[8]的董事长兼CEO蒂姆·布朗（Tim Brown）是这样说的，“我认为，任何想要创新的企业，或正准备进行创新的企业，有几样东西都必须到位。其一，可能也是最重要的东西是，有一种能让你的员工解放思想的手段。拥有探寻的意识和好奇心是创新所必需的。”其二，创造出能够建立互信的空间，以及鼓励承担风险的氛围。以我们对于这个世界实用主义的观点，我们会更倾向于尽可能地降低和回避各种风险，但如果你想要创新，你就必须去承担风险。而要承担风险你又必须在企业内部建立起某种程度的互信，这是因为人们如果因失败而受到惩罚，尤其是那种你能从中汲取教训的失败，那么他们就绝不会主动去承担任何风险，在这种情况下你就无法获得任何的创新。”

埃里克·贝尔曼（Eric Berman）是Facebook的前客户合伙人，他对于上述两点可以说是感同身受，他明确地表示在Facebook除非你没有付出足够努力去尝试，否则任何人都不会因为失败而受到批评。

要构建一个创新的企业文化单单允许失败还远远不够。合益咨询公司（Hay Group）是一家全球化的管理咨询公司，它对全球范围内的多家企业开展了一项研究，并从中发现被认为是最具创新能力的前20家企业的几个共同关键特征。首先这前20家企业都会庆祝公司有了新的创新，而相比之下，余下企业中只有49%会这样做。甚至更重要的是，这20家企业中的90%宣称，任何员工如果有了非常好的创意，都可以跳过中间的管理层直接向最高层汇报而不会产生任何负面的影响。但在其他的企业中却只有63%会允许员工这么做（见图5–1）。

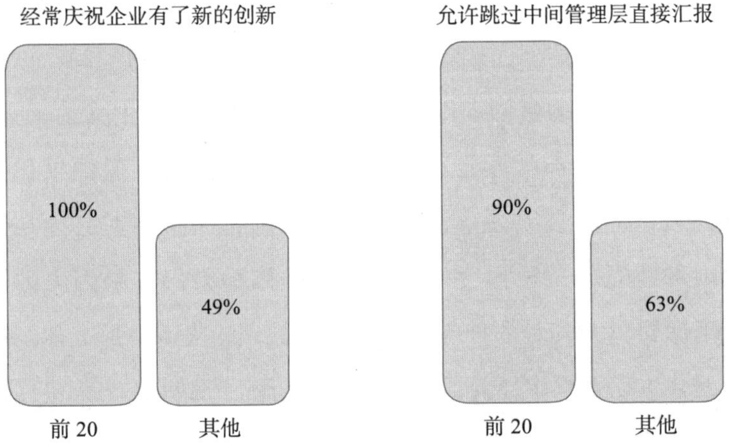

图5–1　创新的企业文化（1）

数据还显示排名靠前的几家最好的企业100%允许所有的员工可以像企业领导那样说话和做事，而余下的企业只有54%会允许这样做。95%排名靠前的企业会把问题看作它的机会。

另外，95%的最好企业的高级管理人员会花时间积极地启发他们的员工，但可悲的是只有48%的其他企业的领导会这样做（见图5–2）。

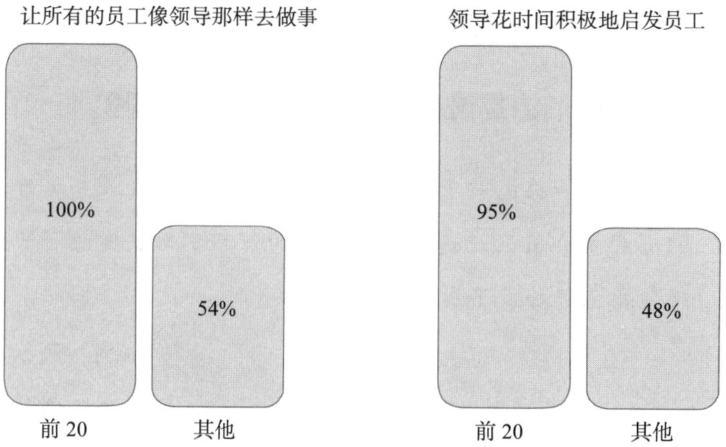

图5–2 创新的企业文化（2）

“很多企业会奖励创新，”合益咨询公司的“领导力与人才实践”项目的总监里克·拉希（Rick Lash）这样说道，“但是那些具有最佳领导力的企业会以一种自律的方式来表现它们对于创新的鼓励，它们的做法是建立一个灵活的组织架构，在企业内部提倡合作，对成功予以庆祝和表彰，从挫折中汲取教训并在整个公司内部培养一种鼓励创新激情的文化。”

这里所包含的信息是很明确的，想要构建一种包容、开放和易接触的企业文化，想要鼓励每个人去挑战现状和提出新的想法，那么你就需要创造一种氛围，在这样的氛围中人们会拥抱那些认为“不可能就是可能”的人。只有当你能利用好你每一个员工的独特想法，你的企业才会拥有更多的可能性，而其中的某些可能性也许是你永远也不会想到的。只有这样你才能建立起一个创新的社区，在这个社区中激进的想法会成为现实中的项目，而大象会梦想成为飞天的雄鹰。

最可怕的是没有从失败中获取新的洞见

> 从每一次失败中我都能学到些东西。在我最早工作过的那两家公司里，我所参与设计的产品都彻底失败了，但现在我已经知道了我为什么会失败。
>
> 托尼·法德尔
>
> Nest联合创始人

驱散恐惧的另一种方式是把重点放在学习上。让我们假设你的某一个经理耗费了一年的时间、大量的资源以及无数的资金做出了一个完全没有任何用处的新产品，你怎么可能会告诉这个经理他没有失败呢？这个项目确实失败了，公司也浪费了大量的时间和金钱，而且更糟糕的是，所有人都知道了这件事。这难道不就是失败的定义吗？你怎么可能会认为这是一项小小的成功呢？公司在花费了宝贵的金钱、时间和资源后又收获了些什么呢？

如果你从传统的投资回报率（ROI）角度来看这件事，那么企业什么也没有得到。但是如果你把目标从业务的增长转向学习上的成长，那么从这次失败中可以获得很多的东西。每一次一个项目的失败，你依然会从中获取到一定的价值，这个价值就是你的经理和他的团队在这个过程中所学到的东西。如果创新团队能分析他们做过的一切，然后带着所学到的关于客户、市场、产品以及流程等方面的关键内容回到他们的同事那里，那么这就不是一次失败。这实际上才是真正向前迈出了一步。

通常来讲，从上一次的失败中所获得的数据和对问题的深刻理解将会导致下一次的根本性突破。你的团队需要做的就是不断地将他们学到的所有东西与公司其他部门的同事分享。如果客户不喜欢这个新产品的概念，他们就需要搞清楚原因。如果产品无法以一个合理的成本制造出来，他们就需要弄明白在这件产品上还有哪些是需要做出改变的。如果他们在一个考虑不周的想法上花费了太多的时间和金钱，那么他们就需要回顾原来的决策流程，并从中找出来到底在什么地方犯了错误。

越是重大的失败，你从中学到的也就越多。每向前一步，你都需要提醒你的团队，最重要的是他们能从错误中学到些什么。伟大的创新来自对问题的深刻理解，它们绝对不会就这样神秘地突然出现在你眼前，在真空中绝不会产生顿悟。学习的过程要比某一个项目的成功或者失败更为重要，你的团队需要密切地关注这个过程，并致力于将他们的发现用于培训你公司其他部门的成员。

推广这种形式的思考方式的一种简单做法是，要求你的团队每周都分享他们最新的失败案例，并向其他人解释，以他们的观点来看为什么会发生这样的事情。这样你就不再关注于失败这件事本身，转而更多地关注于获取知识的过程。你不能期望你的团队总会有问题的答案，甚至会有具体的经验教训用于分享。有时候只要能提出正确的问题就已经足够了，这个问题可能会在房间里的某个人身上引发创意的火花并导致神奇的顿悟。

当设定一个架构时，所有的学习过程都应该作为一个群体来完成，且关注的重点应该是针对业务的各个方面所提出的质询。下面是你的团队首先应该回答的一些问题：

- 我们从中学到了些什么？
- 这会引出什么样的想法？
- 我们该搜集哪些数据？
- 我们该如何来使用这些数据？
- 我们能引入外部资源来帮助我们吗？
- 公司里还有谁应该坐在这个房间里？
- 为什么我们在这件事上花了这么多的时间？
- 如果我们改变流程会发生什么？
- 真正的价值在哪里？
- 我们所学到的东西在其他组里有用吗？
- 我们该如何来总结我们对于这个问题的关键性理解？

- 我们该如何就这些问题与公司的其他部门进行沟通？
- 如果我们沿着这条路继续走下去又会怎样？
- 如果我们彻底改变现在的方向又会怎样？
- 我们该如何来改善这个流程？
- 还有些什么样的问题是我们没有问自己的？

失败会有很多种原因，但其中的绝大多数并不是你员工的错。你的员工通常来讲不太可能会故意去犯错，所以追究责任并不能解决任何问题，实际上反而会使问题恶化。在这种情况下，更好的做法是正确地辨识出问题到底出在哪里，然后再提出恰当的问题。让我们来看一看如下这些情形，并探究创新型企业又是如何来处理这些问题的。

1.某一个员工故意偏离了规定的流程或操作惯例。

- 为什么那个员工没有遵守规则？
- 从偏离规则中这个员工又希望获得些什么呢？
- 企业可以做些什么来防止这样的事情再次发生呢？

按照对医院急症护理的研究，十个病人中有一个病人会因为医疗事故或者制度的缺失而死亡或受到伤害。山间医疗保健公司（Intermountain Healthcare）在犹他州和艾奥瓦州有23家医院，每当有一个医生偏离了医疗规范，山间医疗保健公司就会对这种偏离进行分析以寻找改善整个流程的机会。

有时候这样的偏离产生了好的结果，此时这一数据就会被搜集起来并在所有的医生中进行分享，并最终推动了对现有职业规范的修改或产生新的职业规范。在新的职业规范被执行后，山间医疗保健公司将“社区获得性肺炎”的住院总死亡率降低了25%。

2.某一个员工不小心偏离了标准的规范和模式。

• 员工没有注意到自己偏离了标准规范吗？为什么？

• 这是不是一个常见的问题？

• 要防止类似的事情再次发生，企业又能做些什么呢？

在1978年，当一架联合航空公司的班机即将抵达目的地时，飞行员注意到飞机的起落架没能放下来。为了避免一次硬着陆，他推迟了飞机的降落时间，并竭力去寻找是什么地方出了问题。由于飞行员过于急切地去解决起落架这个被他认为是极其关键的问题，他漏掉了一个更大的问题：飞机当时几乎已经没油了。当油箱空了以后，飞机也随之坠毁了。责怪这个飞行员很容易，但是人为的错误只是问题的一部分。联合航空公司意识到追究责任并不能解决任何问题。它需要做的是提出恰当的问题，并重新思考它的整个系统以确保这一类的事故不会再次发生。

3.某一个员工无法恰当地完成自己的本职工作。

- 该员工是否有能力来完成他的工作？
- 这个员工是否接受了恰当的培训？
- 企业如何才能更好地挑选和培训员工？
- 这个问题与工作环境有关吗？
- 这是一个涉及与其他员工进行沟通或者合作的问题吗？

回顾当初数字用户线路第一次被推送给消费者的时候，一家大型的电信公司在为客户安装这项服务时遇到了大麻烦。它对客户的承诺中有 75%不能实现，而且它还有超过 12 000 张订单不得不延期交付。客户极为愤怒，而客户代表却又根本无法处理汹涌而来的电话。公司的品牌、士气和声誉都受到了损害。是什么地方出了问题？是它的员工没有接受适当的培训吗？是他们缺乏相关的技能吗？是在整个流程中有什么问题吗？初期的试验性项目不是很顺利吗？

最后才发现，真正的原因是试验性项目没能真正地反应出现实中的情况。试验性项目是在一个有着良好教育、精通技术的消费者社区中进行的。这些消费者有最新的计算机，且电信公司还派出了专家服务代表来安装和提供支持。而在真实的世界中，其条件是截然不同的，正是这一点导致了整个流程的崩溃。只有当这家电信公司准确地找出了问题的根源，它才能着手解决这个问题。在整个过程中这家公司学到了非常有价值的一课。任何试验性项目都需要在真实的、非理想化的条件下进行，否则所获得的数据就完全没有任何意义。

4.一个有能力的员工遵循了规定的流程，但最终却无法解决问题。

- 这个流程有错误吗？
- 流程是不是不够完整？
- 如何来改善这个流程？

在皮克斯动画工作室，无论什么时候出现这样的问题，公司里的每一个员工，无论他们在什么样的工作岗位上，都有权利来质疑整个流程并对事情该如何完成提出相应的建议。你可以获得额外的支持、开发新的工具并提出更新产品的相关要求。只要在最后能帮助改善整个流程并得到完美的结果，那么就没有什么事情是值得大惊小怪的。

5.某一个员工所接受的任务对他来讲实在是太难了，以至他无法可靠地完成该项任务。

- 为什么这项任务如此困难？
- 为了完成这项任务这个员工还缺乏哪些专业知识？
- 能不能将该项任务分解成几个部分，这样它会不会更容易些？
- 这项任务能不能外包给第三方？

当我在一家上市公司里帮忙运营手机游戏群时，我注意到在不同的手机上进行移动APPs的QA（质量保证）测试流程是非常复杂的，且有时还很难让人理解。其原因显然是需要测试的手机种类实在是太多了，另外软件问题所涉及的因素也实在是太多了，这对于任何一个QA测试人员来讲也确实是太令人无能为力了。我的团队为此给出的解决方案是将QA的工作拆散成几个部分，然后将其中不同的部分交给团队中不同的成员来完成。这样做的结果是QA测试的流程速度加快了，错误也更少了。

6.流程实在太复杂了，任何员工都无法根据这个流程来处理相关的问题。

- 能不能对流程进行简化，使得对流程的管理可以更为简便？
- 流程中的哪些部分是没有必要的？
- 为了避免错误的再次出现，能不能重新设计这个流程？
- 大多数的问题是由流程中的哪些部分所引起的？

在创始人空间,我们会举办很多活动，当活动很简单的时候不会出现任何问题，但如果我们想要举办一个更大规模、更为复杂的活动时，没有任何一个员工能够做到知晓活动的所有细节。解决方案是将整个流程拆散成几个部分，对于活动的每一个细节做出很详细的核查清单，然后再做一个核实的流程来确保所有部分都能准时顺利地到位。如果在活动开始的时候投影仪无法正常工作，或者啤酒还没有冻起来，那就实在是有些令人尴尬了。

7. 由于不清楚在将来可能会发生些什么，员工因这种不确定性而做出的决定产生了不好的结果。

- 是什么导致了这种不确定性？
- 能不能减少或者消除这种不确定性？
- 如何才能让员工更清楚地获悉将来会发生什么？
- 企业是否能利用第三方的帮助来解决这个问题？

2008 年金融危机，当红杉资本那份声名狼藉的“安息吧：美好的时光”（*RIP: Good Times*）PPT 文档像野火一样在硅谷传播开来的时候，在“创始人空间”里，那些初创企业的员工们开始担心他们的未来。这是不是意味着他们会被裁员？我们的公司会不会关门大吉？他们是该去寻找一份新的工作呢，还是先完成眼前的这个项目？

我们的管理团队不得不投入很多的精力来降低焦虑和消除不确定性。我们尽了最大的努力来解释当时的情形并安抚他们恐惧的心理，但与此同时我们也在不断地强调实现发展目标的重要性。如果当时忽视了这个问题，那只会让事情变得更糟。

8. 在测试一款新产品或一项新服务设想的实验过程中，你终于意识到这个设想是根本行不通的。

- 我们能从这次实验中学到些什么？
- 这次实验对于这款新产品或新的服务能告诉我们些什么？
- 应该放弃还是修改这一款新产品或新的服务？
- 能不能对这一款新产品或新的服务做出改变并产生好的结果？

当Venmo在2009年刚刚创立的时候，它的目标是让用户用短消息发送他们喜欢的乐队的名字，而用户就能得到一首可以在MP3播放的该乐队的歌。从这一尝试中它了解到这并不是什么大生意，它最初的设想是完全错误的。这时它开始提出一些自己都很难回答的问题：应该继续努力还是放弃这个想法？利用相同的架构，还能做出其他什么产品吗？这些问题使得它最终推出一个能简化朋友间互相支付的APP，这一次他们的想法成功了。PayPal在2012年收购了Venmo，现在它已经是世界上增长速度最快的支付应用APP之一，每个季度在它的平台上需要处理超过20亿美元的支付服务。

9. 一次旨在获取知识或者数据的探索性实验失败了。

- 这个实验为什么会失败？
- 我们能不能设计一个新的、更好的实验？
- 有没有其他的方式来获取数据或者相关的知识？
- 我们能从这次实验中学到些什么？

在礼来公司[9]，他们是这样处理此类失败的。他们通过举办“失败派对”来庆祝一项科学实验没有获得预期的结果。这种做法有助于消除因失败而带来的耻辱感，并将人们关注的焦点转移到这次实验是如何巧妙地进行的，以及人们能从中学到些什么上来。这也使得将科学家们重新分配到一些新的项目中变得更为容易。每个人都想有一场派对，所以失败并没有被刻意地延迟。他们会尽早，也尽可能多地举办这样的庆祝，从而为公司节省金钱和资源。

看一看那些走向失败的企业案例

> 创业是非常困难和痛苦的。我想我大概不会建议那些无法处理极端压力的人去创业。
>
> 纳瓦尔·拉维康特
>
> “天使名单”的联合创始人

所有快乐的公司都很相似，但每家不快乐的公司都有其各自的原因。这句话是托尔斯泰说的吗？[10]或者是唐纳德·特朗普说的？无论是谁说的都没有关系。这里的关键是与成功相比，我们可以从失败中学到更多的东西。失败越是引人注目，我们能学到的东西也就越多。所以接下来我会分析一些失败的初创企业的案例，看一看从每一个案例中我们都能学到些什么。

Homejoy

Homejoy是硅谷的宠儿。从表面上看，它的创意非常诱人，它就是家政服务行业中的“优步”。你需要有人来帮你做清洁吗？Homejoy可以在网上帮你做众筹，确保你会享有最好的体验，并且收费要比行业平均水平更低。它宣称可以通过有效的规模化来做到这一切。

这个创意的全球市场据估计约4 000亿美元，而且这家大胆的初创企业毫无压力地从顶尖风险投资公司那里融到了3 800万美元，参与投资的风险投资公司包括谷歌风投（Google Ventures）和贝宝的创始人马克斯·列夫琴（Max Levchin）。那么，什么地方出了问题呢？又怎么可能会出现问题呢？

如果你观察一下它的商业模式，事情就会变得清晰起来。在拿到了风险投资后，它开始尽全力进行快速扩张，所以它给出了优惠的交易条件，并对开发新用户的成本进行了补贴。想不想只花19美元就让你的家变得干干净净？Homejoy会以这个价格来帮你做好这件事，因为它相信客户的生命周期价值要超过进行促销所花的费用。

但在早期，这一商业模式的问题就已经显现出来了。它的客户没有足够的黏性，原因是服务质量很差。那些清洁工的服务质量大多低于普通的平均标准，而Homejoy又没有在人员审核上真正地把好关。Homejoy从一开始就没能弄明白的一件事是，好的家政服务人员要找到一份工作是很容易的。事实上，市场对他们的需求很大。口碑的传播是很快的，在他们从事这份工作一段时间后，他们往往不得不停止接受新的客户。因此他们为什么还要在Homejoy上登记注册并将他们辛苦挣来的钱与你分享呢？

所以Homejoy能够派遣的清洁工就只剩下一些新手和在工作上松散懒惰的人。新手根本就不知道他们该干些什么，而那些在工作上松垮且质量很差的人又根本不会得到用户的再次推荐。Homejoy当时过于专注扩张和进入新的市场，所以它从来就没能真正地思考该如何吸引更好的家政人员。其后果就是客户的怨声载道。所以你绝不应该去面对一个在市场的两个方向上均无法为你提供价值的企业。

尽管有着上面这些问题，Homejoy在当时却像野草一样地不断生长。它在6个月内扩张进入了30个城市，其中包括伦敦、巴黎和柏林。“每次你启动一个新的市场，你就好像在启动一家新的创业公司。”Homejoy当时的CEO阿多拉·常（Adora Cheung）这样说道。优步正在走向全球，为什么Homejoy就不行呢？这两者的区别是Homejoy的模式在当时已经崩溃了。

家庭清洁工和出租车司机是无法进行类比的。清洁工在工作结束后不会消失，好的家庭清洁工会和同一个客户维持很多年的关系，但Homejoy却要从中拿走25%的费用，因此那些清洁工为什么还要跪在你的面前，使用你的产品呢？很多最好的家庭清洁工确实会使用Homejoy的平台来寻找新的客户，但他们在找到客户后就会放弃这个平台，并在Homejoy的系统之外收取他们的报酬，他们把这称作平台的漏洞，而Homejoy未经周密考虑的收费架构对此则完全无能为力。

Homejoy之前的员工声称只有15%—20%的客户会在一个月内再次下单，Homejoy则声称在有些市场这个比例为30%—40%。无论是哪个数据都不足以阻止它在现金上的损失。到最后，用户数的减少、平台的漏洞、糟糕的服务以及快速的扩张混合在一起就成了一剂致命的毒药。公司在烧了数千万美元后却从未真正考虑该如何处理它在商业模式上的缺陷。这对于所有的创业者都是一个教训：你可以对商业模式创新进行实验，但是要确保事情做得合情合理。毕竟2加2并不等于10！

Cherry

特拉维斯·范德詹登（Travis VanderZanden）放弃了他在“社会化网络服务平台Yammer”的管理职位，在这个职位上他可以从股票期权中获得7位数的收益。他所放弃的是一大笔钱，但如果你有梦想，你就应该去追梦。他的梦想是用户只需要在手机上按一个按钮，他们的车子就能在一小时内被洗得干干净净。他甚至还开发出了一种专利方法可以不用水来洗车，因此在任何地方都可以完成洗车的服务。而更妙的是，美国洗车市场的容量是196.4亿美元。

范德詹登自己投了50万美元，随后又融到了450万美元，这笔风险投资是由一家著名的沙丘路风投公司“夏斯塔创投”（Shasta Ventures）领投。他有了一个很好的开始，但很快就不得不面对现实。有太多的事情范德詹登在一开始根本就没有考虑到。首先，每次洗车他的收费是30美元，这是一个很高的价格，尤其是在绝大多数免下车洗车店仅收费10美元甚至更少的情况下。但是他又必须收取这样高昂的费用，因为派遣一个人到客户的家或者办公室的成本是非常高的。不同于那些加油站的自动洗车店，它们几乎不需要任何劳动力成本。

第二个问题是人们并不需要经常地洗车。也许你对车有洁癖，会每周去洗一次，但我们大多数人可能一个月或者更久才会去洗一次车。在这一个月的时间里，一般来讲你至少会去加油站一次，而在那里洗车只要10美元或更少的费用。另外在那里洗车更加方便，你只要开车通过自动洗车机就行了，而不需要你调出Cherry（樱桃）这个APP，然后再预约洗车。

以上这两点就足以让范德詹登的肥皂泡破灭了。令人痛心的是他最后不得不关闭他的初创企业。如果他能花更多的时间与一线客户进行交流，我们可能已经告诉了他30美元太贵了。

Rewinery

Rewinery是由两个巴西人创立的，他们的名字分别是乔安娜·科利尔（Joana Kollier）和保罗·勒纳（Paulo Lerner）。

Rewinery的使命是让你无论在家中、酒店、公园或其他任何地方都能享受到醉人的红酒。你只需要按一个按钮，在一个小时以内一瓶红酒就会出现在你的眼前。他们所提供的有些红酒价格低至5美元，这已经足以与当地的杂货店和工厂直销店竞争了，而其他极其优质的红酒也依然有折扣。那么为什么这家令人耳目一新的初创企业还是失败了呢?

我相信我们大多数人并不会如想象中的那样经常购买红酒。我自己就不常买红酒，而当我确实想要红酒时，我通常会先买一瓶来品尝一下，如果我确实喜欢这种酒，我就会回去买上一整箱，这样就足够我喝上一段时间了。至于那些真正的红酒鉴赏家，他们家里总会存有大量的红酒，很少会出现短缺的情况，因此他们不会需要这样的服务。另外他们对于喝什么红酒是极为挑剔的，价格并不是他们考虑的主要因素，寻找到另一瓶好的红酒才是最重要的事。

至于对我们这些非鉴赏家来讲，价格则会更加敏感。在当地的零售店如BevMo里，你会有足够的讨价还价的余地。Rewinery的问题是按需快递红酒的费用会很高，因此如果以低端市场为主，它将没有任何的利润，而高端市场又不需要它的服务。这就使得它根本没有生意可做。再见吧，Rewinery！这家企业永远也无法起飞了。

Icecream.io

Icecream.io是冰淇淋行业的优步，为什么它最终会融化消失了呢？因为这是一个很愚蠢的主意。有时候到现实中去检验一下创意的可行性还是很值得的。在你真正开始潜心投入一个新的项目之前，还请询问一下你所信任的人，让他们能诚实地告诉你，这是否是一个好的创意。

Turntable.fm

比利·查森（Billy Chasen）和塞思·戈尔茨坦（Seth Goldstein）在2010年推出了Stickybits，在这款移动APP中，各种品牌可以将二维码放在它们的产品上，用户通过扫描二维码赢得奖励。这个创意非常引人注目，他们很快就融到了7位数的资金并吸引了媒体的注意。但它最终却没能起飞。用户对此似乎并不关心，所以查森和戈尔茨坦将公司转向了另一个完全不同的方向。受他们对音乐的热爱的启发，他们推出了Turntable.fm（转盘），这是一个以音乐作为社交媒介的服务网站，在这个网站上，所有的用户可以用自己的化身相互交流，而虚拟DJ（唱片骑师）在一旁为用户播放各种音乐。

在最开始的三个月内，Turntable.fm吸引了超过360 000的用户并从一些大牌风险投资公司以及音乐界的名人那里融到了700万美元，其中的大牌投资公司包括First Round Capital、Polaris Venture Partners、Lowercase Ventures。而音乐界的名人则包括阿什顿·库彻（Ashton Kutcher）、吉米·法伦（Jimmy Fallon）、嘎嘎小姐（Lady Gaga）、坎耶·维斯特（Kanye West）、特洛伊·卡特（Troy Carter）和盖·奥西瑞（Guy Oseary）。媒体狂热地宣传着他们的商业概念，并将其称为在线音乐的“下一个大事件”，以及对潘多拉音乐盒[11]的真正威胁。

可悲的是，开局的疯狂并不一定意味着结局的完美。在初始的喧嚣后，用户开始感觉到厌倦，并且逐渐转向了其他的网站。其根本性的缺陷是Turntable.fm没有为客户提供足够的价值。它很新奇，但它并不是那种用户会持续使用的产品。

这个平台的利用系数偏低，而在虚拟环境中与其他用户的化身进行聊天没有带来足够的黏性。它并不是一个精心制作的游戏或电影。另外，人们还并不习惯在一个虚拟的空间中听音乐。对我们中的大多数人来讲，音乐只是一种“背景”体验。我们会在开车时、锻炼时和工作中倾听音乐，但不会花大量的时间来讨论和从事与音乐本身相关的事情，这并不是一种很常见的社会行为，何况它还需要用户投入全部精力。“人们在几周后就会感到厌倦，”查森承认道，“Turntable.fm耗费了人们太多的时间。这几乎像一个游戏，因此在工作中你很难会想到去使用这个平台。”

尼尔·埃亚尔（Nir Eyal）是一个“习惯设计”的研究人员，他相信当用户感知到了某件产品的用途并经常使用该产品时，他使用该项产品的习惯就建立了起来。Spotify和潘多拉音乐盒能做到这一点是因为，无论我们在什么地方，它们均允许用户很容易地接触到一个庞大的可供选择的音乐库，而Turntable.fm只有很少的用途以及娱乐价值。

这个故事所包含的寓意是，即便嘎嘎小姐和硅谷早期的超级天使投资人克里斯·萨卡（Chris Sacca）两个人同时喜欢上了你，也并不意味着你一定就能做出些什么来。如果你不能留住客户，那么这个世界对于你的万千宠爱、你手上的大把金钱以及你早期的成功经历都无法拯救你。新奇的事物在最初的几个月里常常能冲向巅峰，但也因此会很快地衰退下来，因为它们往往无法为客户提供任何持久的价值。有些企业也许能跳起来，但能真正飞翔在空中才是最为艰难的事。

Theranos

在你的技术被验证确实可行之前就对外宣布你已经成功，这可能很有诱惑力，但绝对不要犯下这样的错误。Theranos那个毫无经验的创始人就干了这样的傻事。作为一个斯坦福大学的毕业生，她在19岁时就创立了这家公司，该公司是基于一个极有吸引力的基本构想而建立起来的，即只用一滴血来进行医疗诊断检测，整个过程不但毫无痛苦还非常便宜。

很多硅谷的顶级风险投资公司为她的故事所倾倒，并将这家不成熟的初创企业的估值一路推送到了90亿美元。这里一个肮脏的小秘密是Theranos将大多数的检测外包给了第三方，而结果却并不像其所宣称的那样光彩夺目。可悲的是，沃尔格林公司[12]据说在还没有实际验证Theranos专有的“爱迪生手指针扎检测技术”之前，就已经在亚利桑那州和加利福尼亚州的41所“福利中心”部署了相关的产品。

直到食品药品监督管理局采取了严厉的措施，称“纳米囊”是一种“未经验证的医用设备”时，人们才对此予以关注。Theranos卷入了诉讼的旋涡而且还可能面临潜在的犯罪指控，这对所有的股东和创始人都不是什么好事。因此请记住，调整企业的发展方向并不是什么犯罪行为，在硅谷则更是如此，但误导投资人以及公众就涉及了犯罪。这种行为会让你坐牢，至少会损毁你的声誉。如果你的技术无法像你所承诺的那样可以行得通，你只需承认这一事实就可以了，你还可以延迟产品的发布并寻找其他新选项，但绝对不要去做Theranos那样的蠢事。

e租宝

在中国，P2P借贷企业引发了非常严重的问题。e租宝在当时是金融科技领域的宠儿之一，但它却编造了一个类似76亿美元的庞氏骗局。它向接近100万投资人所提供的投资产品绝大部分都是子虚乌有的，随后它又大肆地挥霍这些投资款以用于购买礼品和发放工资，同时掩盖犯罪证据。

最终政府逮捕了21个人，并实施了新的法规以规范这个行业。这里的教训是，无论多么有诱惑力，绝对不要编造事实。有创意的产品是一回事，但有创意的会计记账方式则完全是另一种性质的事了。你们应该将对于未来的愿景落实在某种形式的现实之上，一旦发现目前的设想行不通，就应该停下来并坦诚地公之于众。这样做不但是一件正确的事，而且也是一件很聪明的事。

Quirky

Quirky是一系列因错误而导致悲剧的又一案例。我本人非常喜欢Quirky这家初创企业。当我第一次听到这家充满生机的小公司时，我就爱上了它的商业概念，我真的希望这个概念是由我提出来的。它赋予了那些个人发明家将梦中的创意带到现实中的机会，并帮助他们通过协同努力把自己的发明推向市场。在这个概念中最迷人的地方是，任何人都可以参与其中并贡献自己的才能，而且参与者还可以对最佳创意进行投票。Quirky将会承担起其中最困难的工作并向所有的关键参与者提供产品的专利使用费。

Quirky抓住了全球发明家和业余爱好者的想象力。风险资本对此也像是发了疯一样，对这家初创企业投入了1.85亿美元。他们的投资人包括所有投资界的明星，比如安德森·霍洛维茨风险投资公司、凯鹏华盈、Lowercase Ventures、RRE风投和GE风投。而媒体也把这家企业当成了某种时尚加以报道。Quirky的创始人本·考夫曼（Ben Kaufman）出现在了圣丹斯学院的一部纪录短片*Leno*上，并且还出现在了美国几乎所有的技术和商业出版物上。

随后各种创意像雪崩一样地涌入Quirky，所有创意都来自一些野心勃勃的发明人，在这些创意中就有专为宠物狗设计的脚踏式自动饮水机、装饰性的糕点顶部模具以及智能存钱罐和相应的移动APP。这里的规则是，由网上社区投票选出最佳的创意，而Quirky则负责从专利到市场营销和分销等所有其他事情。Quirky因为那些简单和富有独创性的发明而获得了早期的成功，这些发明包括阿罗斯智能空调、Pivot Power可弯曲接线板、灵光智能闹钟以及Cordies桌上理线器。

在仅仅6年的时间里，Quirky就向市场推出了超过400款不同创意的产品。在其资金和资源的支持下，Quirky成功地让它的产品进入了全美各地主要的零售店铺，并同时在网上进行销售。有那么多的事情要做，还有那么多的产品，Quirky又怎么会失败呢？

理由很简单：它想做的事情实在是太多了。如果你观察一下绝大多数成功的企业，特别是成功的初创企业，你会发现，它们都仅专注于某一个很窄的领域。苹果公司在进行自我改造时并没有推出100项产品，最开始苹果只推出了iPod，且只有在iPod成功后它才推出了iPhone。其他，如美国运动相机厂商GoPro仅仅只有英雄系列运动摄像机，Nest则专注于它的自动温控器，而Fitbit正竭尽全力地推动其可穿戴式运动追踪器。

而另一方面Quirky却整天忙于推出各种不同的产品，这使得它根本无法专注于其中任何一件产品并使其能脱颖而出。它的阿罗斯智能空调有这样的潜力，但公司却从未真正花力气来寻找产品的瑕疵并使其变得更加完美，而要开发出一款突破性的产品需要进行多次的迭代并注重产品的细节。另外，Quirky的很多产品在推向市场时从未想到过要来一次全垒打，它们更像是稳固的一垒安打或二垒安打。在橡皮筋上装上钩子是个不错的主意，但这种产品绝对不可能成为下一个10亿美元的生意。

成功的初创企业往往专注于大的机会，而不是数量众多的小机会。即便众多细小的成功能叠加在一起，这种叠加也几乎肯定无法与一次大的成功相提并论，更何况每一次细小的成功还会消耗大量的时间和资源。Quirky陷入了一个不断烧钱的怪圈，却没能真正推出一款可以引起轰动的产品来抵消其不断升高的成本。在你的产品结构中添加更多的产品并不会为你带来更多的好处，事实上这样的做法反而会对你有害。所以这一战略性的错误就像滚雪球一样越来越大，使Quirky在其公司发展的早期就逐渐地被压垮了。

换句话说，你铺开的面越宽并不一定意味着你成功的可能性也越大。你应该做的是，选择一个确定的方向，并确保在这个方向上你有充足的资源能让你的企业真正飞起来。如果你想让一头笨重的大象向上脱离地面，那么你就需要集中资源在其重心的部位施加一个向上的推力。

Useractive

在结束这个小节之前我给你们讲一个我始终铭记在心的故事。斯科特·格雷（Scott Gray）是一个连续创业者，也是“创始人空间”最具特色的讲师之一，他用一种最不讨巧的方式，即通过犯错学到了他所有创业过程中的经验和教训。斯科特所犯下的最令他痛苦的错误发生在他的第一次创业经历中。

在那个时候，斯科特还在伊利诺伊大学香槟分校读书。这所大学作为教育科技以及互联网发展的主要推动者曾有一段极为辉煌的历史。PLATO系统是世界上利用计算机开展教育的第一次尝试；Telnet是通过互联网来控制服务器的第一种方法；Mosaic是世界上第一个网络浏览器，而所有这一切都是在这所大学里被开发出来的。

Useractive作为一家企业，是微积分与软件Mathematica[13]“教师链接项目”的一个副产品。当时斯科特和他的妻子特里西娅设计并建立了一套系统，这套系统允许学生可以通过一个网络浏览器来创建计算机程序。同时他们还开发了一个在线计算机程序设计课程和一个定制化的学习管理系统。所有这些就是Useractive的原型。

在从原来的项目中正式独立出来以后，Useractive开始赚钱并且获得了持续而稳定的增长。斯科特在这时犯了一个极其糟糕的错误。他注意到他的一些竞争对手获得了大笔融资并开始扩张业务规模。由于担心无法与这样的对手相抗衡，他决定走出去寻找风险资本的帮助。没过多久，当地的一家风险投资公司给了他一个很明确的报价。唯一可能对他不利的条件是投资方有权派遣一个有经验的CEO来掌管全局。

这对于他们这些创始人而言还是很合理的，他们中并没有人有足够的经验可以让公司快速成长起来。但蜜月期并没有持续很长时间。按照斯科特的说法，那个CEO的大部分时间都花在了销售预测建模上，却没有真正花力气去销售任何产品。而与此同时，他还在公司里增加了4倍的工作人员。

随着公司烧钱速度的逐步升级，他们与CEO的关系的紧张程度也在不断上升。令事情更加糟糕的是，正当Useractive即将与埃森哲咨询公司签署一项价值200万美元的协议时，他们的CEO很不小心地就对方首席咨询师的乳房发出了一些充满性别歧视的评论。显然，他并没有意识到这位首席咨询师也在邮件发送的一长串名单之中。这笔交易也因此泡汤了。

随着公司费用的增长超过了销售收入，Useractive不得不回到那家风险投资公司以争取更多的资金投入。斯科特试图说服投资人解雇那个CEO，但他们拒绝了。唯一剩下的其他选项是不再引入资金，然后把那个CEO踢出去。创始人在当时还依然有能力做到这一点，斯科特和特里西娅强烈地感到这应该是他们最好的选择，但不幸的是，这样做意味着要裁减75%的员工，而对此其他联合创始人感到无法接受。因此他们最后还是接受了那家风险投资公司的钱并留下了那个CEO。

一年以后他们烧完了第二轮融资并再一次回到了原点，这一次斯科特不打算就这样坐以待毙了。他已经和欧莱礼媒体公司（O'Reilly Media）形成了一种特殊的关系，欧莱礼媒体公司既是一家出版商也是教育课程的供应商。欧莱礼媒体现在已经是Useractive营业收入的主要来源。斯科特想方设法地拿到了欧莱礼媒体公司对Useractive的一个收购要约，他把这个要约直接带到了投资人的面前，但前提条件是：解雇那个CEO。在看到已经没有任何选择余地的情况下，那家风险投资公司同意了这个条件，斯科特终于把Useractive拿了回来。

但哪怕已经走到了这一步，事情也并没有像他所计划的那样一帆风顺。按照斯科特的说法，他们公司的律师是那个CEO最好的朋友，他还在不断地拖着公司的后腿。6个月之后，斯科特无奈向伊利诺斯律师协会进行了举报，在那个律师对所发生的事情做出补救以前，协会临时吊销了他的律师执照。三天后，所有收购合约的文档就全部到位了。

最后，收购得以顺利完成，所有事情又再次走上了正轨。斯科特和他的团队让他们的梦想活了下来：Useractive现在已经是欧莱礼媒体公司的一部分，而且还会有一个光明的未来。只是在这里还有另一个问题，在完成收购交易所花的6个月时间里，欧莱礼媒体进行了企业架构的重组，而刚刚完成收购的Useractive因为没有预算而不得不全靠他们自己了，但这又是另一个故事了。

从这个故事中所获得的教训是，如果你的团队出了问题，那么无论你的企业有多少创意，最终都将无济于事。选择投资人就像结婚一样，你一定要确信你能忍受你的配偶，因为离婚永远不是一件容易的事。

避免那些非常聪明的人阻挡你前进

一个马上就能强力执行的好计划，要比一个下周才能到手的完美计划好很多。

乔治·S.巴顿将军

美国军队指挥官

任何企业的创新团队都会遇到各种路障，以及无法轻易绕开的阻碍。也许你的市场部会这样说，“你看，我们也很想帮忙，但我们现在正忙于全年最重要的市场活动。你们过些时间再来吧”。当你的创新团队再次找到市场部的时候，他们可能会拒绝承诺提供足够的资源甚至还可能会拖后腿。在这个节点上，你的创新团队实际上被卡住了，他们已经无法继续向前。那么你又该如何来处理这样的情况呢？

对此你实际上有很多可能的解决方案。你可以从市场部抽调一些人安排他们进入创新团队，或者允许你的创新团队雇用外部咨询公司和市场开发公司。但问题是这一类解决方法会让你的市场部感到不安，你的市场部经理可能并不想让公司的品牌被第三方使用，他们也许还想对整个过程保留一定的控制权。但如果他们不愿意为你的创新团队承诺提供足够的资源，那么他们就应该放弃控制权。但这绝不是件容易的事，也不会是件皆大欢喜的事。在这件事情上肯定会引发一些企业内部的政治斗争，当经理们看到他们的领域被侵犯、权利被削弱时，他们就会非常的不安。

我曾经为一家大型上市公司工作，也因此得以见识了政治在企业中所扮演的角色。公司的市场部当时沉迷于保护和控制企业的品牌以及与媒体的所有沟通，而我所在的团队当时只是想要走得更快些。我们的办公室和公司总部并不在一起，我们当时正在开发移动应用，包括游戏和媒体应用。这是一个竞争非常激烈、瞬息万变的市场，所以我们必须尽可能快地让我们的产品走向市场，并且还需要用主动出击的方式来进行市场推广，实际上我们的竞争对手也是这样做的。因此，我们需要市场部的支持，这就不可避免地与他们产生了紧张关系。

平心而论，市场部确实有一定的道理。我们是一些牛仔，我们所有人在加入这家公司前都是一些初创企业的员工，我们已经习惯于按照自己的方式做事。所以很自然，有些高管担心我们可能会对媒体说些什么，而我们所说的事情有可能会影响到公司的股价或者打乱公司CEO的计划。另外还有一些法律问题需要考虑，这毕竟是一家上市公司，我们所说的东西可能会构成股东起诉公司的基础。企业对市场部和公共关系部进行严格的控制不是没有道理的。

对我们进行严格的约束是可以理解的，但这样做对我们这个小组确实造成了不少困难。公司要求我们在每件事情上都需要预先申请获得批准，这其中就包括从APP的名字一直到市场物料、公司徽标的使用、每一次的新闻发布会以及我们能够对记者说的话。在有这么多约束的情况下，我们又怎么能和那些紧追我们脚步的数千家初创企业竞争呢？我们又如何在创新产品上承担必要的风险呢？我们又如何能期望在移动平台上将各种可能性推演到极致呢？我们当时的感受就好像当我们进行一场百米冲刺时自己的脚腕上却捆上了铁链和铁球。

最终，我们最雄心勃勃的、最具创新的项目——一个社交约会的APP未能正式发布。他们否决该项目的理由是他们不喜欢那个名字，并且他们还认为这个项目过于性感了。这个项目和Tinder[14]很类似，但它出现在iPhone上市之前，当时还处在功能性手机的时代。我们永远也不会知道这个项目是否会成功，当时如果我们能够被允许进行一些尝试那就太好了，我们就可以从中学到很多东西并开发其他创新产品。但由于企业内部政治斗争的结果，几个关键岗位的主管和我离开了这家公司并创建了我们自己的创业公司。我以前的这家公司不但损失了我们这个创新项目,而且还失去了一些最具冲劲且坚定不移的员工。

那么你又如何避免犯下这样的错误呢？首先，你需要向公司内的每一个部门和每一个员工清楚地表明，你的创新团队是截然不同的，他们没有必要遵守和其他人一样的规则。如果有任何部门无法提供帮助，他们完全可以去其他地方寻求帮助。他们可以雇用公司外面的人才、寻找第三方公司，甚至还可以和竞争对手展开合作。换句话讲，他们应该被允许去做任何他们想做的事情，而无论那会付出什么样的代价。

创新团队应该被看作是在一家企业内部的、进行独立自治的创业型企业。如果他们明天需要一台电脑，那他们完全没有必要去走一个很长的采购流程。他们应该可以直接拿出自己的信用卡，并立刻在网上买下那台电脑。如果他们需要在下个月就准备好原型机，他们应该被允许绕过设计工程部。如果你的下属工厂还没有准备好接受小批量的订单，那么他们还应该可以自主地去雇用任何可以做到准时交货且价格最优的人来做这件事。

关系生存或死亡的 8 条规则

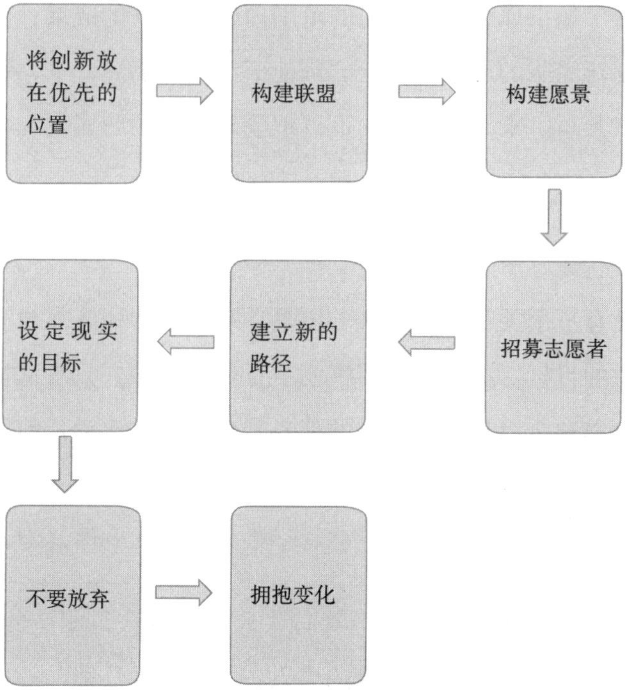

图 5–3　疏通路径

这里是能够帮助你疏通路径的 8 条简单的规则。这其中包括一些我已经在前面几章中与你们分享的想法和观点。

1. 将创新放在优先的位置

围绕特定的任务创造出一种紧张的氛围，这样每个人都知道这是一件非常重要的事情，你要么搭上这辆创新的列车，要么就别挡道。

2. 构建联盟

在现有各业务部门的经理们与创新团队成员之间建立起伙伴关系。如果你想在全公司的范围内收获创新的成果，你就不能将创新团队的成员与企业的其他部门完全隔离开来，每个人都应该参与进来。为此，你可以把创新项目的归属权和相应的荣誉与各业务部门的主要负责人进行分享。

3. 构建愿景

没有一个关于全新未来的愿景，那么你的团队就没有了为之努力的目标。愿景必须清晰明了且令人信服，只有这样你才能围绕着这个愿景建立起你的任务和使命，并启动任何必要的战略举措。

4. 招募志愿者

你会很惊讶地发现，尽管有些人并没有获得相应的报酬，但他们还是会做出非常出色的成果。志愿者往往能与核心创新团队一样做出贡献。最好的志愿者往往来自你公司的内部，他们愿意这样做是因为他们相信你的愿景和使命。这一愿景就是企业的未来，他们希望在这一愿景实现的过程中成为参与者。你应该为这些志愿者开辟出一条与创新团队一起工作的路径，帮助你的创新团队成员绕过路障，找到额外的资源，并解决相应的问题。

5. 建立新的路径

大企业有严格的管理流程和清晰的上下级关系并不是没有理由的。公司管理层的工作就是使企业核心业务部门的业绩表现最优化，他们绝不会为了一个很小的、未经验证的项目而损害公司数百万或数十亿美元的营业收入，也因此他们肯定会逼迫创新团队遵循企业固定的流程。你必须授权你的创新团队可以自行寻找其他的途径来达成他们的目标。他们必须要有能力闯出一条新路、选择捷径并穿越禁区，否则企业运转的齿轮只会把他们碾得粉碎。

6. 设定现实的目标

创新将会是一个漫长、曲折和痛苦的旅程。想要成功地走到终点，你必须让你的团队在整个旅途中设立一系列的里程碑，你可以用这些里程碑来衡量你的创新进展并分享过程中的教训。让你的团队做一些短距离的冲刺、提出一些设想并进行实际的检验。每到达一个里程碑，你的团队应该与公司内所有关键部门的主管分享他们的发现。每一次成功和失败都应该被视作一次集体学习的机会，并加以庆贺。

7. 不要放弃

有些倡议在刚开始的时候会得到积极响应，但几个月之后往往就没有了后劲，因为大多数业务部门的主管在回去后依然会按照通常的方式来处理他们的业务。那些创新者也许会喋喋不休地提醒大家，但如果没有管理层在背后的支持，他们就会被排斥在一边然后被人彻底地遗忘，或者再次退回到现有项目中。请绝对不要让这样的事情发生。从CEO一直到最底层的员工，每个人都必须参与创新的整个过程。

8. 拥抱变化

所有上面这些原则需要你对你的企业做出根本性的变革。如果你想让你的愿景能真正地飞起来，那么你就需要准备好去推翻企业长期以来的传统，重写那些早已经固定下来的流程，并在这个过程让很多人寝食难安。这就是创新这个游戏的本质。

内部创业的精神

有些大企业将这8条原则进行了实际应用。万事达信用卡公司有超过10 000名员工和95亿美元的年营业收入，在它所推出的孵化平台——万事达卡实验室上，它已经孵化了一些像ShopThis这样的创业计划。ShopThis是一个能够让消费者直接从一本数字杂志的页面上购买产品的平台。ShopThis在刚开始时只是一支9人的团队，他们被告知如果项目有可能失败，那失败最好尽快发生。“这就像是一家初创企业。”菲利普·霍诺维奇这样说道。他是一个25岁的小伙子，从学校毕业后就加入了万事达信用卡公司。ShopThis只是由万事达信用卡公司所推出的数十家微型公司中的一家。万事达信用卡公司期望通过这些微型企业来帮助重构商业和支付的未来。

万事达信用卡公司还与惠而浦公司合作推出了一款智能手机APP，这个APP可以让用户进行支付并远程监控在自助洗衣店内正在清洗的衣服的状况，所以你没有必要坐在那里等候衣服洗完。通常来讲像这一类的新项目想要获得批准需要好几周的时间。但是，通过疏通路径，这款APP在不到一周的时间里就完成了从构想到批准的整个流程。

万事达信用卡公司并没有在推出万事达卡实验室之后就止步不前。它在全公司范围内开展了创业竞赛，并对脱颖而出的顶尖内部创业团队给予了最高25万美元的奖励，通过这样的形式他们把万事达卡实验室又向上拉升了一个层次。“这不仅仅是金钱上的奖励，”万事达卡首席创新官加里·里昂（Garry Lyons）这样说道，“这是在鼓励我们的员工去做一些有意思的事情，而且在这个过程中他们还可以获得公司的品牌商誉以及网络资源的支持。这就像是在我们的围墙内建立起他们自己的公司。”

万事达信用卡公司和惠而浦公司并不孤单，美国运通、可口可乐、通用电气、大都会人寿保险、亿滋国际、泰科国际、IBM和思科，所有这些企业都在疏通它们的产品渠道并给予内部创业者一次尝试的机会。和之前的做法不同的是，他们并没有简单地寻求从母公司中剥离出一家新的实体。他们的目标是将内部创业的精神注入企业的方方面面，不但去感染那些只有二十几岁的年轻人，而且还要影响那些经验丰富的经理们以及古老传统的卫道者。

例如，通用电气已经资助了超过500个由员工发起的项目，并且尝试在90天的短期冲刺中让团队去落实和开发这些项目。当项目失败时，经理们就可以从中获得教训并重新开始。约翰娜·韦灵顿（Johanna Wellington）是通用电气的一个研究机构的负责人，她就碰到了这样一个项目，该项目试图将固体氧化物燃料电池商业化，这个项目如果能成功就可以将天然气转换为电力。“我们拥有和初创企业一样的灵活性，”韦灵顿说道，“而这个项目从长远来看可能会对我们的盈亏底线产生巨大的影响。”

奇普·布兰肯希普（Chip Blankenship）是GE家电的CEO，他对他的内部团队发出了这样的挑战：“你们将对客户所能看到的每一部分做出改变。你们不会有很多的钱，你们的团队会很小。在三个月之后你们就要提交原型产品，在11个月或者12个月后你们必须拿出可批量生产的产品。”他这样做的目的是让这支团队的运作就好像是在巨人体内的一家精益初创企业。到目前为止其成果让人印象非常深刻。GE家电的产品开发成本下降了50%，团队的行动速度要比之前快了一倍，而他们的销售额翻倍增长。

GE还雇用了超过500个教练来培训它的高级主管去承担风险、拥抱失败，并且像一个创业者那样进行思考。他们甚至将核心雇员送入内部创业团队中与他们一起工作并观察这个企业内的另一半是如何存活下来的。泰科国际也将教育放在了首位。它邀请了著名的创业者和风险投资人给他们内部团队授课。在可口可乐公司，员工和外部创业者合作来开发新的产品和服务。其中的一个例子是Wonolo，这是一家用优步模式来为企业提供临时雇员的平台，和Wonolo的合作使得各家商店均能按需求对可口可乐系列产品及时补货。“这是一种新的工作方式，最终所有的大型企业都会采用这种方式。”可口可乐公司的创新副总裁戴维·巴特勒（David Butler）这样说道。

如果那些大企业想招聘和留下最好的人才，它们就必须做出改变。当你去问“零零后”[①]这一代人，他们中的绝大多数会回答说他们更愿意为一家初创企业工作。他们渴望自由，以及从一无所有到创造出某件新的东西时所伴随着的挑战和责任。万事达卡公司已经接受了这一挑战，并且以令人眼花缭乱的速度招聘最年轻的这一代人。现在万事达卡公司年轻员工的人数已经占公司所有雇员总数的38%，而在2010年这个数值还只有10%。

有一件事是绝大多数大企业无法做到的，那就是获得股

---

① 零零后指2000年（含）之后出生的人。——编者注

权。运营一个纯粹的内部创业计划，没有人会在最后成为一个亿万富翁。这就是为什么像思科系统公司这样的企业正在试验“内部孵化”模式。利用这种模式它们可以获得最好的创意，并像一家风险投资公司那样对项目进行投资，然后把这个项目从公司中剥离出来，让它完全依靠自己的力量到市场上拼搏。如果某个项目在市场上真正成长起来了，那么公司就有权在将来把他们再次收购回来。这种做法能够把内部创业者转变成为普通的创业者，并给予他们真正的创业企业所具有的自由和组织架构。但这样做企业也需要准备好面对因捅破了一个嫉妒的马蜂窝而需要承担的风险，因为并不是每一个员工都会有机会参与这样的项目。

不要在负面评价和言论面前妥协

在真正走出这一步之前，还是请谨慎一些。在一家组织架构完善的大型企业中突然冒出一大群刚刚毕业的学生，他们就像是独立的初创企业的创始人那样在你的企业中到处转悠，这听起来好像很不错。但是，每当有人试图改变现状时——特别是如果那个人只不过是一个有些自以为是的、拿了MBA学位的二十几岁的年轻人时，企业内就会涌现出一大波负面的言论和评价。对此，你必须小心谨慎，因为那些看上去更多像是被激怒和有些嫉妒的人可能是你企业中的高级经理。

人天生就有一种领地意识并且希望对自己领域内的事物具有一定的控制权。我们大多数人最不想看到的就是一个外来者，特别是年轻人，在我们面前做出改变、提出要求，并且搞乱我们早就仔细准备好的计划。但这正是你的创新团队将要去做的事情，因为初创企业要做的就是这样的事情。

在很多企业里对变化的抵制是如此强烈以至他们完全麻木了。按照科特国际公司[15]的说法，这就是为什么70%新的、大规模的战略计划无法达成目标。创新计划又是所有改变中最具威胁的，因为创新计划通常所建议的都是某种彻底的变革。哪怕仅有一丝机会，在你的企业中自然生成的抗体就会乘虚而入来消灭这些带来变革的因素，因为他们将这些变革的因素视作具有传染性的细菌，所以必须在它们能够扩散之前予以清除。

有很多种方法可以防止这种情况出现，我们会在后面对此予以细致地阐述，但这里让我们从最为基本的东西入手：从人的消极情绪开始。你首先需要面对的是你的人会如何看待改变本身。改变可以被看作正面的，也可以是负面的。这就像你用什么样的方式来描述只有半杯牛奶的杯子，你可以说杯子有一半是满的，也可以说杯子有一半是空的。但在你的企业里不应该有说“这杯子一半是空着”的人。每个人都应该知道悲观情绪会扼杀创新，而企业绝不应该容忍这样的情绪。

与任何其他东西相比较，消极的态度和情绪更擅长扼杀创新团队的生命力。你的第一步是要让整个公司都意识到哪些语言会扼杀企业的进步，并明确要求你的员工必须注意他们的日常表达方式。这里有一些需要尽可能回避的语句，当然你还可以列出更多类似的表达形式。

- 这是不可能的。
- 我们不能这样做。
- 这想法太蠢了。
- 我们正有事忙着呢。
- 我们没有时间。
- 这违反了我们的政策。
- 你肯定是在开玩笑。
- 这太荒谬了。
- 我们没有预算。
- 这不符合规定。
- 这不是他们想要找的东西。
- 这东西永远也不会得到批准。
- 你这是在胡思乱想。
- 这不是我们的责任。
- 这样做我们永远也无法赚钱。
- 在我们这里事情不是这样干的。

在历史上绝不缺乏各种“摇头族”的事例，实际上在“摇头族”中有很多人都是聪明人，只不过他们没能看到事物的全貌。无论你自认为有多么的聪明，永远也不要自以为你能够预测未来。如果下面这些人都无法预见下一波社会变革的海啸，那么你也同样无法做到：

• 托马斯 · 爱迪生曾有一句名言："留声机没有任何商业价值。"

• 诺贝尔物理学奖获得者罗伯特 · 米利肯（Robert Milliken）曾说过："人类绝无可能有能力来释放原子的力量。"

• 西部联盟电报公司（Western Union）的总裁威廉 · 奥顿（William Orton）曾这样说："这种'电话'有着太多的缺点，不太可能被真的当作一种正式的通信工具。"

• 华纳兄弟影片公司的创始人哈里 · 华纳（Harry Warner）曾大声地宣称："谁又会想听演员说话呢？"

• 20 世纪福克斯公司的联合创始人达里尔 · 扎纳克（Darryl Zanuck）曾这样说过，"6 个月之后，电视机将不得不从它已经进入的市场中退出，因为人们会很快厌倦每个晚上都盯着看一个木板箱"。

• IBM 董事会主席托马斯 · 沃森（Thomas Watson）曾这样评论道，"整个世界只需要 5 台计算机就足够了"。

• 数字设备公司（Digital Equipment Company）总裁肯 · 奥尔森（Ken Olsen）这样说过，"没有理由会有人想在家里拥有一台计算机"。

• 以太网的共同发明人罗伯特 · 梅特卡夫曾说，"我预测互联网会很快成为引人注目的超级巨星，但是到 1996 年互联网就会发生灾难性的崩溃"。

• 克利福德 · 斯托尔（Clifford Stoll）是一个作家和计

算机极客，他曾这样说道：“事实上没有什么在线的数据库能取代每天的报纸，没有一张光盘能取代一个有能力的教师，没有什么计算机网络能改变政府工作的方式。”

- 微软CEO史蒂夫·鲍尔默（Steve Ballmer）曾说过，“iPhone没有任何机会获得可观的市场份额”。
- YouTube的联合创始人陈士骏曾对他公司的长期生存能力感到担心，他这样说道：“只是没有那么多我想看的视频。”

那么你又如何才能避免那些非常聪明的人来阻挡住你前进的道路呢？首先，不要听他们在说什么，每个人都会被自己的偏见所蒙蔽，这是人性的一部分。你越聪明，你就越是有理由相信你是正确的而其他人是错误的。聪明人并不总是能看清在他们的周围实际上发生了些什么。与“摇头族”战斗的唯一方式是确保你的创新团队是由乐观积极的思考者所带领的。研究表明乐观人士往往更容易成功，他们会直面挑战。当机会没有偏向他们的时候，他们会比以往任何时候都更想赢。

项目进展的评判

人们经常用成熟企业的标准来评判创新团队，并用这样一些问题来对他们提出质询：

- 为什么你们的进度晚了？
- 你们怎么会超预算的？

- 我们什么时候能看到利润？
- 为什么你们需要这些资源？
- 你能不能按我们的方式来做？
- 你们遵循什么样的流程？

对于现有的产品线提出这样一些问题是理所当然的，但是对于一个全新的、未经测试的业务来讲，这些问题没有任何意义。创新意味着尝试，而这需要一整套不同的标准和问题。项目的进展应该由他们是否有能力来进行有效的实验来衡量，这一实验将能证明或者否定他们的假设。如果你不能为你的创新团队设立一套平行的架构和独特的评估流程，那么他们将注定会失败，因为他们的道路从一开始就已经被堵住了。

法务部门同样也可以成为路障。比如那些被称作“协议杀手”的法务部律师们，单单这些企业内部的律师就能把一支创新团队进入市场的机会给彻底地抹杀掉。我已经有很多次看到这样的事情发生。这是一种很微妙的情形，因为哪怕是CEO也常常不太愿意去推翻企业法律顾问的意见。法务部的人将一份合约搁置几个月的时间并不罕见，他们会要求就一些条款反复谈判，这些条款对于大规模生产某件产品可能是非常重要的，但对于一个实验性的项目来讲这可能根本就无所谓。以初创企业的时间尺度来衡量，几个月的时间相当于几年。确实，在协议中肯定会存在关于债务、补偿、商标、专利、政府限制、现有规定，以及一大堆其他的问题，但是所有这些实际上并不重要，毕竟绝大多数的初创企业每天都伴随着各种风险，而他们最大的风险是消耗完了手上的时间和金钱。初创企业一般不会被起诉——至少在它们刚起步时没人会起诉它们。

如果有一个标准的企业律师参与进来的话，那么YouTube、“粉丝”决斗[16]和Airbnb这样的企业就永远也不会出现了，这是因为在它们的商业模式中有太多的法律问题。但是法律的边缘常常是创新最肥沃的土壤。如果你拒绝让你的创新团队涉足这一领域，那么你很可能会错过下一轮浪潮的前沿，而初创企业所有的增长都来自这些浪潮的前沿。

为了解决这一棘手的问题，你的创新团队应该尽可能地避开企业内部的法务人员，那些人工作的主要动力就是维护母公司的利益并确保自己不被开除。因此，你的团队应该去接触一个可信赖的、曾经和初创企业合作过的第三方法律公司。从项目启动的第一天起就让一个合适的律师参与进来是非常有必要的。最有经验的、服务于初创企业的法务公司都在硅谷，但哪怕在这些机构的内部，你依然需要去寻找一个敢于做出决断的律师。你需要的是这样一个律师，他能从一大堆的法律术语中寻找到一条路径并告诉你说：“这里有风险但值得一试。那里的风险太大不值得。”这样的律师实在是太少了，但正是这样的律师使初创企业敢于拓展我们社会法律的边界，从而开拓出一个全新的市场。

那么关于新闻媒体和品牌的问题又该如何处理呢？与新闻

媒体沟通，你也许想预先设定一些规则。让市场部对创新团队的所有成员进行培训，辅导他们该说些什么、如何说以及不该说什么，然后你就可以放手让他们去做自己的事情了。至于品牌问题，你可以让创新团队推出他们的子品牌、网页和其他的市场物料，所有这些应该与公司的主要产品和服务区分开来。运用一些创造性的思维并和其他部门展开合作，你可以用一种大家都满意的方式来解决大多数的问题。

激进的、根本性的创新需要在你的企业中出现根本性的改变。你也许可以让你的创新团队成为服务于母公司的子公司的一部分。这家子公司的架构可以类似一个孵化器，目的是引入创新团队的成员并以最有效的方式为他们提供支持。子公司的使命应该是疏通所有的路径并帮助创新团队与全公司所有其他的部门一起和谐地工作。事实上你还必须做好准备与一些初创企业展开竞争，而能做好这一点的唯一方式是对组织架构进行某种形式调整，并使你的创新团队的行为更像是一家真正的初创企业的行为。

初创企业一般没有任何形式的限制。它们会不断地回避各种风险，在遇到死胡同的时候会马上掉头改变方向，它们还会翻越或从下方穿越各种障碍。如果你能给予创新团队这样的自由度，他们就获得了成长起来的机会，而这正是走向成功的第一步。但如果你无法做到这一点，他们就会遭受挫折并失去向前的冲劲。

照顾各方利益，务必让所有人都参与进来

天才赢得一场比赛，但是团队合作和智慧能赢得冠军赛。

迈克尔·乔丹

篮球明星

我曾花很多时间与一些跨国公司的管理层探讨他们的策略，还经常听他们说已经把创新当作了公司的首要任务：公司里的每个人都不会置身事外；每一个经理都已经接到了指令要开展创新，并且还都已经承诺会做出改变。在听到这样的说法后，我通常会提出这样的问题——那些经理们是否依然需要完成他们的营业收入指标。“当然了！”他们回答道，“他们必须完成他们的营业收入指标。这一点并没有改变。”

问题是这两组指令是相互矛盾的。如果我是他们公司的经理，而你告诉我，我必须完成我的营业收入指标，但与此同时我还必须开展创新，那么我又该如何去做呢？我会首先确保达成营业收入指标，因为这是一个很明确的目标。这个目标有着明晰的定义和边界，我的奖金和将来的升迁可能就和这个目标的达成紧密相关。我之前就完成过这样的指标，所以我很清楚我需要做些什么。而在另一方面，创新的定义则有些含糊不清。创新是什么意思？我可能根本就不知道创新是什么。

成功的可能性又会有多大？我甚至无法对创新进行量化。你又该如何对创新进行估值呢？我对此没有丝毫的概念，但我知道如果我没能达到我的营业收入指标，我的奖金就会减少，甚至我可能会因此被排除出将来获得升迁的名单。

如果我是一个精明的经理人，我会对创新口惠而实不至，这样我上面的管理层会很高兴，但与此同时我会继续把大量的资源用于完成我的指标。我可能会对创新项目象征性地分配一些资源，但我首先会确保所有这些项目都不会危及我完成指标。其结果是上面的管理层可能会相信创新正在发生，并且所有人都已经参与了进来，但实际上任何实质性的变化都不会出现。

当你的创新团队需要获得你企业内不同部门的资源时，这个问题就变得更加尖锐了。那些部门经理们会有什么好处？为什么他们要将宝贵的团队成员分配给一个甚至不属于他们部门的项目？他们难道不应该关注于自己的问题吗？公司的核心业务又会受到什么样的影响？另外，部门经理们的资源实际上也非常有限。谁又认识那些创新团队的成员呢？他们并不是企业的高层管理人员，他们只是一些有着疯狂想法的、年轻的项目经理，而且那些想法还不一定能行得通。

如果上述这些理由还不够的话，人的自尊心也可以掺和进来。为什么这些傲慢自负的创新团队可以向他们提出各种要求？假如他们很幸运且在最后成功了呢？他们肯定会让公司的其他部门看上去就像是应该被灭绝的史前动物，他们甚至可能会获得提升并骑到所有人的头上去。帮助他们我们又能得到些什么？他们只会偷走所有的荣耀！

我们还能列出一长串可能会出现的心理不平衡。处理这种事情的唯一方法是将所有这些都纳入创新的架构之中。首先，应该告诉现有各个业务单位的经理们为什么培养创新对他们也是有好处的，他们必须明白自己也有随时失去工作的危险。这些创新项目是公司的未来，没有其他的选择。这些项目并不是出于个人的喜好，这是公司业务向前发展必须要去做的事情。

正如波士顿市长办公室所做的那样，对于涉及他们部门的、任何成功的创新项目，那些部门经理们也应该被给予相应的荣誉。事实上，创新团队不应该被视作超级明星，他们应该被看作将创新带给整个公司的推动者。成功的荣耀应该平等地被所有参与者共同分享。没有任何个人或者团队可以声称那个项目是他们的。否则的话，这将会在企业内部造成相互嫉妒和本位主义，而这正是创新的大敌。换句话说，你需要对创新的领导人、创新部门以及其他业务单位的利益进行协调。

要做到这一点，一个可行的方法是为每个项目设立一个创新委员会来监督和指导创新团队，以确保该项目能够正常进行。委员会必须由各关键业务部门的成员组成，而这些关键业务部门之间是否能顺利地合作将直接关系到该创新项目是否能获得成功。如果该创新项目获得了成功，那么委员会成员和他们下属的部门就可以获得相关的荣誉，但如果项目失败了，则由创新团队来承担相应的责任。总之，创新团队的职责是从失败中获取经验，他们将对任何失败项目做出分析，并在全公司范围内分享他们所获得的关键教训。任何成功的项目都将是集体努力的成果，并由所有涉及的业务部门来共同分享相应的荣耀。

创新委员会也可以使用其他的名称，如跨职能团队或者指导团队。你给它起什么样的名字都无关紧要，建立这支团队的目的是达成以下 7 个目标：

- 在全公司范围内分享对于创新项目的所有权。
- 促进横向的协调和合作。
- 包容各个层次和职能部门的员工，而不仅仅是高层管理人员。
- 创立一个能够监督执行情况的战略指导团队。
- 拆除阻塞道路的部门之间的壁垒。
- 从所有主要的利益相关方那里获取资源和支持。
- 与现有的业务部门共享成功的荣耀。

重新定义考核标准

在利益协调的过程中另一个关键的因素是重新定义你的考核标准。你不能依赖评估你的核心业务时所使用的相同的考核标准，那些考核标准对于新的项目是不适用的。新的方案不可能在同样的层次上与成熟的产品和服务竞争，而如果对新项目采用了不合适的考核标准，就会对所有参与者产生负面影响。如果你使用平衡记分卡或者等价的战略绩效管理工具，你就需要对这种工具进行重新调整以纳入为创新项目所特别设计的考核标准中。这里就包括一些替代指标，如将收益替代为学习，将市场占有率改为项目的里程碑等。你的创新考核指标应该直接与如下所示的创新过程一一对应（见图 5–4）。

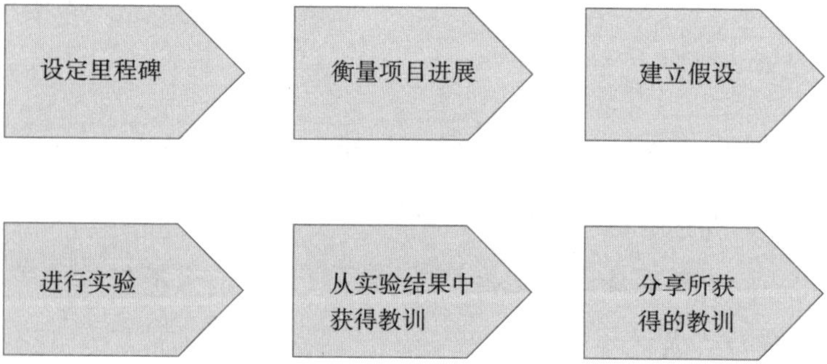

图 5–4　创新过程

应该对创新团队按照如下所列出的类似标准进行考核：

- 项目是否已经建立起了合适的里程碑？
- 相对于这些里程碑，项目目前的进展如何？
- 创新团队是否已经提出了有意义的假设？
- 创新团队是否已经开始进行实验来验证这些假设？
- 创新团队从失败和成功中学到了些什么？
- 创新团队是否有效地与公司其他部门之间分享了他们获得的教训？

你可以对上面这些标准进行调整和改变以适用于你的企业。但关键是不要把营业收入和效率也包括在你的考核标准中，这是因为绝大多数的创新项目还没有达到这样的程度，可以产生有意义的营业收入或者需要去担心相关的效率。当他们准备好了要扩大自己的规模时，你再考虑这些问题也不迟。在创新阶段，关注的焦点应该是进行恰当的实验并从每一步中都能汲取教训。如果这些东西能够被总结成为像营业收入和节省的成本等这一类简单的数字，这当然很不错，但在大多数情况下你不可能做到这一点。相反，创新团队需要的是一个更为主观的考核标准，利用这一标准，有经验的创新人士，甚至也许是外聘的咨询师，都能对项目的进展做出评估和给予反馈，并确保项目能正常进行下去。

在建立了考核标准之后，你就需要处理个人奖励这件事，其中包括如何对个人的业绩做出评估，奖金发放的方式，以及个人升迁该如何进行考虑等。给创新团队很大一笔钱会是一个错误，他们得到的总的奖励应该和公司的其他部门没有太大的区别。否则的话，在员工之间就会滋生怨恨，并导致对创新项目有意识或无意识的破坏和反对。你应该避免这种形式的矛盾发生。企业中每一个人都需要感到他们是在同一个团队中工作，且被平等地对待，否则就会发生利益冲突。

这是最基本的群体心理学，但你会很惊讶地发现居然会有那么多的企业都在犯同样的错误，这些企业都认为它们应该给创新团队一笔超大的奖金，或者将所获得的荣誉全归属于创新团队。如果你想奖励你的创新团队，请确保在创新过程中和创新团队进行合作，并且帮助和促进了创新项目开展的那些业务部门也能获得同样的奖励。这是让在同一辆车上的每一个人都能朝着同一个方向努力的唯一方法。

总之，为了反映在企业内部所引入的创新项目，你需要调整你的整个评估体系。为了做到这一点，你必须回答如下这些问题：

- 创新项目是如何影响原有的业务部门的？
- 创新项目对于企业短期和长期的目标有哪些影响？
- 创新项目会需要哪些资源？
- 这些创新项目将会如何影响关键业务部门的营业收入/效率？
- 创新项目对于其他部门会有哪些影响？
- 我们该如何调整业绩考核标准来精确地反映创新项目的实际情况？
- 这样做对于现有的奖励和回报方式会有什么样的影响？
- 我们如何才能减轻可能产生的影响并协调各方的利益？

最后，你还需要达成以下 4 点。你绝对不能忽略其中的任何一点。

1. 创新应该从企业上层开始。公司的 CEO 和高级管理层必须全员参与。你应该对管理层设立创新KPI（关键绩效指标），这一指标将推动管理层对企业的长期创新做出重要的承诺。

2. 你的高级管理人员应该将他们时间的25%—50%用于计划和落实企业的下一步目标，这才是他们的首要工作。而那些向他们汇报的经理们可以负责日常运营。

3. 公司里的每个人都必须理解不进行创新会付出什么样的代价。如果你的公司不进行创新，你的竞争对手肯定会这样做。这对于企业现有的市场和营业收入又意味着什么呢？在5年或者10年以后还有哪些市场会留给你的公司呢？

4. 在创新项目上的投资必须直接与创新项目想要填补的增长缺口相关联。

正如你已经看到的，创新并不是你的CEO说句“创新是我们目前首要的工作”这样简单，那只不过是在嘴上说说而已。真正困难的是你如何以全局观来重新思考你的整个企业，并提出一个能被所有利益相关方所接受的新的管理体系。绝大多数创新因做到了这一点而获得成功，也因未能做到这一点而失败。

创新想要获得成功，最好是从一开始就能让所有人都参与进来。只有重新反思你的整个管理体系并彻底协调好各方的利益关系，你才能真正做到这一点。你绝不能依赖于员工的激情或善意，你必须对企业的每一部分都做出仔细的、经过周密思考的结构性改变。只有通过这种方式你才能确保每个人的利益和动机都能保持一致，才能确保创新项目能逐渐成长起来并最终重塑你的整个企业。

第六章

高速运转：快点，一定要走在市场前列

动作要快。与一些庞大的竞争对手相比，速度才是你的主要优势之一。

萨姆·奥尔特曼

Y Combinator[1] 总裁

对于任何创业者来讲，速度都是一个非常重要的问题。如果你想让你的宏伟梦想在很短的时间里就能起飞，那么你就需要跑得很快。当今世界技术的发展日新月异，初创企业所面对的业态每 6 个月就会发生变化。今天被视作理所当然的事情到明天却不一定还是正确的。我曾经看到过有些初创企业在几个月的时间里就因技术落后而被淘汰出局。对于大企业来讲，情况可能更糟。如果你的创新团队在测试一台原型机之前不得不花半年的时间来打通各个关节，那么可能到了那个时候他们脚下的整个市场已经发生了根本性的变化，他们正在建造的东西可能已经没有任何意义。

高速运转的初创企业不会有这样的问题，它们的动作很快，可以在几个月内——不是几年，就完成从概念到产品发布的整个过程。你的团队也需要能做到同样的事情。他们应该是斗志昂扬的、没有任何心理负担且不受任何束缚的。因等待许可而被迫停在那里，或者因一大堆的书面文件而不得不被拖慢脚步，这样的事情不应该发生在他们身上。如果他们想获得可以脱离跑道的速度并冲向天空的话，那么你就必须帮助他们清理前进道路上的各种官僚障碍。

不要愚弄了你自己，甚至认为速度是只有精益创业型企业才能承受得起的奢侈品。速度对于所有企业来说都是极其重要的。拥有健全的分销网络、市场推广的拳头以及占主导地位的市场占有率对于当今所有的企业来讲都已经不太够用了。在这个充满了颠覆性技术的新世界，你的创新团队所参与的是一场攸关生死的竞赛。无论他们正在做什么，你可以确信的是，此时还有六七家有着完全相同创意的公司也正在做着同样的事情，而且其中有些公司已经为它的创新团队扫清了所有的障碍。

“我们不互相责难、我们不争辩、我们只行动。”Facebook的前客户合作伙伴埃里克·贝尔曼（Eric Berman）这样说道。沃尔玛的CIO（首席信息官）罗林·福特（Rollin Ford）响应了这一说法，他是这样说的，“现在外面已经很少有什么秘密了。唯一剩下的竞争优势只有速度。企业需要不断地拥抱创新和新的技术模式。最终谁能够比其他人更快地从A点跑到B点才是最关键的”。

技术日新月异的时代，速度意味着一切

请记住，时间会影响到你业务的方方面面。技术永远不会停滞不前，它始终在不断地进化。只需要一项新技术就可以在一个晚上彻底地改变你所在的行业。与此同时，产品的生命周期在不断地缩水。以前，一件产品还能在市场上维持数年的时间，但如今，在一个更新、更好的版本出现以前，一件产品往往只能维持数月的时间。在软件领域，这个时间还可能缩短到只有几天。那些激进的初创企业每天都会放出软件新的版本，其目的只是想在竞争中走在前列。百思买（Best Buy）的CIO内维尔 · 罗伯茨（Neville Roberts）是这样总结大多数企业高管的感受的："我们的很多营业收入来自创新，但其他人很快就会复制我们的做法。我们不得不尽快地推出新的创新。"

一家企业如果总是能在其他人之前就在市场上推出新的产品和服务，那么这家企业会被称作市场的领跑者，而不是追随者。领跑者对其品牌的影响力可能会是非常巨大的。人们想从产品的原创者那里购买这一产品，而不是从那些模仿者手中购买。如果一家企业想在一个拥挤的市场中做到鹤立鸡群的话，那么把自己塑造成为一个创新者是非常有价值的。你可以向任何一个市场推广的专业人员询问，他会告诉你人们想要的是真货，而不想买到假货。这就意味着无论是谁，如果他被看作某件产品的原创者，那么他就会获得很强的市场优势，而其他人

则会被看作模仿者。赢得客户才是最关键的，而成为市场上的“第一人”会给予你的公司某种心理上的优势。MTV音乐电视网的名言是：“给它取个名字，它就是你的了！[2]”。

沃尔玛的CIO罗林·福特（Rollin Ford）这样说道：“每天你醒来后所说的第一句话是‘我们有没有错过了什么？’你所要做的就是比别人跑得更快。”那么你又如何才能让你的创新团队跑得和初创企业一样快呢？大企业有一项不利的因素，大多数员工并不想太过努力地工作或者承担太大的风险。这正是为什么他们会选择一个稳定的企业岗位而不是加入一家初创企业或者自己出去闯荡。初创企业则完全不同，它们的文化是“背水一战”，从最底层的助理到公司的CEO每一个人都必须参与其中。

要在大企业中注入那种只有在初创企业中才能找到的紧迫感和动机并不是一件容易的事。在初创企业中甚至普通的员工也可能在一个晚上成为百万富翁。你只要看一下谷歌就明白了，谷歌在启动的时候，公司的行政助理、厨师和涂鸦艺术家都拿到了股票期权，现在这些人都成了富翁。而在一家已经成熟的企业，你想要让你的员工喝下这种能让人盲从的迷魂汤是一件非常困难的事。你只要比较一下这样两件事就会明白：加入一家初创企业后，每个人都可能成为富翁；加入一家大企业，只能让高层管理人员富裕起来。这也是我们每天在媒体上看到的故事。

初创企业还有一项优势，那就是它们的创业团队。创业团队的成员都持有公司大量的股权，如果企业最终没能获得成功，他们也就无法获得相应的回报，所以他们每一个人都有着超强的动力。尽管实际上企业内所有的东西都是为他们准备的，但他们常常没有一个稳定的收入来源，也因此他们会尽一切可能来加快向市场推出产品的速度并以此来获得融资。而在另一方面，那些大企业的职业经理们却并没有承受同样的压力，他们只要不犯大的错误就会有稳定的收入，所以相比于速度，小心谨慎则更为重要。

如果你是一家大企业的经理，那么你能做些什么呢？你如何才能够像一家初创企业那样快速地行动呢？你需要做的第一件事就是找出问题的根源，然后开始设计解决方案。让我们从最基本的事情做起，首先你的创新团队应该只接受那些当面临挑战时会为之疯狂的家伙，而绝不应该是那些只追求高薪或奖金的人。在你的团队中绝不可以有混日子的人，更不可以有吃白食的人。你的团队成员必须是那些无论前方是否有障碍，都感到有责任要把事情做成的那一类人。你绝对不想要那些总是在寻找借口的人，或者拖拖拉拉的人，你需要的应该是那些能够自我激励的人。

一旦你拥有了一支具备合适基因的团队，你就需要在企业内建立起快车道，在这条快车道上绝不应该有任何的减速带或者限速。让每个人都能以自己的方式动起来，他们等待上级批准的时间不应该超过几天。如果在一个合理的时间范围内他们既没有获得上级批准也没有被拒绝，那么这就应该被视作放行的绿灯。创新团队应该被免去那些其他部门必须要处理的日常文书工作。创新团队的组长们应该被授权用自己的信用卡来购买任何需要的东西，并且知道他们可以在事后报销，而且绝不会有人会对此提出疑问。拥有一些能让你信任的组长是一件非常重要的事。

你还必须给予创新团队一定的豁免权，不管是踩到了某个人的脚趾还是打破了什么规则。如果他们需要和竞争对手达成什么交易，他们应该有权利去这样做。如果他们需要以两倍的价格来雇用一家外部的设计公司，那是他们的选择。如果他们对媒体说了些什么出格的话，他们也不会被开除。换句话说，这是一条没有任何限速的高速公路，他们想开多快就可以多快，想怎么开就怎么开，而绝不用担心会收到罚单。

把所有人都拉进来

快车道是重要的，但你也不能把创新团队与公司的其他部门完全隔离开来，这会形成某种心理上的隔离，其他部门的员工会因此而感到他们没有必要快速地行动起来或参与进来。你应该做的是让你的整个企业都能加快速度，而不仅仅是你的创新团队。所以你需要向员工明确，每个人都需要参与创新而且还应该加快他们日常工作的步伐，与此同时你还需要授权你的创新团队在遇到障碍时可以自行决断。

外包是给你的业务进行涡轮增压的另一种方式。如果在某件事情上你并不是动作最快和最好的，那么无论那件事是设计、市场推广还是生产制造，你都可以外包给一家能做到最快和最好的企业。你应该放弃那些动作缓慢、缺乏竞争力的部门并集中资源在那些你能做到最好的部门。那种“非我发明综合征”就像是在高速公路上设置的红绿灯，其结果就是让所有的东西都暂时停下来并造成交通堵塞。在今天这个世界上，某件东西是在什么地方发明的并不重要，你只要保留住你的核心知识产权就足够了，其他东西只不过是某种公平博弈罢了。想要进行有效的业务外包，你需要建立起一个强有力的生态支持系统，并为你自己找到值得信赖的合作伙伴。这可能需要时间，但从长期来看这一定会为你带来回报。

通过采取这些措施，你就能加快企业的速度，并在一个更为平等的赛场上让你的内部创新团队与初创企业展开竞争。这可能并不是一件简单的事，但如果你想让你的企业在 21 世纪依然能保有竞争力，那么改变你的企业文化和管理流程就是必需的。

了解你的市场

了解你的市场一定会为你带来回报。电气和电子工程师协会对正处于研发期的 692 项新产品做了一项研究，他们发现在一个陌生的、正在形成中的以及快速变化的市场中，有一个基于时间、强调速度的策略是非常关键的，但在一个熟悉的、现存的以及稳定的市场中速度就并不是那么重要了。这并不是说如果在一个稳定的市场中，你就没有必要加快速度，你永远也不应该想着如何去吃老本。这里的关键是在一个快速变化的市场中，你的动作必须快起来，而在一个现有的成熟市场中，你可以花更多的时间来完善你的产品、提高质量、降低成本等。

在一个有着网络效应的市场中，成为第一甚至更为重要。一旦某一家初创企业获得了市场主导地位并产生了网络效应，那么这些早期的行动者很快就能成为市场的垄断者。你只要看一下谷歌，它有着那么多出色的人才和资源，并竭力想开发出自己的社交网络产品，但至今它都没能追赶上Facebook。谁又能在Airbnb、Snapchat或者易贝的市场中挑战这几家企业呢？只有一款全新的且极为优秀的产品才有那么一丝替代它们的机会，而这样的产品并不经常会有。一旦网络效应开始起作用，通常来讲游戏就已经结束了。

它们没能笑到最后

让我们先退一步，并承认在市场中成为第一并不能保证获得成功，你依然需要做正确的事，否则其他人就会来偷走你的奶酪。历史已经告诉我们，很多市场是后来者占据主导地位的。如果你无法做到某些事情，那么下面就是你能学到的一些深刻教训。

有些老人还会记得Betamax，这是索尼具有知识产权的录像磁带格式。这是一个首先进入市场的先进技术却最终失败的经典案例。这又是怎么发生的呢？Betamax要比它的竞争对手VHS有着更好的图像质量，而且在它的背后还有着索尼这个消费类电子产品的巨人的支持。但它却有着一个致命的弱点，Betamax的录像时间受到限制，只能录一个小时，而VHS则允许录制更长的时间。因为所有人都想在录像机上观看好莱坞的大片，VHS最终胜出了。谁又能想到这一点呢？Betamax最终向市场提供了允许录制更长时间的录像带，但这时已经太晚了。

雅达利（Atari）是另一个飞得很高却最终坠毁的例子。在雅达利推出了世界上首款街机——Pong后，视频游戏这个产业才算是真正诞生在这个世界上。他们要比任天堂（Nintendo）早了整整6年的时间，并在当时利用“雅达利2600操作平台”牢牢地把控着整个市场。那么任天堂这个只有一件仿制产品的新手又是如何来推翻雅达利的统治的呢？实际上它们并没能做到这一点，雅达利是自己“切腹自尽”的。它自己弄砸了雅达利5200的发布，雅达利5200的定价实在是高得离谱而且其产品设计也很差。接下来就是1983年的视频游戏崩溃年，这是一场导致了雅达利在现金上出现大量失血的严重衰退。当任天堂携带着俗称的红白机（NES）出场的时候，雅达利的内部正处于一片混乱之中。市场张开了大门，而任天堂则乘虚而入。

网景则是我们所知的又一个没能存活下来的超级巨星。在20世纪90年代中期，网景占据了浏览器市场90%的份额，这真是太令人难以置信了。但是网景的名声并没有延续很长的时间，到了1998年其市场份额已经下降到了70%，而且还在像一块石头坠落那样地不断下降，所以公司管理层最后不得不将公司卖给了美国在线（American Online），而网景也从此就像掉进了黑洞一样彻底消失了。为什么网景就这样莫名其妙地死了呢？这可以部分归咎于微软的激进策略，即在Windows操作系统中内嵌自己的IE浏览器，而当时Windows操作系统已经占据了80%的市场份额，且人们一般会更倾向于选择系统所默认的浏览器。但网景真正的问题是它没能及时地改变自己的策略并进一步地进行创新，所以在最后它被微软从侧面超越了。

还有一些在早期就倒下的企业是那些赶上了第一波浪潮的搜索引擎，这其中就包括WebCrawler、Lycos、Excite、Infoseek以及数十家其他的初创企业。所有这些企业都要比谷歌早很多，但没有一家能最终获得成功。原因很简单，谷歌比它们做得更好，谷歌确实能生成有明确意义的搜索结果，而不仅仅是一大堆恰好包含有搜索项的网址。

在iPod推出之前市场上有无数种MP3播放器，所有这些播放器实际上都差强人意，直到史蒂夫·乔布斯重新改写了整个游戏的规则。从硬件到浏览曲目再到购买音乐，苹果的iPod创造了一个全新的生态系统。iPod的设计非常漂亮，易于使用，还很酷。苹果通过创新把其他人都赶出了这个市场。

早在《魔兽世界》（*World of Warcraft*）或者其他大型在线

游戏推出之前，《无尽的任务》（*Ever Quest*）这款游戏是所有玩家眼中的“山丘之王”，它有着超过45万的付费玩家。那么为什么它会像恐龙一样被这个时代所淘汰呢？如果你玩过这款游戏，你就会知道这其中的原因了。游戏很精彩，但难度实在有些过分了。玩家要升级到最高层次需要投入大量的时间。你走得越远，就会越痛苦。你要么选择自己的生活，要么选择玩《无尽的任务》，没有中间道路可走。这让很多玩家非常尴尬，所以当《魔兽世界》这款游戏提供给了所有玩家另一个更加简单、更加有成就感的选择时，玩家们就果断地放弃了《无尽的任务》。这个故事想要告诉你的是你必须尽力去了解客户。

TiVo是第一家将DVR推向市场的企业，DVR是能够让所有人都进行某种意义上的时间调整，并把他们从电视节目时间表的独裁下解放出来的一项全新的发明[3]。TiVo成功地抓住了这个世界的想象力，并获得了爆发性的增长。但那些大型的有线电视运营商却并没有坐视不顾，它们在有线电视机顶盒中也加入了同样的功能并提供了免费服务。没过多久人们就彻底地忘记了TiVo。这里的教训是，如果你的竞争对手可以做到免费提供你的产品，那么你就无法与其进行竞争。

另一个令人伤心的故事是关于Palm的。谁还记得Palm？它们可谓是iPhone出现前的“iPhone”。Palm Pilot是作为PDA（掌上电脑）的一个革命性产品出现在市场上的，这件产品赢取了美国人的心。但是它却犯下了一些关键性的错误。当智能手机开始出现在市场上时，Palm却搞砸了，它发布了一款被称为Treo的产品，这款产品可以被看作最早期的智能手机之一，它有一个彩色的触摸屏并内置了网络浏览器，但Treo与其他竞争产品相比却显得过于笨重了。没有人想在到处转悠时手上还拿着一块砖头，消费者更倾向于那些轻便的手机。随后不久，苹果公司就推出了iPhone，而Treo则立刻变成了明日黄花。现在没有一个年龄小于20岁的年轻人还能记得Palm。这其中的教训是，你的产品绝不能做老二。

Friendster这家企业原本是有机会拥有整个世界的。它是第一家大型社交网站，当时在几个月的时间里它就吸引了超过300万的用户。它比MySpace要早整整一年的时间，比Facebook则要早两年。在已经拥有了网络效应的情况下，Friendster又是怎么失败的呢？尽管已经投入了大量的风险资本以及一支新的管理团队，它的网站速度却依然非常缓慢，而且还经常崩溃。另外公司并没有准备好要进行业务扩张，所以当用户有了另一个选择的时候，他们就马上转换门庭了。由此可见，客户对痛点的忍受阈值是非常低的。

MySpace繁荣了一段时间，当时也正好有很多用户在陆陆续续地从Friendster离开，但是MySpace却没能继续创新。MySpace的网页很快就从令人着迷变得令人恶心。网页的用户界面很糟糕，页面上杂乱地放上了一些不断闪烁的文字和图片，这让人感到他们所使用的只是一款低档的伪劣产品。当人们注意到Facebook确实能理解客户的需求，并且还知道该如何创建一个社区时，他们就放弃了MySpace。接下来的故事就都已经是历史了。提到上面这些例子是想告诉你，即便你是第一个进入这一市场的人，你也不可能用一件极其低劣的产品来赢得整个市场。

这些只不过是创新者和市场的领先者没能把握住手上的好牌，而让其他人偷走了他们市场的一些例子。速度是至关重要的，但是在一家成功的初创企业中，这并不是唯一的要素。

成为市场的领跑者而不是追随者

尽管我们有这些后来者高调地偷走了市场的案例，但是速度依然在硅谷的初创企业的成功过程中起到了极为关键的作用。从上面这些案例中你可以看到，每一个首先进入某个市场的创新者都拿到了一定的市场份额并获得了早期的成功，但是他们或者没能继续创新，或者在业务策略及产品上存在着某种致命的缺陷。如果没有这样或那样的缺点，你想要击败他们就会非常困难。如果你想赌一把，那么选择跑在最前面的那匹马依然有可能会给你带来回报。

速度是如此重要，所以每当我观察一家初创企业时，我都会在心中盘算这家初创企业的机会之窗又能打开多长的时间。如果它们无法在这段时间里有腾飞的迹象，那么通常来讲这家企业的游戏也该结束了。其中的一个例子是Survios这家初创企业，这是一家我曾辅导过的从事VR的初创企业。创始人来自我的母校南加利福尼亚大学，这所大学正是Oculus获得VR开源软件的地方，而且这个创始人团队还和Oculus的联合创始人帕尔默·拉齐曾一起工作过。他们已准备好了要用他们先进的VR设备将虚拟现实提升到一个全新的层面。

他们从洛杉矶过来与我会面，我对他们的商业计划做了评估，然后又介绍他们认识了一些人。在之后的一个月时间里，他们就已经从顶尖的沙丘路风投那里拿到了数百万美元的融资。这是一个很好的开始，但是在VR项目上的赛跑已经非常激烈。在他们拿到钱之后的一年里，索尼、三星、微软、HTC和其他的一些大企业都发布了它们自己的VR设备。

很快这个创始人团队已经清楚他们没有赢的机会。尽管他们的技术更好，但是进入市场的时机和分销渠道才是关键。随着新的VR设备的机会之窗快速地缩小，他们调整了自己的方向，并将所有的精力都集中到了开发VR的APP上来。这个创始人团队非常聪明，他们意识到如果无法赢得VR硬件的战争，那么参与这一竞争就毫无意义。更好的选择是将精力集中在一场他们能领先的赛跑上。

他们之后制作了一些早期的VR游戏，其中包括《全息甲扳上的僵尸》(*Zombies On The Holodeck*)，并且在每一个游戏项目上他们都获取了大量的经验。Survios的联合创始人詹姆斯·艾利夫（James Iliff）在多个不同的场合告诉我，他们不仅仅在开发游戏，他们还打算为VR创造出一种全新的语言。他们相信VR与其他任何媒体都截然不同，仅仅将现有的这些游戏转换成为VR游戏还不够。当他们释放出了《原始数据》（*Raw Data*）这款游戏后，他们的所有努力都得到了回报，这款游戏在美国几乎立刻就成了销量最高的虚拟现实游戏。在这个游戏中你会被带入另一个世界，在这个世界中，有一家邪恶的公司正秘密地偷盗人类的大脑，并将偷来的大脑安装在半机械人身上以赚取利润。和大多数VR游戏不同的是，这部游戏在感觉上并不像是那种通常的演示版，它完全能让你身临其境并体验到那种强烈地折磨人的情绪。

另一个例子是Sidecar，这是一个做共享乘车的初创企业。在这个例子中我想告诉你的是，为什么你应该成为市场的领跑者而不是追随者。用任何人的标准来衡量，理查德·布兰森[4]都是一个精明的家伙，他投资了这家公司，并大胆地宣称“这个产业现在还处于早期，正如很多其他的大宗商品业务一样，这个产业还有着很大的空间来让创新者提升客户体验”。问题是优步和来福车已经远远地跑在Sidecar的前面，它们已经抓住了公众的想象力并处于领跑的位置。在一个用技术来创业的世界里，通常来讲市场上的老三和老四是没有任何生存空间的。但布兰森完全错了，仅仅在15个月之后，Sidecar的联合创始人和CEO苏尼尔·保罗（Sunil Paul）就对外宣布这家企业已经在竞争中失败并且正处于清算中。这绝不是布兰森所宣称的“大宗商品业务”。

与一个突然爆发的后来者赶超了市场领先者这样的故事相比，Sidecar的故事则更为常见。无论什么时候，当一项新的创新抓住硅谷的眼球时，我们都能看到有数十家模仿这项创新的企业跳入这个竞技场。他们中的所有人都会声称他们的产品更好，但到最后，绝大多数都无法成为超越市场的领先者，并且在一到两年的时间里都会消失，通常来讲那些市场中的领先者都能活着坚持到最后。因此如果其他所有的条件都相同的话，速度就意味着一切。

毫不犹豫地一次次按下重启按钮

真正衡量成功的标准是你能挤在24小时之内进行的实验数量。

托马斯·爱迪生

我们在前面谈到了速度，但初创企业需要加快行动速度的真正理由是为了增加产品迭代循环的次数，只有经过多次的迭代你才有可能获得真正的进步。让产品很快地就进入市场并不意味着它一定能获得成功。大多数新产品会失败而且会死得很惨。在硅谷，90%有幸获得天使投资和种子期投资的初创企业都没能走到A轮融资，更不用说成为一家有活力的企业了。真正重要的并不是你的产品进入市场的速度，而是你学习的速度。只有学习到了这个市场真正需要什么，你才能推出一款成功的产品。

快速进行迭代的一个很好的例子是我自己的第二家创业公司。我和另外三个极为出色的联合创始人一起组建了一家名为Spiderdance的公司，公司的名字来自当我们几个人相互间碰撞出像蛛网一样不断铺展开的创意时，我们在这张网上所跳起的狂野的舞蹈。我们其中一个创意是想办法先搞到一个将要完成的大规模多用户游戏引擎并以此为基础来启动一项全新的业务。当时还是互联网泡沫的时代，几乎所有的游戏和应用程序都是单人模式，和朋友一起在网上进行实时对抗并不常见，但是我们认为这将是游戏的未来。

我说服了我的合作伙伴让我在硅谷去寻找那些我能找到的游戏开发商，去和他们商谈，看他们是否愿意在我们的平台上进行开发。我当时坚信那些游戏开发商会涌向我们的平台并和我们分享营业收入。他们为什么不这样做呢？对于一个游戏开发商而言，如果他们能够简单地使用我们的平台，他们为什么还要花一年或更多的时间来建立他们自己的大规模多用户游戏引擎呢？这样做完全没有任何意义。

实际上我却错得很离谱，在那个时候像Steam以及和它类似的一些平台还远没有真正地流行起来。大多数游戏开发商还都患有“非我发明”的综合征，他们已经习惯于什么事情都自己干，并不想依赖于其他任何人的代码，而那些愿意使用我们平台的开发商却只答应了一个很小比例的营业收入分成。可以说这个让我警醒起来的经历确实给我上了一课，仅仅因为某样东西是说得通的并不意味着这样东西就是真实可行的。

在6周后，我已经知道了所有我该知道的东西，现在该尝试一些新的东西了。幸运的是，我的合作伙伴——其中一个是编程大师而另一个则是非常出色的设计师，他们已经完成了那个游戏引擎。我们一起发布了自己的APP，这款APP叫作Jabberchat，这是一个将聊天和休闲游戏组合在一起的平台，这在当时还是一个全新的概念。

Jabberchat立刻就火了起来。数十家网站把它嵌入在自己的页面中，而SXSW则授予了它“最佳在线游戏”的称号。我们太兴奋了，我们成功了，而这仅仅只花了我们几个月的时间。我们用自己的方式庆祝了我们的成功。

但是，就在我们真正享受成功之前，现实呈现在了我们的眼前。我们没有任何营业收入，也没有得到任何资助。我们还很年轻、没有经验而且还得养活自己。这意味着我们需要一个商业模式，但不幸的是没有人会花钱来玩一个基于聊天的游戏。所以我们开始四处寻找，之前我们就曾听说有些公司正在搭建一个在线的广告网站，而且这还是广告进入网络的第一次尝试。我们相信这正是我们所需要的商业模式。

我们联系了其中一家早期的网络广告代理商并在几周的时间里就完成了在软件中嵌入横幅广告的工作。接着我们就坐等，看钱是不是会自己流进来。一个月后当第一张支票送到门口的时候，我们的希望破灭了。我们的所有广告收入还不到25美元，这甚至还不够我们在晚上叫比萨外卖和啤酒的钱，更不用说靠这些钱让公司成长起来了。事实是互联网广告的浪潮还远没有到来，我们所处的阶段还是太早了。

现在是时候再一次按下那个重启的按钮了。最初的那两次方向调整并没有出现什么问题，但在这第三次的调整过程中，我们开始感受到了资金的压力。过去的每一天都意味着我们银行账户上的钱在不断地减少。我们开始问自己会有人为使用我们的产品而付钱吗？也就在这个时候我们听到有小道消息说MTV正在准备一个互动的电视表演节目，但是它缺少一个互动的平台，这才是真正的老天给予我们的机会。我的合伙人曾经是*NetWits*的作者，*NetWits*是最早的在线电视游戏表演之一，它肯定会把Spiderdance看作一个互动的电视表演平台。我们几个都是天生的急性子，所以我们马上找来了那个负责互动节目的副总裁的电话号码，并不断地在他的语音信箱中留下信息。我们相信他肯定会给我们打电话的，他必须打这个电话，他们是维亚康姆集团（Viacom），是这个世界上最大的媒体，而我们是Spiderdance！你知道最后发生了什么？什么也没发生。他根本就没有给我们打过任何电话，甚至没有任何人打电话给我们。

也就在这段时间里，我的联合创始人特蕾西·富勒顿（Tracy Fullerton）被邀请在一个CES（国际消费类电子产品展览会）的专家研讨会上发言。她是一个天才的演说家，在研讨会上她借此机会大谈特谈我们是如何打造互动电视未来的。果然，在她的研讨会发言结束后，从观众席那里跑上来一个人。“我想和你谈一谈，”他喘着气说道，“你们的产品正是我们所需要的。我们正在寻找这样的产品！”那个人的名字叫瑞克·霍尔兹曼（Rick Holzman），他正是MTV互动电视的副总裁。

“我知道，”特蕾西回答道，“我们在你的语音信箱中留了言。”

这正是我们想要的踏入那个圈子的门票。我们找到了第一个客户，而且他们还愿意签下一个6位数的大订单。更令我们惊喜的是，MTV正在建一个到目前为止最大的互动电视表演秀。直到那个时候，几乎所有其他的互动电视表演秀还只是在小范围内的实验而已，且最多时也只有几千个用户参与节目的互动。这些节目大多受到了当时机顶盒功能的限制，且他们从来就没有想到过这种形式的电视节目有一天也可以成为主流。MTV正在创造的这个全新的表演秀从底层设计开始就是互动的，他们把它称为“网络骚乱”（WebRIOT），这是一个音乐游戏表演秀，听众可以利用任何个人计算机和其他的网络浏览器进行实时在线参与。得分最高的玩家还可以赢得奖励并且他们的名字还会出现在电视实况转播的屏幕上。

这项业务真正走上了正轨！通过不断尝试各种不同的创意，对每一种创意进行快速测试，并确定产品和市场的吻合度，我们成功地进入了一个全新的市场。在“创始人空间”我也是以这样的眼光来看待那些初创企业的。他们中的大多数根本就不知道自己是否在正确的轨道上，直到事情就这样奇迹般地发生了。很多初创企业因意外而撞了大运，它们当时可能正在探究或观察发生在用户或客户身上的某些特别的事情，但还有一些其他的初创企业，就像我们这样，只是果断地抓住了一次机会。

Spiderdance的故事并没有结束，但是我们已经可以从中总结出相关的经验和教训了。这样的创新过程是初创企业每天都会经历的。为了加快这一学习和发现的过程，你需要重点关注迭代的速度。每一次迭代都是你的团队测试他们的设想，并且发现哪些设想是可行的还有哪些是不可行的机会。通过压缩每一次的迭代周期，你就能在你的竞争对手给出他们的方案之前得到你自己的正确的解决方案。因此当我们谈及速度的时候，我们并不是在谈你的团队能以多快的速度抵达某一个里程碑，比如推出原型机、alpha、beta（用来标识测试的阶段与范围）等。如果你还没能获得对你自己业务的深刻理解，那么上面所谈的这些都是毫无意义的。只有深入剖析自己的业务，并真正理解客户想要从你的产品中获得什么，你才有可能获得呈指数级增长的回报。

领英的联合创始人里德·霍夫曼有一句名言："如果你没有对你的产品的第一个版本感到尴尬的话，那么你推出该产品的时间就太晚了。"霍夫曼这句话的意思是，推出一件丑陋的产品并尽可能早地开始你的学习过程，要远比花时间开发出一件漂亮的产品重要得多。这是因为你的产品甚至很有可能与你的客户想要的东西没有任何关系，因此把产品做得完美实际上是在浪费你的时间。真正重要的是你的产品进行迭代的速度，而且只有当你将产品送到了客户手中之后，你才有可能开始迭代的过程。

调研、演示以及原型机只能让你对客户想要些什么有一个大致的概念。任何人都会有自己的想法，但是当你亲眼看到你的客户在现实中是如何使用你的产品的时候，真正的学习过程也就开始了。网飞的首席设计师是这样说的："这样的事情我们已经做过很多次，我没有开玩笑。我们事先绝不会假设有某种东西是可以行得通的，而且在没有进行任何实际测试的情况下我们也不会做任何预测。预测会让我们戴上有色眼镜。所以我们会继续不断地重复做这些事情，把行得通的东西保留下来，把行不通的东西淘汰掉。我们发现大约有 90% 以上的东西都是行不通的。"这就是为什么网飞是世界上最具创新能力的企业之一。他们知道如何进行迭代，而正是这一点使得它从一家DVD租赁企业成长为世界领先的媒体公司之一，并且还拥有了自己的分销渠道和内容。

当玛丽莎·梅耶尔（Marissa Mayer）还在谷歌担任搜索产品和客户体验副总裁的时候，她曾这样说道："在谷歌工具栏的beta版本期间，在一周之内我们就做出了几个关键功能（如自定义按钮，共享书签）的原型机。事实上，在头脑风暴阶段，我们当时曾尝试了超过beta版本 5 倍以上数量的关键功能——其中有很多在经过一周时间做出了原型机后被我们放弃了。由于每5—10个创意中只有一个创意是能行得通的，我们对创意应该以多快的速度来加以验证进行了约束，采用这一策略使得我们能够以更快的速度来尝试更多的创意，而这又进一步地提升了我们成功的概率。”

你也许会认为用这样快的速度进行迭代会让你的团队感到尴尬，但事实上情况正好相反。花费数月的时间来完善一项功能，但最终却发现这项功能和客户的需求没有什么关系时，这样的情形实际上更令人感到尴尬。当你压缩迭代的周期时，这种做法实际上是把你的团队解脱了出来，让他们可以有时间去做测试。在人的心态发生改变后，你的团队就会更加开放地去尝试在通常情形下他们不会去尝试的东西。他们可以很随意地抛出一样东西然后看一看会有什么结果。这就构建了一种更为宽松和具有适应性的开发流程，在这一流程下团队更为关心的是他们学到了什么而不是他们做出了什么。

在硅谷“快速地失败”已经成了一个被广泛接受的标准。我喜欢对参加我们孵化课程的初创企业这样说：“你需要去推动失败的出现！”这意味着你要尽力去寻找证据来证明这个产品或服务是行不通的。把你的产品或服务放到真实的场景中，对其进行严格的测试，并尽力让它暴露出相关的缺陷。如果你能令它出现漏洞，你就能学到些东西，你可以一直这样试验下去，直到你的产品或服务出现崩溃为止。

只有具备了这样的心态，你才有可能做到快速的迭代。如果一支团队想要一次性地就搞定所有的事情，那么他们就需要花更多的时间来仔细想清楚所有的细节。但可悲的是，他们会和那些随意抛出一样产品或服务来看看会发生些什么的团队一样，依然会经历多次的失败。他们对某样东西进行的打磨并不会增加其成功的机会。大多数东西要么能行，要么不行，而只有一个人才能告诉你那东西到底行不行，那个人就是你的客户。

反对重复迭代的那些人喜欢开会，在会上他们可以就产品功能的优缺点进行辩论，尽管在会上每个人都会有自己的看法，但问题是他们没有真实的数据，而且真正做出决策的人常常是那些在会上进行长篇大论发言并大声争辩的人。这样开会的后果是很多好的创意甚至可能未经测试就已经被埋没了，而同时，人们的情感也会因此而受到伤害，有些团队的成员甚至可能不再贡献自己的想法，因为在会议上真正控场的那些人实际上已经让他们沦为了旁听者。所以，如果在团队中有任何人提出了某些很有意思的想法，那么与其在会议上进行争辩，还不如马上走出去，去测试一下，看看这个想法到底能不能行得通，这样做成本会更低。肖恩·拉德（Sean Rad）是Ad.ly[5]的创始人，他对此精辟地总结道："数据超越了你的个人情感。"

快速迭代还有一个额外的好处，它能让你的客户成为你设计上的合作伙伴。通过做出改变、征求反馈并把他们的反馈意见整合进开发的过程中，你可以将你最为专注的客户转变成为你的合作者。这不仅可以促使更好的产品的出现，而且还可以改变你的客户看待他们自己所扮演的角色的眼光。他们可以贡献自己的创意、指出产品的缺陷并把整个项目当作自己的项目。在你真正意识到之前，你的客户就已经成了你的产品最好的宣传者和促销员。

这样做还降低了项目的整体风险。在进行测试之前企业在某个项目上所花的时间越多，其积累的风险也就越大。随着每一天的过去，在某个创意上所投入的开发资金和资源会越来越多，但不经过测试，你只有很少或者根本没有任何证据来证明这个项目会带来任何回报。通过压缩迭代的周期，你实际上把风险从这个方程式中挤压了出去。

每一个迭代周期都是一次机会，它能让你接触到目前在你的企业中还无人能够理解的、隐藏着的真相。由于技术的不断进步，商业模式的改变，新的社会趋势的出现，以及重塑业态的新的法规的制订，这些新的真相也在不断地呈现出来。这个世界并不是静态的。你和你的竞争对手可能还没有意识到这一点，但是整个市场却可能正朝着另一个方向在进行着转变。如果你不能尽早发现这一点，那么你最终将不得不退出这个市场。

随时随地准备调整方向

永远不要放弃。今天很困难，明天会更糟，但是后天将阳光明媚。

马云

阿里巴巴创始人，董事局主席

如果你进行了足够多的尝试，对各种创意也进行了实验，并且还否决了其中的大多数，那么在某一个时间点上你会注意到突然之间有什么事情发生了。你并不知道这件事是怎么发生的，以及为什么，但是这件正在出现的新的东西确实是行得通的，而且还是以你从来就没有想到过的方式出现。真正的创新很少会走出一条直线，那会是一次曲折、迂回、茫然迷失的、过山车式的冒险。你永远也无法知道你的前进方向直到你突然发现你已经到了那里。

Sun Basket

让我从一个我曾经非常关心的创业公司开始。这家初创企业是由我的朋友和以前的合作伙伴亚当·扎巴（Adam Zbar）和布拉克斯顿·伍德姆（Braxton Woodham）所创立的。他们两人都非常聪明和坚韧。当他们开始最新的创业公司时，他们的基本设想是做一个基于位置的购物APP，这个APP可以把网络购物者与本地的商店进行匹配。从表面上看，这好像是一个很不错的主意，而且他们也拿到了种子期的融资，但是这个想法根本就无法起飞。顾客和那些商店的老板并不需要这样的产品。

和那些出色的创业者一样，他们放弃了这个想法然后开始调整方向。这一次他们启动了Lasso——一个红酒和奶酪按需配送的服务。他们的时机把握得很好，所以很容易就拿到了更多的种子期资金。但是想让这项业务能真正起飞他们遇到了很多困难。按需配送的市场空间变得越来越拥挤，而且他们发现自己受到了其他公司的挤压。他们只是一个缝隙市场中的玩家，并没有Instacart[6]、亚马逊和GrubHub[7]这些公司的巨大能量。

扎巴从他之前的创业经历中就已经学到了，如果你的核心业务模式走不通的话，那么你就应该果断地放弃，你没有任何办法可以拯救这个模式。无论你怎么努力尝试，它都已经结束了。所以在苦苦挣扎了好几个月后，他们放弃了这项业务并重新启动。任何事情的第三次往往都会具有某种魔力，那么事情是不是如此呢?

即便依然是同一家创业公司并且账户上的钱也已经不多了，但他们还是推出了一个全新的创意。这一次他们的创意叫作Sun Basket（太阳篮子），这是一项提供半成品菜快递的服务。其卖点是他们所瞄准的特殊食谱，如史前饮食、素食菜谱以及无麸质菜谱。与其在你本地的超市中一个区域接一个区域地去搜寻符合你的饮食菜谱的特别产品，比如无麸质食品，顾客可以直接订购他们的半成品配送服务，让所有的食材直接送到家门口。

Sun Basket不但迎合了一个不断成长的、对特别饮食有需求的趋势，它还解决了很多食品杂货购买者的一个真正痛点。就像变魔术一样，他们这一全新的创意很快就成长为一个不断增长的业务。扎巴这个业务发展的狂热分子签下了一单又一单的合约，并与此同时引入了超过2 800万美元的风险资本。在我写这本书的时候，很显然他们已经走在了正确的轨道上。那么他们是否已经从森林中走了出来呢？我不知道，但看起来他们的情况很不错。通过这个故事我想告诉你的是当你在森林中迷路时，放弃那些行不通的主意是非常重要的，但绝不要放弃进行各种尝试。哪怕你感到你好像在走回头路，你还是应该继续坚持闯出一条新的道路，直到你寻找到自己的出路。

Slack

当斯特尔特·巴特菲尔德（Stewart Butterfield）、卡泰丽娜·费克（Caterina Fake）和他们的温哥华开发者团队开发在线游戏时，他们想到了一个能让玩家分享照片的创意。你可能从来没有听说过他们的游戏，因为那个游戏几乎没有什么影响力。游戏的名字就叫作《永不停止的游戏》，而且尽管这个游戏只吸引了一些小众的玩家，他们还是注意到了照片分享的功能有着相当大的潜力，所以他们将这个功能剥离了出来并做成了一个独立的产品。他们将社区和照片分享放在一起的做法引发了轰动效应。他们把这个产品叫作Flickr，而且没过多久雅虎就收购了他们的公司。

“人们有时候会忘记Flickr最早是在什么时候被推出来的。”巴特菲尔德说道，“Facebook是在Flickr被雅虎收购的一年后才增加了它的照片分享功能。”到了2008年，巴特菲尔德从雅虎辞职并重新回到了游戏开发的职业生涯。这一次他所开发的游戏名字叫*Glitch*。这是一个非暴力型的大型多人在线游戏（MMO），在游戏中玩家需要和不同的宗教派系竞争以争夺和吸收对方教派的信徒。然而，这个怪异却很有创意的游戏再次成了一枚无法炸响的哑弹。相反很多游戏用户更喜欢像社交游戏公司Zynga所推出的《乡村度假》（*FarmVille*）这一类的游戏。*Glitch*在2012年年底关闭了服务器，巴特菲尔德对此非常郁闷。在遣散了团队中的大部分成员后，他和团队中留下来的成员开始集思广益。他们想要拯救这家公司，但是他们该做些什么呢？

也就在这个时候，他们想起了在开发Flickr时他们是如何利用IRC来构建用户之间进行沟通对话的功能的。IRC是一种老式的聊天工具，还是在开发Flickr的那些日子里，他们当时是如此痴迷于IRC，为此他们为IRC添加了非常多的功能使得IRC可以更好地用于相互之间的合作。巴特菲尔德和他的军团决定再次回头开发并发掘IRC这一已经过时的工具，并且他们还从底层开始重新构建了一个全新的通信平台来完成他们想让它做的所有事情。Slack[8]就是这样被构思出来的，而Slack现在也已经成为硅谷最热的独角兽之一。我很迫切地想要看到巴特菲尔德接下来又会去做什么样的游戏。

Soylent

当他的初创企业被接受进入Y Combinator的时候，罗布·莱因哈特（Rob Rhinehart）非常兴奋，他们的使命就是为发展中国家建立无线网络。但是，这个项目很快就没有了方向，而且他的创业公司也很快就烧完了融到的资金。在他的联合创始人跳槽后，罗布和他的两个室友也开始参与一些不同的项目。罗布不想把时间浪费在吃饭这件事情上，所以他用一大盆水混合了各种从亚马逊购买来的营养品，每当他感到饥饿的时候他就喝这种混合的溶液。很快，他就开始辟谷，不再吃任何东西。

30天后，罗布无论是脸色还是他自己的感觉都非常得好，所以他在博客上发布了自己的经历，就这样Soylent[9]火了起来。罗布现在领导着一家从事营养品的创业公司。这个故事想要告诉你的是，你永远也不会知道你的下一个伟大的创意会来自哪里！

Pinterest

保罗·夏拉（Paul Sciarra）和本·西尔伯曼（Ben Silbermann）辞去他们的工作一起组建了一家名叫冷酿实验室（Cold Brew Labs）的初创企业。保罗离开了Radius Capital（半径资本），而本则向谷歌提出了辞呈。这是他们走向致富之路的起点。他们的产品名字叫Tote，这是一个在iPhone上使用的APP，它可以从各种在线产品目录中抽取数据来生成一个超级目录以供那些在移动中的购物者使用。他们很快就从FirstMark Capital（第一标志资本）获得了融资并开始赛跑，只是他们的这匹赛马从未能离开赛道口的大门。

Tote很快就没有了方向，可以说这个产品彻底失败了。在2009年，大多数人在购物时还不会想到要用什么APP，更何况当时的APP速度很慢，还不是那么好用，当然这其中的主要原因还是源于APP商店自身的问题。但西尔伯曼却注意到有些用户把产品目录中的图片发送给了他们并保存了下来。这是之前他们根本就没有想到过的用户行为，因此他们做了更深的挖掘。

他们决定围绕着这一行为开发一个新的产品，他们首先建立了一个新的网页，并在Tote的平台上进行迭代，他们想看一看这样做是否有可能吸引到更多的用户。新产品允许用户将他们所看中的图片放进购物篮，并对图片进行组织和排列。西尔伯曼并没有把这一做法称作购物服务、产品目录，或者其他任何东西。他刻意地维持了这种模糊化，这样无论出于什么目的人们都可以使用这一产品。

西尔伯曼告诉自己的董事会这一做法并不是在调整公司的业务方向，这不过是在原有概念的基础上进行迭代而已。他们没有什么大的愿景或计划，只是在对平台进行微调以适应用户的需求。不管那是什么，用户看上去很喜欢这个产品。这时他们才彻底放弃Tote这个名字并用Pinterest取而代之。随着企业的增长像曲棍球棒那般直线向上，Pinterest融到了大笔的资金并成了自Facebook以来最热的社交网络之一。通过这个故事我想要告诉你们的是，如果你能仔细地观察你的客户，他们就会为你带来丰厚的回报。

Groupon

当他还在芝加哥大学攻读公共政策学位的时候，安德鲁·梅森（Andrew Mason）就已经在运营一个被称作“政策树”（Policy Tree）的网站。作为兼职，他还在为一个名字叫埃里克·莱夫科夫斯基（Eric Lefkofsky）的成功创业者建立数据库。梅森实际上就住在埃里克的办公室里。作为一个以前的社会活动分子，梅森将他的注意力转向了建立一个新的、被称作“焦点”（The Point）的网站，这个网站能够让一群人聚集在一起来解决一些问题。他当时并没有什么赚取数百万美元的愿景，也没有什么商业计划书，这不过是一个关注公益问题的网站而已。

因为很喜欢梅森，莱夫科夫斯基很愿意为这个网站提供建议和辅导。过了一段时间后，莱夫科夫斯基注意到尽管大多数人只是利用这个网站来组织一些社会活动，但有那么一群用户却在利用这个网站为自己省钱，他们利用这个网站从零售商或者批发商那里获得了团队折扣。所以莱夫科夫斯基建议为那些团购者建立一个独立的网站。

梅森和其他人认为这并不是他们的核心使命。以前也曾有人提到过这样的想法，只是他们并不打算走这条路而已，不过莱夫科夫斯基却并不想就此轻易地放弃。接着“完美风暴”袭击了美国，2008 年 9 月，雷曼兄弟公司申请破产并使硅谷在风险投资上狠狠踩下了刹车。因此，梅森和莱夫科夫斯基决定裁减部分的员工。

也就在这时，梅森接受了这个想法，他愿意测试一下看一看团购能否为他们带来急需的收入。他决定先专注于本地的企业，并使它们能够对线上买家所组成的团体给予一定的优惠。这个概念可以说立刻就引起了轰动，媒体和公众非常喜欢这一创意。这时“焦点”消失了，它被团购网站 Groupon 取而代之，并一路快速奔跑着冲向了上市。通过这个故事我想要告诉你的是，你应该让聪明人围绕在你的身边并倾听他们的建议。如果当初莱夫科夫斯基没有注意到这个黄金机会，并不断反复地提出相关的建议，梅森很可能永远也无法让他的企业起飞。

Yelp

杰里米 · 斯托普尔曼（Jeremy Stoppelman）感到非常沮丧，因为他发现，要在网上找到对某个医生的好评实在是太难了。那么向朋友咨询会不会更简单些呢？他和拉塞尔 · 西蒙斯（Russel Simmons）两人一起创建了一个自动化系统，这个系统可以将推荐医生的请求通过邮件自动发给你的朋友。接着他们从 PayPal 的联合创始人马克斯 · 列夫琴那里融到了 100 万美元。

尽管有了现金的注入，他们的创业公司却并没有显现出任何可以起飞的迹象，用户并不喜欢从朋友那里获得相关的推荐。但是，让斯托普尔曼感到惊讶的是，一些用户开始针对当地某些商户撰写评论，仅仅是因为他们对那些商户感到不爽，而这恰恰是他们正在寻找的关键契机。他们把这项业务命名为Yelp[10]，而现在这个网站每月已经有了超过1.5亿的用户和1亿在线评论。这个故事证明了在发现商机上用户常常会比你做得更好。让你的客户来告诉你企业的价值所在吧！]

Shopify

Shopify是因为要解决一个企业内部问题而诞生了一家企业的很好例子。2004年，托比亚斯·卢克（Tobias Lütke）和斯科特·雷克（Scott Lake）急需为他们新的滑雪板业务建立一个网店，但是他们却没能找到一个理想的网上店铺，因此卢克决定还是自己来建网站。最后的结果令他们如此满意，所以他们决定以后也可以为其他小型企业提供建立网店的服务。目前在他们的平台上，Shopify已经有了分布在150个国家、超过275 000家的商户，并有了累计超过170亿美元的销售总额。所以我们说，没有什么能比得上你自己来解决一个你对此就有非常深刻理解的问题。很多成功的创业者都是从试用他们自己的产品开始的。

星巴克

因为霍华德 · 舒尔茨（Howard Schultz）爱上了欧洲的咖啡，所以他从 1971 年起就开始在美国销售高品质的意大利式浓缩咖啡机和咖啡豆。当他在 1983 年访问意大利的时候，他又一次地受到了启发并开始在美国开设欧式咖啡店。他把这些咖啡店叫作星巴克，美国人也正是从那个时候开始迷恋上了优质的咖啡，每天早上再也不喝劣质咖啡了。正是他的愿景使得星巴克出现在了几乎每一个国家的每一条大街上。所以你应该相信你的直觉，如果你喜欢什么东西，很有可能其他人也会喜欢。

任天堂

在《超级玛丽》和《大金刚》这两个经典游戏推出前，任天堂从扑克牌到真空吸尘器，尝试做过各种买卖，它甚至还运营着一家汽车租赁公司和连锁情侣酒店。直到 1966 年，任天堂才开始全力投入电子游戏机这个行业。有时候，在你真正找对方向之前你不得不尝试很多不同的东西。

雅芳

戴维 · H. 麦康奈尔（David H. McConnell）是一个旅游类书籍的销售商，他喜欢做的事是，无论谁买了他的书他都会赠送他一瓶香水的试用装。在他敲了很多顾客家的门后，他意识到香水要比他的书更受欢迎。所以，他雇用了一群妇女，开始销售他自己品牌的香水，他把这家公司称为雅芳（Avon）。啊，这弥漫着的就是成功的甜蜜香味！今天，雅芳已经有了超过600万的销售代表以及100亿美元的销售收入。麦康奈尔学到的是，你免费送出去的东西也许就是你的客户所需要的东西。

Twitch

贾斯廷·坎（Justin Kan）和埃米特·希尔（Emmett Shear）既是小时候的玩伴也是耶鲁的同学。他们刚开始根本就不知道该做什么，只是有着很多疯狂的想法，其中之一就是把贾斯廷·坎的生活变成为一场真人秀，在这场秀中贾斯廷的头上每天24小时都绑着一台摄像机。我现在还记得在旧金山的马路上看到他头上戴着一个很难看的摄像机在到处闲逛。这谈不上是一项什么业务，但是Y Combinator的联合创始人保罗·格雷厄姆却看上了他们这支团队并决定向他们投资5万美元。

"我们根本不知道自己当时在做什么，"贾斯廷说道，"这对所有人来讲都是显而易见的。"但是媒体喜欢他们的做法，他们把贾斯廷塑造成了一个明星，而且很快流媒体直播就成了最新的时尚。他们的视频网站Justin.tv转型成了一个网站，通过这个网站任何人都可以进行实况转播。到了2010年，他们已经有了每月3 100万的独立观众。差不多在同时，他们注意到游戏玩家在使用Justin.tv对转播游戏和竞赛，这时，他们真的感到惊讶了。随着游戏流媒体市场的增长，他们剥离出了一个专门为游戏服务的网站，后来他们又把这个网站改名为Twitch。到了2014年，Twitch已经有了5 000万的观众，而亚马逊在这个时候冲了进来，并以9.7亿美元的价格收购了它。

Justin.tv这个网站已经关闭了，但是它的创始人却带着财富离开了，何况Twitch还依然活在了亚马逊的世界里。这一系列的迭代实在是太惊人了。所以绝对不要停止创新，保持下去，直到某一天有人会给你一大笔你根本无法拒绝的金钱。

创新需要多元化，别只看到明星员工

这个世界并不会因人的智商而受到限制。但我们每个人都会受限于我们的勇气和创造力。

阿斯特罗·特勒[11]

科学家和作家

如果你想让谁不同凡“想”，那么这些人首先要与众不同。正是那些有着不为他人所认可的想法和观点的人才能激发这个世界的改变。他们是所有变革的催化剂，能激发你的团队向前迈出一步并走出自己的安乐窝。你也许只考虑让你的明星员工——你的顶尖科学家、销售明星、精明的市场营销人员以及最为出色的战略家——进入你的创新团队。但是他们中有些人也许并不是最好的创新者，他们也许会沉迷于惯性思维从而错失各种可能性。换句话说，不要在挑选你的创新团队成员时仅局限在那些表现出色的员工身上。你应该把他们融合在一起，让你最好的人才与你企业中的其他员工一起工作。

那个坐在角落里、头上戴着耳机、从来不和其他人交谈的弗兰克可能对你的业务有着深刻的洞见，或者他看待事物的角度和方式是其他人所不具备的。至于那个穿着古怪的服装、有着非常激进的想法、名字叫玛丽·简的怪人也许和弗兰克[12]是同一类人。她可能就是让团队其他成员能放下戒心、身心松弛并发挥出创造力的那支大麻。当你建立这些创新团队时，将整个过程对全公司开放，而不是仅仅局限在某个封闭式的小组内是非常明智的决定。在全公司范围内举行一场竞赛，让所有人，从CEO一直到门口的警卫都有机会提交自己的创意并通过竞争成为一个创业者。你也许还可以对创意过程进行民主化，让公司里的每个人都有权投票决定什么才是最佳的创意。这样你就能奠定一个正确的基调，激励你的整个企业，并明确整个公司都应该参与创新的过程。

你也许会对谁转变了你的整个企业感到惊讶。久多良木健[13]原本只是索尼一个比较底层的员工，他当时花了很多时间来摆弄他女儿的任天堂游戏机。他只是想让这台游戏机变得对用户更为友好且性能更加强大。当他的项目开始受到关注时，索尼的几个高级经理对此感到非常恼火。他们认为游戏机是在浪费公司的时间和资源，对索尼来讲游戏机绝不是未来。尽管有这些反对的意见，久多良木健的编外项目却在最后成功地推出了索尼的PlayStation游戏机，这也是迄今为止世界上最为成功的消费类电子产品之一。

当你为你的团队选择创新者时，有些事情是你必须加以考虑的。对于创新者而言，相比于一个人所受到的教育、他的智商或者个人动机等这些因素，更为重要的应该是他的性格特征，而正是这一点将预示着某人是否有能力来打破从众心理的壁垒。具有强烈好奇心的人更容易成为一个好的探索者。当你能把好奇心、推动某人去创造一样东西的激情、对新的体验持有的开放心态以及绝不墨守成规的思想等结合在一起，那么你就能很快地寻找到一个理想的创业者。

但是你的团队绝不能只选择某一类人。你绝不会想要一支所有人的想法和做法都很类似、由同一类型的人所组成的团队。你所需要的团队成员应该有不同的视野、想法和背景，只有这样，你才能建立起一支有活力的团队。以下就是在任何团队中都应该具备的一些团队成员的类型和性格特征。

机会主义者

机会主义者总是在寻找某种可以获得大回报的东西或机会。他们会在较早的时候就发现市场上的机会并且会毫不犹豫地投入进去。他们喜欢面对新的挑战，特别是如果这一挑战意味着他们可以有机会去超越其他人。你可以找到这个世界上最聪明的人，但是他们却可能会对就在他们眼前的机会视而不见。而另一方面，机会主义者对于任何可能会出现的机会极其敏感，并且会毫不犹豫地将这样的机会转化为金钱。

领域专家

尽管围绕着创业者有着各种各样的神话，比如创始人中学辍学，之后他改变了整个世界等，但实际上大多数的创始人都受过高等教育，具备了理解问题的关键能力，以及实现各种可能性的专业知识和基础训练。创新必然是建立在对这个世界的某一部分是如何运作的深刻理解之上的，这其中就包括理解复杂的商业流程、技术以及社会发展趋势。创新者如果想要弄明白实际发生了什么，以及辨识出什么才是需要加以改变的东西，那么他们就需要在一些关键的领域具有一定的知识深度。他们是否拥有常春藤联盟的学位，还是他们自学成才，这些实际上都并不重要，关键是他们必须能够弄明白他们正在做的东西。

沟通者

在你的团队中至少应该有一个EQ（情商）很高的人，这一点是非常重要的。你需要这样一个人和其他部门打交道。创新需要合作，而你的创新团队需要其他人的参与，那个已经建立起很强的人际关系网络的人是一个很好的人选。创新靠单干是永远干不成的，如果你在合适的时间能找到合适的人，那么事情就会截然不同。管理专家乔恩·卡岑巴赫（Jon Katzenbach）是这样进行总结的，“在一个创新团队里，你没有办法将一个创新者从他个人的关系网中分离出来”。而且一个项目的成功可能还常常会取决于他的个人关系。让某个在企业内部具有某种影响力的人加入你的创新团队会改变整个方程式。

讲故事的人

如果你的团队正在做的是真正的创新，那么你就需要有人能够和公司的其他部门进行正式的沟通。让人能够信赖你的最强大和最为有效的方式就是讲故事。风险投资公司常常会基于初创企业所讲的故事而决定是否对他们进行投资。在你的团队中必须要有这样一个人，他不仅能把故事讲得令人信服，而且还能让其他人接受你的愿景。

推进者

在团队中你还需要有一个无情的推进者，推进者的性格特征是，他绝不会接受“不”作为一个问题的答案。当事情无可避免地出了问题时，无论这个问题有多么困难，这个人都会尽全力想出办法来解决。当所有的事情都令人绝望时，推进者甚至会在这时加倍下注、冲锋在前并且更加努力地去尝试——因为这就是推进者应该干的事。这样的性格特征在你的团队中实际上是无可替代的，正是这一点把真正的创业者和办公室里那些打发日子的傀儡们区分开来。

组织者

你的团队中需要有人能关注细节。一支无组织的团队绝不会有任何的进展，只会表现得一团糟。你需要有人能够搜集问题的所有碎片并把它们拼接在一起。一般来讲，这样一个人应该是一个项目经理，他会制订计划、安排所有人进行工作，并确保没有任何东西被遗漏，在这些方面他必须是一个专家。

外来者

不要自以为是地认为，在你的创新团队中所有的成员都应该来自你的企业内部。团队中增加一个外来者常常是团队自身的需求。一个没有受到过你的企业文化的影响，并深深卷入到某种办公室政治的外来顾问，常常能够将团队带领到一个他们根本想象不到的地方。在你的团队中如果还有一个不齿于去挑逗他人进行投机冒险的煽动者，那么这个人往往也能够将团队引领到一个全新的方向。你可以试着去找到这样一个人，这个人将具有团队中其他成员所缺乏的经验和知识。企业咨询顾问、经验丰富的企业家或创业者，以及在特定领域具有很深专业知识的研究人员，他们常常都是很好的选择对象。你选择怎样的人取决于你的团队会有哪些迫在眉睫的需求。

承诺

最重要的是，你需要所有的核心团队成员都能全身心地投入。团队中可以有部分人员兼职，但是核心团队成员必须百分之百地投入。除非创始人是全职的并且已经辞去了他们原来的工作，否则大多数有经验的风险投资人是不会对那家初创企业进行投资的。卡特·格里芬（Carter Griffin）是服务于“数据更新合伙人”（Updata Partners）的风险投资人，他是这样说的，创业者“必须全身心地站在他们所提出的方案的背后，并作为一个对冲失败的人。那些无法做到全身心投入的人一般是不会成功的”。这一点对于在大型企业内部的创新团队来讲也是相同的，每一个人都必须做到专注，并全身心地投入以确保项目能获得成功。在这里没有回头路！

当你发现团队成员之间可以很好地一起工作，并且还可以做出非常出色的成果，那么这时你就应该退出了。如果你找到了成功的方程式，你就不应该再对这个方程式做出任意的改变。让他们继续待在同一个团队里，他们想待多久就多久。要产生某种魔术般的结果是很困难的，但如果你确实做到了，你就应该保护并培养它。能产生这种结果的团队成员组合是很少见的，并且几乎可以说是无法复制的。有一件我可以告诉你的事是，当你能看到创意的火花飞溅时，你就会知道事情已经成了。但如果你没能看到，那么还是重新洗牌吧！

去做一些截然不同的事情吧

最开始他们不理睬你，接着他们嘲笑你，再接着他们开始反对你，然后你就赢了。

圣雄甘地

创新不是去做那些其他人也在做的事情，你要做的是截然不同的事情。你应该把你的创新团队成员解放出来，告诉他们，他们的工作并不是去做那些人们期待的事情，或者他们已经习惯了的事情，甚至也不是他们所擅长的事情。他们应该去打破限制、犯一些错误、游走于各种各样的边界，并把不可能转变成可能。

突破自己所在的群体并选择走自己的路是一件困难的事，与众不同也是一件困难的事，但创新却是一件更加困难的事。你需要完全改变你和你的团队看待这个世界的方式，但这必须从你自己开始。花点时间写下在很平常的某一天里你会去做哪些事情。你可能会注意到这其中存在着某种特定的模式，你实际上是在不断重复地做着同样的事情。你每天会走进同一间办公室、与相同的人交谈、吃同样的食物、阅读同一类型的书籍、看相同类型的表演等。你应该停止这种无休止的重复，打破原有的生活模式，尝试去做一些与众不同的事情。

你的目标不应该是那种递增式的改良，而应该去学会如何彻底地重塑你自己体验这个世界的方式。在我的人生中如果说有一件事情我已经弄明白了的话，那就是那些获得伟大成就的人不但是在不断地重塑这个世界，他们还在不断地重塑自己。他们绝不会让自己变得死气沉沉，也绝不会接受人的自我是恒久不变的这种观念。他们始终相信如果他们想要去做，那么他们肯定能做到并且还能做得更好。他们不断地挑战自我，这使得他们能用一种全新的视角来观察整个世界，并且他们还对所有的事物都抱有强烈的好奇心。

如果你想知道我正在说的是什么，那么请读一下泰迪 · 罗斯福[14]的故事。仅仅凭借自身的意志，他一次又一次地重塑了自己，而在这个过程中他也重塑了美国。他原本是一个体弱多病的孩子，但最后却成了一个无所畏惧的战争英雄、雄辩的演说家、出色的政治家、社会改革者和探索世界的冒险家，更不用说他还成了美国的总统。他的成就包括：撰写 30 多部作品，打破了几乎无所不能的托拉斯垄断，规范了铁路运输，保护了劳工权益，通过了食品和药品安全法规，保障了巴拿马运河，创建了国家公园体系等。

罗斯福是一个真正的创新者，他毫不畏惧任何新的创意。他不断地挑战权威以及被大众所广为接受的信条。他不满足于现状，他坚信会有一个更好的世界，他展望这样一个世界，并将这个世界带到了众人面前。如下所引用的诗句对此做了很好的总结：

批评家的言论并不能说明什么；

那个指出强人如何蹒跚而行或者实干家能在哪些地方可以做得更好的人也只不过是在空谈罢了。

荣耀只属于那个真正站在舞台上的人，

他的脸上满是泥土、汗水和血迹，

他勇敢地奋斗，

他一次次地犯错和失败，

他拥有着前所未有的狂热，

还有伟大的奉献，

他投身于一个崇高的事业。

若有幸，到最后，他的伟大成就会为他奏响胜利的凯歌，

若不幸，他失败了，至少在面对失败时他无所畏惧、毫不退缩。

在他的殿堂里永不会有那些对于胜利和失败完全无知的怯弱的灵魂。

我对你所提出的挑战是你能不能做到毫不畏惧。看清楚自己的强项和弱点，无论看上去事情会有多么困难或者不现实，你都应该要求自己走出的每一步都能做得比前一步更好。不要害怕失败。我知道有很多人在他们年轻的时候会非常害羞和焦虑，但把他们放在一个众目睽睽之下必须表现自己的舞台上时，他们就成功地克服了对自身前途极其有害的羞怯。他们中

有些人现在已经成了政治家、演说家和企业的CEO。所以你完全有可能重新搭建你大脑中的神经通路。很多研究已经表明人的大脑具有令人不可思议的可塑性。人类所具有的这种能力不但可以改变人们的思想，还可以改变一个人的生理反应、心理以及人格。我们甚至还可以改变人的基本性格特征，无论是某个人的怯懦倾向还是暴力倾向，并且我们还能重新塑造应对周围世界的方式。

那么这些和创新又有什么关系呢？一个简单的事实是创新是从我们的头脑开始的。为了能进行真正的创新，我们需要扩展自己的思维。创新意味着你能想出一些这个世界从来没有看到过或者尝试过的东西，这显然不容易。在思想中超越普通人能够想象的范围是很少一些人与生俱来的天赋，也是某种需要好好培养的东西。正如运动员为马拉松比赛或者奥运会比赛进行训练一样，你也可以训练你的头脑成为世界级的创新机器。

在训练自己之前，你需要明白新的创意绝不是无中生有的。它们来自通过联想将所有你曾学到的，以及曾经历过的事情组合在一起，然后再经过你的意识加工。爱因斯坦把这称为组合游戏，这是一个将已有的想法拿过来然后用一种新的方式加以组合，并想象其结果的过程。你可以对某一个主题进行深入的思考，与此同时在思想实验中对新的概念进行自由组合和试验，通过这种方式你可以不断地练习。这就是这个世界上很多最伟大的思想家做出他们思维突破的方式。

但并不是只有爱因斯坦才能从这一过程中获得好处。大多数创新来自将旧思想从某一个领域简单地应用于另一个领域。在我们的生活中有无数这样的例子。领英的概念就是将纸质的个人简历与社交网络混合在一起。易贝拿来了传统的拍卖概念并在互联网环境中进行复制。Groupon将优惠券与团体采购的概念结合在了一起。克雷格列表（CraigsList）在互联网上模仿了报纸的分类广告。电子邮件则来自在某人的桌上留下一张便条这一简单的概念。如果你仔细地观察一下任何主要的创新，就可以发现所有这些创新都源自人们已经在做的和正在思考的东西。

对这一过程有一个名称，我们将其称为知识的借鉴，在这一过程中你可以把某一个领域里的概念拿过来并在一个全新的背景中加以应用。很多公司已经对这一过程进行了系统化，它们不断地挖掘老的概念并将其应用于解决新问题。硅谷著名的设计和咨询公司IDEO利用这一方法已经创造出了世界上一些最具代表性的产品。它鼓励设计师们不断地探索和摆弄那些最普通的产品和材料，哪怕在当下它们并没有任何直接的用处。IDEO已经意识到这些知识对于创新是非常重要的，它们是启发设计灵感的原材料。它甚至创造出了一个由很多盒子所组成的系统，用于储存它的员工们所搜集的各种小工具、电子产品、玩具以及稀奇古怪的东西。

托马斯·爱迪生曾说：“想要发明出什么东西来，你需要有好的想象力和一大堆的垃圾。”这就是为什么扩展你的视野是非常重要的，你需要在你的大脑中填充很多有用的垃圾。埃隆·马斯克就一直在运用这一策略。他在不断地阅读。当他还很小的时候，他就通读了整本大不列颠百科全书，因为当时他家里已经没有其他书可读了。每当他深入一个新的项目，比如他正在设想的如何把人送上火星，他就会阅读可能与这个项目有关的所有书籍。他会把自己埋在各种信息里，并以此搭建他自己创意的基础，这样他就可以构建一张通向未来的路线图。

作为一个创业者，你不应该只阅读那些商业类书籍。我很喜欢商业类书籍，但我还是会确保自己去阅读从科学期刊到古典文学、玄幻小说、诗歌、历史以及哲学等各种类型的书籍。为什么我会这样做？因为从各种不同的来源去发现和学习新的事物可以逼迫我从多个不同的角度来看待这个世界。阅读苏美尔人的爱情诗或者鸟类学历史等这一类书籍是不是在浪费时间？当然不是。正是那些在我们正常交往圈子以外的思想才是最有价值的，因为那些正是我们之前从未接触过的思想。这些思想会迫使我们头脑开放，激发出新的创意，并形成我们进行创新的构建模块。

当我读到一个认知音乐学家[15]是如何分析和理解音乐的时候，它对我该如何去理解商业这个概念产生了冲击。我不由自主地将这些音乐学理论应用于我正在想办法解决的商业问题中。同样的事情也发生在我深入阅读天文学、量子生物学、宗教研究、营养基因学、中世纪历史以及无数其他课题的时候，这些课题从表面上来看和我的工作没有丝毫关系，但事实上我总是在寻找一些我了解得很少或者我对其完全一无所知的课题方面的新书，因为这是创新最为肥沃的土壤。

当有学者分析了那些最具有创意的研究论文后，他们发现这些论文中的大多数几乎没有什么新的概念。相反的是，他们所做的只是摆弄一些老概念并将这些概念运用到一个新的领域。把心理学的概念引入企业管理后就形成了产业和组织心理学。计算社会科学把统计学、大数据、计算机科学以及社会学结合在了一起，可以用来理解各种社会现象以及随着时间发展而形成的各种趋势。重组模因论借用了重组DNA的概念来研究如何用模因这个概念来解释一些社会学现象。认知经济学把认知科学、计算经济学，以及关于理性思维的理论和决策论组合在了一起，以期设计出一个关于大规模经济行为的全新模式。

这种从某一个领域借用概念并将之应用于另一个领域的做法就是我们开展创新的方法。在我们的历史中，从科学革命前到现在，人类一直在运用这样的方式推进知识的积累和思维的扩展。如果我们想要创新，那么没有比这更好的方法了。

我经常出差，而旅行中的一大乐趣是观察世界各地的人们如何相互沟通、合作以及解决问题。这些经历让我得以用全新的方式来重新思考我在社会中的角色我的公司以及我自己。当我并不只是为了开会而走向会议室时；当我给自己时间和自由来探索、漫步街头、与普通人交谈并学习他们文化的时候；当我将对书本中某种文化的理解与我自己的直观感受融合在一起，并且开展业务的新思路和新方法开始变得清晰起来的时候，我开启的正是我人生中最佳的体验。

这个世界上最伟大的思想家常常从其他文化中获取到了他们最好的思想，并随后又将其改造成为自己的东西。古希腊哲学家毕达哥拉斯从古埃及借鉴了各种思想。莫奈和梵高受到了日本艺术的启发。但丁的《神曲》中则融入了一些伊斯兰学者[如伊本 · 阿拉比（IbnArabi）]的宗教著作中的内容。

当我们沉浸在自己的文化时，我们常常会对很多事情视而不见，还会把很多事情认为是理所当然的。但是，当我们踏足另一种文化的时候，我们就会有机会以全新的眼光来看待我们的生活。只要设想一下，如果没有马可 · 波罗、费迪南德 · 麦哲伦、刘易斯和克拉克（Lewis & Clark）、托马斯 · 库克（Thomas Cook）、玄奘、伊本 · 白图泰（Ibn Battuta）等人，那么这个世界又会是怎样的[16]。超越在自己的文化中的行为习惯可以帮助我们建立起新的联系，并且能够看到在其他的情形下会被我们所忽视的东西。

研究历史是另一个有价值的创意来源。你是否知道人类历史上最伟大的创新者之一是成吉思汗？在西方，我们把他看成一个残暴的野蛮人，因为他从亚洲、中东再到欧洲一路上到处烧杀劫掠。但这却并不是故事的全部，他实际上是一个非常杰出的人，他不断地实验各种新的创意并建立起一个重塑整个世界的、持久的帝国。他生来就是一个低贱的流浪汉，而获得成功的唯一途径是团结所有的蒙古人。为了达成这一目标，他消除了阶层的差异并建立了精英政治体系。通过将弱点转化成为优势，他为一个全球性的帝国建立了基础。

成吉思汗又对兵法进行了创新。他完善了闪电战、伪装撤退和围攻战的理论。甚至他还发展了心理战来恐吓敌人并使他们士气低落。另外，他还吸收了西征路上所遇到的工匠、学者、宗教和各种发明，并把它们整合进了蒙古的社会结构之中。运用所获得的知识和人才，他才能发展和管理自己不断扩大的帝国。蒙古人最后不但统治了中原，还统治了庞大的中亚地区、俄罗斯、中东、印度以及部分欧洲地区。这绝不是一个野蛮人所能取得的成就，这是一个创新天才所留下的遗产。

像成吉思汗一样，你需要走出你自己的舒适区，拥抱未知并挑战极限。去尝试一下跳伞——哪怕你非常害怕。你只有去做了，才会知道你会有什么样的感觉。如果你从来没有去过剧院，那么去买一张门票，到现场体验一下。去找一个能租借一辆赛车给你的赛道，然后绕着赛场转圈吧。如果你从来没有参加过一场黑客马拉松，那么现在就去吧。团队建设的体验是令人不可思议的。你会很惊讶地发现，在几个小时以内，你们相互间就能从完全的陌生人成为亲密的朋友和合作伙伴。任何管理类书籍都无法教会你比上面罗列的更多的东西，因为你自己就亲身参与其中。

如果你每天晚上 11 点上床，那么你可以试一试熬个通宵，一边喝着咖啡一边坐下来随手写下出现在你的大脑中的任何东西。你可能会对你想出来的那些东西感到非常震惊。到旷野中徒步旅行两周，写一首诗，去一家禅修院，在那里你可以花几天的时间来安静地修习禅定，然后再来看看这样的修行会如何改变你的思维。寻找那些与你的观点相对立的思想，与那些本地的艺术家闲聊，参观他们的展览会，然后把他们拉进你自己的项目中，或者简单地阅读一本你之前绝不会拿起来的书。

有无数种不同的方式可以让你在全新的体验面前敞开心扉，在面对这些非同凡响的体验时，你只需要打破常规去做一些截然不同的事情，只有这样你才能做到与众不同，并且非同凡“想”。因此仅仅有一支多样化的团队还不够，你还需要让你的思维多样化。你需要的是让尽可能多的新鲜的、截然不同的创意在你的头脑中来回激荡。这些创意如何才能组合在一起并构建出新的思想才是创新的关键。我们的大脑是一台进行组合的机器，它可以从我们的经验中抽取素材并以一种全新的方式将它们拼接起来，直到我们能获得某种行得通的东西。

对所有的事情进行质疑，并问你自己这样一个问题——为什么事情本来就是这个样子的。你还应该对各种反对的意见持开放的态度。事实上，你应该去寻找并接受那些你直觉上认为是不真实的东西，看看你能否从中发现一些事情的真相。我们绝不应该盲目地相信自己对于各种事物的印象。至于那些持有反对意见的人，也许他们的有些观点被我们所忽略或者过滤了。毕竟这个世界是在我们的头脑中构建起来的。我们所知道的东西正是我们所相信的东西，但是在外面还有着很多我们无法看到的真理。人们曾经以为计算机只有在科学研究中才能获得应用，真空管就已经是解决方案了，而键盘则是完全没有用的东西。但看看今天这个世界，这变化实在是太大了。

如果无法看到事情的内在并对你自己进行挑战，那么带领你的团队走向一个你自己都无法看清的、关于未来的愿景就会是一件非常困难的事情。如果你自己都不明白，那么你又如何来激励、培育和引领你的团队走向新的前沿呢？作为一个真正伟大的创新者，首先你需要在自己身上进行创新。

成为一个赢家的七件法宝

不要担心失败；你只要做对一次就行了。

德鲁·休斯敦

Dropbox的联合创始人

我们都知道这是个赢者通吃的世界，而且我们所有人都想成为赢家。因此我们需要问自己这样一个问题，是什么因素让赢家从失败者中脱颖而出？我们已经在前面谈论了很多关于如何进行创新的话题，但是如果你无法收获成果，那么创新就是一件无关紧要的事情。这本书中所涉及的主要还是关于根本性的、激进式创新，其目的是创建一个新的、数十亿美元的企业，是创建下一个 Twitter、谷歌或者阿里巴巴。但是你又如何来判断你的小小创意是否能成长为一个巨人呢？

让我们从赚钱开始讲起。事实上只有两种真正意义上的商业模式：要么你的顾客付钱给你，要么某个广告商付钱给你。就是这样，除此之外就不再有其他的赚钱方式了。如果客户付钱给你，你在每一个客户的生命周期内要么与该客户产生多笔小额交易，要么就做几笔大的买卖。那些顶级的移动游戏运营商在客户的生命周期内会诱惑玩家不断地重复支付小额现金。飞机和汽车制造商则会让客户支付一大笔现金，但支付频率就会低很多了。无论用哪种方式，这些企业在客户的生命周期内从客户手中所获得的金钱必须要大于获取这些客户的成本以及公司的运营成本，否则从长期来看企业是不会成功的。事情就是这么简单。

第二个模式是广告。确实，还有其他的方式来获取你的营业收入，其中包括在线营业收入共享、赞助、营销项目加盟等。但是这些实际上只是另一种形式的广告罢了。你无法通过改变名字来绕开相关的规则。要让广告起作用，你通常需要有大量的用户来使用你的产品——客户使用你的产品频率越高，时间越长，其效果也就越好。如果你的网络只有很少的用户，或者用户无法做到经常使用你的产品，那么你就无法通过销售足够多的广告来赢利。大多数以广告为基础的服务项目只有当它们有了足够多的观众或者活跃用户（通常这个数字是 100 万或者更多）时才开始赚钱。如果你的产品无法做到这一点，广告模式就出局了。

这对于任何新业务都是一种立竿见影的测试。每个人都认为商业模式是很复杂的，但实际上却并非如此。我不知道还有什么公司是利用第三种方式来赚钱的，但只要你无法赚取足够的钱，你就无法建立起一个价值 10 亿美元的企业，这样你就只能回到出发的起点。

接下来你需要考虑的是可防御性。一家新的企业如果想要获得指数级增长，它就需要一种能避开竞争对手的方法。换句话说，它需要设立市场进入壁垒以使自己能成为这个市场的主导者。所有伟大的企业都有一种不公平的竞争优势，可以使它们在吸引、维护和货币化客户这些事情上做得比任何竞争对手都要好很多。没有一种实质性的不公平竞争优势，你就不得不在一项低利润的业务上展开竞争，而这通常意味着缓慢的增长以及有限的赢利潜力。显然，这不是大多数的创业者正在寻求的业务类型。

那么你又如何才能知道你的创新是否有潜力成为市场的主导者呢？这里有霍夫曼船长的 7 项不公平竞争优势：

1. 比预期的产品好

开发出一件与你的竞争对手们相比要远好于预期的产品。如果你的产品无法做到比竞争对手要好上几个数量级的话，客户们就会很简单地去寻找这个市场上最便宜的产品，而你也就永远无法建立起一个庞大的企业。抓住和维系客户需要你能为客户提供更多的价值。

2. 创造一个全新的市场

创造出一个全新的市场。如果你的产品是如此独特和引人注目，单单产品本身就已经足以定义一个全新的产品分类的话，那么毫无疑问你已经是一个赢家了。要做到这一点并不容易，但是有很多公司一直在这样做。你只要看一下Nest，这家推出了智能温控器的创业公司引领了物联网的潮流；还有Oculus Rift，这家创业公司令虚拟现实变得家喻户晓。甚至在它的市场被验证以前，它就已经把自己卖到了数十亿美元，原因是它定义了一个全新的市场。其他这一类的例子还包括：健身领域的Crossfit、快餐领域的“干红辣椒”[17]、服装领域的Lululemon以及家具领域的“宜家”。

3. 成为第一家颠覆现有市场的企业

成为第一家使用新技术或者商业模式创新来颠覆现有市场的企业。如果你能以远低于竞争对手的价格向市场提供同类产品和服务，即便你的竞争对手在市场上的地位已经根深蒂固，你依然能从他们的手中偷取客户。这就是最经典的对市场的颠覆。其中的例子包括：电影和电视领域中的“网飞”、分类广告领域的“克雷格列表”、股票经纪领域的“E*TRADE”、地产领域的“Redfin”，以及银行业务领域的“Simple”。

4. 抓住网络效应

充分利用网络效应。网络效应是指在你的网络上用户越多，你的业务价值增长也就越快。社交网络和双边市场就是这一效应的完美案例。邻里（Nextdoor）的估值随着更多邻里的加入在不断增长。Homeaway.com则随着新租户或房主的加入其估值也在同步提升。几乎所有的顶尖互联网企业都充分利用了网络效应：谷歌的广告关键词有大量的广告商和出版商，亚马逊则有大量的卖家和顾客，优步有大量的乘客和司机，Snapchat有大量的朋友圈，领英的每一个客户都有大量的同事，易贝有大量的购买者和卖家，而且这张清单还可以一直这样罗列下去。

5. 获得排他性的经销权

利用各种方式和关系建立起你独有的排他性经销权，你可以使用的方式包括：专利权、独家分销渠道、政府支持、法律壁垒等。例如，在新技术将有线网络引入广播领域内的竞争之前，ABC、NBC、和CBS拥有政府批准的在广播市场上的垄断权已经很多年了[18]。高通公司在使用它的专利权方面可以说是真正的高手。而“滴滴出行”在中国则得到政府的相关支持。

6. 锁定长期客户

锁定你的客户。价值10亿美元的企业很少会和客户做一次性的交易。他们需要建立一种长期的关系，在这种关系下，客户使用你的产品的时间越长，他们离开你的产品的难度也就越大。你只需要看一看微软和苹果的生态系统便知，一旦你开始使用它们的产品你就很难放弃。谷歌文档和Gmail也同样如此。Salesforce[19]也已经建立起这个世界上最强大的生态系统之一。那些伟大的企业都会建立一个强大的生态系统，在这个系统中它们的客户会投入时间、资金、信赖以及个人情感。这也因此加大了客户转换门庭的成本，而企业则由此建立起了一个巨大的不公平竞争优势。

7. 建立一个品牌

如果你能在其他人之前就看到一个新的趋势、社会的变化、市场的迁移或者某种被禁锢的需求，那么你就能进入这个市场并建立起一个品牌。品牌自身就具有将你的产品与其他任何人的产品区分开来的能力。为什么人们会愿意为有品牌的药品和食品支付更多的钱，却看不上那些产品完全相同只是没有品牌的产品呢？Lululemon、卡地亚、Gucci和PRADA都因为很强的品牌优势而拥有了一种不公平的竞争优势。创建品牌的成本很高且很困难，而最好的方式就是在市场上找到一个还未得到满足的需求并成为第一个采取行动的人。

绝对不要欺骗自己。仅仅因为你注册了一个品牌，并不能使这个品牌拥有价值；仅仅因为你申请了一项专利，并不意味着这项专利就一定值得人们的关注；仅仅因为你第一个进入这个市场，并不能确保你一定会成功；仅仅因为你发明了某项新的技术，并不意味着这项技术一定能为你赚钱。你必须以批判的眼光来分析每一项创新，判断这项创新是否确实有你所相信的潜力。只有当你手上的案例确实有很强的潜力时，上面这 7 条原则才真正适用。无论你做了什么或者你在其中投入了多少资源，如果你的项目本身没有潜力，那么它也就永远不可能发展成为一个大的企业。当你意识到这一点的时候，也是你应该重新开始的时候。

现在，迎接企业的腾飞吧

请记住，在经历了所有那些尴尬、那些失败的实验、那些被取消的项目后，你只需要有一个项目能够脱颖而出，就能转变你的整个企业。大多数伟大的新兴企业都是建立在某一个突破性的创意基础之上的：可口可乐的软饮料、吉列的安全刀片、高乐氏的漂白剂、贝尔的电话、福特的组装流水线、英特尔的 4004 处理器、思科的路由器、Facebook 的社交网络、谷歌的搜索引擎等，这个清单还可以继续罗列下去。

如果你的创新团队同时在数百项创新上开展工作，但只要其中有一项没有失败，就已经足够了。一个关键的洞见可以重塑你的整个行业，但请记住这并不是一件容易的事。当你一次又一次并再一次地失败时，举起双手认输对你来讲会是一件很容易的事，但这个时候你最需要的恰恰是坚持下去。只是你心里应该明白，世事大多是不尽如人意的。大多数你正在进行的创新项目，大多数你正在做的事情，最终都会终结于垃圾箱里。它们不会为你带来任何营业收入、喝彩声、媒体的宣传或者显而易见的进展。到最后，每个人都会提出疑问，所有这些是不是真的值得。但绝不要被这一系列连续的失败而吓到，你应该看得更深入一些。

在所有这些失败的背后就是真正的价值所在。创新并不等同于某一个特定项目的成功或失败，它关系到的是你的团队学到了什么以及做了些什么。即便你的创新团队没能向市场推出一款突破性的产品，也没能因他们的工作而产生任何实际的营业收入，但他们依然在汇集有价值的知识和经验，并与公司的其他部门一起分享。这种分享可以帮助你改善现有的产品、客户服务、生产、市场营销以及销售，并使你公司的所有部门更具有创造力和赢利能力。

另外，如果你能让每一个部门的员工、每一个处于不同地点的分支机构中的员工都参与到这一创新进程中来，并把他们组织成为一支紧密合作的团队，那么他们自己就能团结起来，建立关系，并发展出新的内部网络，所有这些将会使你的企业变得更加强大和理智。你的创新团队也许只会存在几个月的时间，但是当他们回到原来的工作岗位后，他们将带回新的方法、流程以及工具。他们还将与公司里的一些关键人员建立起新的沟通渠道。这就好像人的大脑一样，你建立起来的这种联系越多，你的企业也就会变得越聪明。单单这种沟通桥梁的建设就已经值回了你之前所投入的成本。

如果你尝试的时间够长也足够努力，如果你对整个流程进行了完善，如果你训练了你的团队如何进行创新，那么你最终必将获得重大的突破，这只是个时间问题罢了。创新是一个很残酷的过程。大多数初创企业失败了，而且你再也不会听到它们的任何消息。我们能够听到的也只是那几个大赢家和大输家，成千上万的小输家被埋在了没有墓碑的坟地里。但没有这些失败，我们今天的世界就不会有谷歌和Facebook了。

只有无所畏惧你才能实现伟大的业绩。只有承担巨大的风险你才能发明这个世界从未看到过的东西。只有彻底地改变你企业的管理流程，你才能有望在未来获得成功。只有做到所有这一切，你的企业才能变得比之前更健康、更有活力和更有创造力。现在是时候走出去，让你的愿景、让你的企业真正飞起来吧！

敬启

霍夫曼船长

你必须知道的与创新有关的概念

创新的神话

关于创新的神话可以说比比皆是，而且所有这些神话听起来就好像是真的一样，这也正是为什么它们会不断传播开来。作为这个附录的一部分，我们会罗列一些到处流传并且还非常受欢迎的创新神话，并尽力消除这些神话所产生的影响。还请注意，这里有些内容已经在前面的章节中谈到过，但大部分在前面并未涉及。

神话 1：创新是不断稳步推进的

当我过于简化地描绘那根创新曲线，并向你演示技术是如何从一开始平稳地发展，稳步向上直到后期的指数级增长的时候，甚至可以说我也已经落入了这一神话之中。事实的真相是，历史是一段一段地、跳跃式地向前发展，往往是向后退一步，再向前走两步。政治上的动乱、战争、饥荒以及自然灾害都会对历史的稳步发展产生冲击。

如果我们回头看一下，古希腊早就有了很多创新和相关理论，只不过这些创新和理论被淹没在了历史之中，直到文艺复兴时期才被人再次挖掘了出来。以古希腊哲学家留基伯（Leucippus）和德谟克利特（Democritus）为例，他们在公元前 5 世纪就已经提出了原子的概念。但是，因为他们的理论与亚里士多德的理论以及基督教的教义相冲突，所以直到公元 16 世纪和 17 世纪之前都一直受到了严厉的压制。当希腊人在公元前 6 世纪提出了大地是球形的时候，同样的事情再一次发生了。

即便出现了这些重大的历史倒退，但从宏观历史的角度来看，这个世界却依然在不断地进步。我前面所画的那条线实际上更应该像是一条锯齿线而不是一条平滑的曲线，但是总的方向依然是向上的，并且创新的速度在不断地加快。

神话 2：项目开始得越早，项目结束得也就越早

当涉及创新时这种说法就不一定正确了，这和你开车去上班完全不同。创新所走的并不是一条线性的道路，它更像是在挖金子。你可以很快地就完成一个项目但最后得到的只是黄铁矿。这时项目也许已经结束了，但你却并没有获得什么突破性

的创新。所以项目开始的日期远没有过程重要，如果你把过程弄对了，那么你构想出一件行得通的东西的机会就会大增，而在项目上所花费的时间就会相应减少。

神话 3：创新本身就是解决方案

创新更多的是关于如何清楚地理解真正的问题，而不是仅仅想出一个新的解决方案。很多创新者都会踏入的一个陷阱是，他们会对一个没人在乎的问题提出一个解决方案。我总是能看到这样一些初创企业，它们以一个非常吸引人的概念起步，但最终却将所有时间花在了搜寻根本就不存在的客户上。爱因斯坦说过的一句话恰好道出了一个创新者在面对问题时应该持有的态度，“如果我有一个小时来解决问题，我会花 55 分钟来思考这个问题，然后再花 5 分钟的时间来求取它的答案”。

神话 4：创新是可以预先制订计划的

人们说，生活是当你还在做其他计划时它就已经发生了，而创新是当你扔掉计划并开始寻找一些新的东西时才发生的。对于创新你是无法做出任何计划的。就其本质而言，创新是发现一些未知的东西。甚至你根本就不知道你在寻找什么。大多数伟大的创新是你在偶然的情形下碰上的，它们会出现在你探索的过程中，而且你几乎不可能知道它会出现在什么时候、需要多久或者需要哪些资源。你所知道的也只是在你的手上现在有一些设想需要进行测试、微调、改变，接着再测试，直到你找出什么才是真正行得通的。

神话 5：好的创意非常稀少

绝不要相信这样的说法，实际上好的创意可以说遍地都是。你可以看到有很多拥有杰出创新的初创企业正在不断地涌现出来。问题并不在于如何才能找到一个好的创意，真正困难的是如何才能将这些创意转变成为一项行得通的业务。正是在这一点上大多数的初创企业才显得步履蹒跚。它们有一个非常引人注目的创意，但是在找寻正确的、符合市场需求的产品时却遇到了麻烦。

神话 6：你可以发现一个赢家

大多数刚刚生下来的小孩看上去都很丑，而这一点对于那些新的初创企业而言同样如此。通常来讲，你是无法一眼就发现一个赢家的，除非事情已经变得更加明朗了。特拉维斯·卡兰尼克并没有在一开始就看到优步的全部潜力。安德鲁·梅森当时驳回了Groupon的创意，即便他的投资人不断地向他提起这个想法。斯特尔特·巴特菲尔德在刚开始的时候完全忽视了企业短信市场的潜力（Slack），直到他的第二个游戏失败后才接受了这一建议。

神话 7：创新是随意的

有些人相信大多数伟大的创新都是在偶然的情况下发生的。尽管随机的事件可能会导致突破，但创新却依然需要一个过程。让我们拿珀西·斯潘塞（Percy Spencer）来举个例子，他是一个电子学方面的天才，第二次世界大战后为雷神公司（Raytheon）服务。有一天他正在用一个微波发射磁控管进行实验，却不小心地将一块巧克力融化在了他的裤子里。这一偶然的事件激发出了微波炉的创意。

尽管这次偶然的事件帮助斯潘塞意识到了微波在加热食物上的潜力，但实际上他当时已经参与了一项非常复杂的且获得了大量资助的测试磁控管的实验，而这些磁控管将会被用于雷达阵列的内部。如果他当时没能参与测试、分析以及发现的过程，他就永远也没有可能发明微波炉，他最多只会有一条黏嗒嗒的裤子罢了。

在每一次科学实验中，总是会有一些随机和反常的现象，但这并不意味着这个实验本身是随机的。它们只是一个有所专注且有规律可循的过程的一部分，何况这一过程还是专门设计用于分析并从意外的结果中进行学习的。事实上斯潘塞有一块巧克力在他的裤子口袋里是一个随机事件，但是在这一随机发现之后所进行的分析和实验过程却并不是随机的。导致微波炉的发明正是这样一个过程，而不是那个随机事件。

神话 8：只有具有创造力的天才才能创新

有创造力当然可以帮助你进行创新，但是要辨别出一个好的创意并付诸实施并不一定需要你是一个具有创造力的天才。有很多这样的例子，一个普通人发现了一些非同寻常的想法并在此基础上建立了一家蒸蒸日上的企业。事实上，一些最好的创新根本就不是那些创新者自己的主意，而是来自对数据的简单分析。

我们拿Instagram作为例子。它的创始人是不是一个具有创造力的天才实际上无关紧要，真正重要的是他们对用户的数据进行了分析，并从中学到了什么才是行得通的，什么又是行不通的。他们发现用户实际上并不使用那个大杂烩一样的APP中的大多数功能。分析结果表明，只有两个功能，即社交分享和照片过滤才是最受欢迎的。所以他们剥离了其他所有的功能，然后又发布了一款新的APP并将其称为Instagram，而这次他们的业务真的开始起飞了。Pinterest、Yelp和Groupon几乎都是用同样的方式才得以起飞的。

通常来讲，创新更多的是关于正确地辨识出客户想要从你的产品和服务中获得些什么或者有哪些具体的需求，而不单单只是一个能想出些什么好点子的过程。

神话 9：创新的关键是你绩效的提升

如果创新仅仅是为了提升绩效，那生活就实在是太简单了，但这并不是真相。我们拿Skype作为例子，当Skype刚发布的时候，它并不比传统电话更方便、连接速度更快，或者通话质量更高。事实上，大多数时候使用Skype很痛苦，但它更便宜！如果你让人们免费使用的话，他们的忍受度就会大增。价值的形式是多种多样的，而绩效只是其中之一。

神话10：想要创新，你只需要问你的客户就行了

倾听你的客户需求是非常有价值的，但他们并不总是能告诉你如何进行创新。事实上，大多数客户确实可以告诉你如何解决问题以及改进你现有的产品，但他们无法为你指出一条全新的思考和做事的途径。如果你想彻底地改变一个行业，你需要超越客户给予你的反馈并且从头开始重新思考你的企业。

换句话说，你需要把客户的反馈作为一个起点，而不是终点。你应该问一下自己，从客户正在说的和做的东西中又能获得什么样的洞见。从这些数据中你所获得的洞见对于你的创新将会有巨大的价值。

让我们回到Instagram这个例子。客户并没有告诉创始人除了两个关键的功能之外应该剥离其他所有的东西，然后再用新的名字重新发布他们的APP。而分析数据则直截了当地告诉了创始人有两个功能在用户中非常受欢迎。所以这一创新的跨越必然来自创始团队自己以及他们对客户行为的分析。

神话 11：只有创业者才能进行创新

人们普遍认为创业者拥有某种大企业无可比拟的超级能力，这绝不是真的。几乎所有的企业，无论是大企业还是小企业，都有很多非常有才能且具有创造力的人才。他们只是需要一条能够让他们发挥的途径而已。苹果、谷歌和亚马逊都是大企业，它们都产生了一些 21 世纪最重要的创新。

神话 12：有技术就能成为赢家

悲剧的是，卓越的技术并不能保证让你成为赢家。技术只是一个很复杂的公式中的一个环节，在这个公式中还包括了市场推广、分销、公共关系、用户体验、客户反馈以及其他很多的因素。哪怕你有着这个世界上最好的技术，你依然有可能将你的市场份额输给那些精明的竞争对手，因为他们会在其他领域做得比你更好。让我们再回头看一看微软和苹果这两家公司早期的故事，当时安装了 Windows 系统的个人电脑要比麦金塔电脑体验差很多，即使史蒂夫·乔布斯这个无可置疑的创新神童也无法力挽狂澜，甚至到最后，作为公司 CEO 的他还被人从自己的公司中踢了出去。

神话 13：顶尖的创新者会颠覆现有的市场

这一点并不一定是正确的。用新的创新来颠覆一个大市场确实能带来回报，但是很多创新者实际上创造出了一个前所未有的全新市场。比如Nest的智能家居、Dropbox的云存储以及Snapchat的留言等。创新并不总是关乎如何颠覆一个现有的市场：创新者可以创造出一个新的市场。

神话14：创新来自顿悟

我们都喜欢顿悟的故事。比如苹果掉在了艾萨克·牛顿爵士的头上，然后突然之间灵感涌现，他想到了万有引力。这听起来很奇妙，但实际上牛顿的思想发展经历了一段很长的时间，其中还涉及对物理学理论更深层次的理解。苹果只是一个很好的比喻用来说明他的思想是如何在现实世界中得以表现的，而且这一说法还能激发公众的想象力。

大多数科学家和发明家会告诉你，他们最好的一些想法是逐渐演化而来的，而且只有经过了不断重复的测试和实验，他们才会真正相信这一想法是正确的。几乎不可能会出现某一个想法在顿悟后就已经完全成形这样的事情，否则我们的生活就太过于神奇了。

神话15：创新需要你下大的赌注

金钱并不总能为你带来创新。一些影响深远的重大创新实际上是在非常有限的预算下完成的。以Airbnb为例，创始人当时并没有多少钱，所以他们在客厅里为第一批客户安排了充气床垫。这是在他们几乎没有什么预算的情况下测试他们商业模式的一种方法，大多数的初创企业就是这样开始的。

神话 16：创新就是技术

很多公司认为想要成为赢家，就需要在新技术的研发上投入数百万美元。他们拥有用途广泛的实验室以及装满了技术专利的文件柜，但是这些专利中只有极少数才会被投入实际应用中。甚至那些已经被投入产品开发中的专利，也常常以失败告终。我曾经和一些世界上最大企业的研发部门负责人做过一些细致的交流，他们承认，对新发明的商业化现在已经变得越来越困难。这个世界向前迈动的步伐是如此之快，每当他们向市场推出一款新产品的时候，常常已经太晚了。

神话 17：完美的渠道

很多大企业在谈论他们所谓的“创新渠道”，就好像他们已经获得了一种完美的创新方法，能够消除创新过程中的失败并确保成功。这种想法从根本上来讲是有问题的。你根本不可能消除或者降低失败的发生概率，因为失败是创新过程中的一个重要组成部分。

神话 18：功能越多，你的创新力度也越大

在一件产品上添加很多功能并不能使该产品具有创新性。事实上，更多的功能通常使该产品更加不像是一件创新产品。最具有创新性的产品一般都很简单，它们可能只有一项关键的功能，这项功能所带来的价值是你的客户从其他任何产品上都

无法获得的。

神话 19：从一开始就把事情做到完美会为你带来回报

很多人认为从一开始就把事情做到完美是肯定有回报的。但问题是那些尝试在一开始就把事情做到完美的团队会将注意力集中在风险较小且不那么有创意的解决方案上。这样做很合理，因为这是能确保他们做到完美的唯一方法。所以如果你不想创新的话，那么试一试从一开始就把事情做到完美吧。

神话 20：酒香不怕巷子深

做出一件杰出的产品并不意味着客户会蜂拥而至。产品本身只是一个很复杂的公式的一部分，这个公式还包括了市场推广、时机、公众认知的程度、竞争、分销以及其他更多的因素。如果其他部分不能到位的话，你的创新常常不会被世人所认可。你只要想到在APP商店里还有着成千上万无人问津的APP就会明白这一点了。我相信它们中有些可能是真正的美酒。

神话 21：大型的发布会有很大的帮助

我们都还记得Google+、谷歌眼镜以及谷歌波浪等产品的极其高调的发布会。哪怕在背后有着谷歌强大实力的支撑，这些产品还是失败了。这些产品毫无疑问都是创新产品，但有的时候低调一点并将你的注意力放在你的客户身上可能会更好。

当涉及创新产品时，宏大的发布会只会令客户产生更大的期望值，但期望越大失望也就越大。

神话 22：人们喜欢新的想法

不幸的是，所有人都不喜欢新的想法——特别是那些手上拥有权力的人更是如此。只要看看可怜的伽利略你就会明白这一点。在人类历史的发展进程中，那些持有能够颠覆传统观念的新思想的人要么被囚禁，要么被烧死在火刑柱上，要么被钉上十字架，还有其他无数种不同的被迫害的方式。人类就其本性而言是非常保守的。我们喜欢熟知的东西，我们相信那些在过去成功的做法。大多数人对于安全感和可预见性的渴求会超越一切，所以他们会安于现状，即便这种做法对于他们自身是有害的也会如此。

问题是一些激进的新思想往往会威胁到现有的权力结构。你无法在不挑战既得利益的情况下获得思想上的突破。而且正如我们所知道的，个人自身的利益每一次都会压倒创新，人们会抗拒任何能威胁到他们的职位和钱包的变革。正因为如此，最好的创意并不总是在一开始就能胜出的。甚至像在手术前对手术器具进行消毒这样明显有益的想法也要花好几年的时间才最终克服那些来自受过良好教育的医生们的阻力，哪怕当时已经有足够的证据表明这种做法可以挽救生命。

让新思想能够为人们所接受的关键是，要把它们打扮得对现有的秩序没有任何威胁，并且还要对所有的利益相关方强调新思想能够为他们带来好处。仅仅有一个伟大的创意还不够，你还必须让人们能够接受它，并为它争取相关的支持。这是一种政治游戏，但不幸的是，很多具有创造力的思想家和发明家并不适应这种出现在办公室或者政府机构内的政治。比如伽利略，尽管他和当时的教皇是非常亲密的朋友，但他还是激怒了教皇并使得教皇最终把他交给了宗教法庭。即便你是一个天才，也并不意味着你在所有的方面都非常出色。

神话 23：孤独的发明家

人们喜欢浪漫化孤独的天才：一个孤独的英雄单枪匹马克服了重重困难，改变了这个世界。事实的真相是伟大的创新并不孕育在真空中，它们是前人所有工作积累的结果。艾萨克·牛顿爵士对此非常形象地总结道："如果说我能看得更远，这只是因为我站在了巨人的肩膀上。"

如果你仔细地研究一下任何一个伟大的创新者的生平，你会发现他们每个人都与他人有着很深层次的合作和思想上的交流。尽管在历史上是托马斯·爱迪生拿走了那一长串新发明的荣誉，但实际上这些新发明都源自于他与其他人的密切合作。尽管他毫不掩饰对声名的贪婪，但他的很多专利上却依然有着他的合作者的名字，这意味着正是他的合作者完成了绝大部分的工作。

爱因斯坦、莫扎特以及弗洛伊德同样会和其他人一起紧密合作。尽管通常来讲他们会获得所有的荣耀，但他们的思想只是合作过程的一部分，在这个过程中他们会与合作者交换思想、借鉴、修改并在现有的思想和科学研究成果的基础上构建出他们自己的理论。爱因斯坦在很大程度上依赖于他的同行的实验研究，莫扎特的父亲自己就是一个作曲家和乐队指挥，他也是自己儿子的老师和合作者，而弗洛伊德则组建了他自己的讨论组，他的很多伟大的思想就源自这个讨论组。

英国著名诗人托马斯·斯特恩斯·艾略特[1]有一句很著名的话："不成熟的诗人模仿，成熟的诗人窃意，差的诗人会污损他们所窃取的东西，而好的诗人会把他们所窃取的东西变得更好或至少变成为某种不同的东西。"无论是采用协同、合作还是窃取等不同的方式，大多数的天才们并不是独自一人想出他们最好的创意的。

神话 24：20%的原则依然在起作用

20%的原则是一个很受欢迎的概念，很多大企业都把它当成进行创新的灵丹妙药。因为它是如此简单，所以也就极其诱人。它只需要那些CEO们说："让我们给员工20%的时间来进行创新吧！"

这个概念并不是谷歌发明的，但谷歌却让它变得非常有名。其基本设想是谷歌会给予它的员工工作时间的20%用于他们自己感兴趣的项目上。比如，保罗·布赫海特（Paul

Buchheit）当时正在做某种电子邮件或者个性化的产品，但他却利用了他的20%的时间做出了Gmail的第一个版本（这是谷歌的说法）。

同样的，戈尔特斯（GORE-TEX）面料的发明人W. L. 戈尔（W. L. Gore）制订了10%的原则，这也就是说他的员工可以有“戏水时间”来发展新的思想，并投入他们自己的个人项目上。其中有一个员工名叫戴夫·迈尔斯（Dave Myers），他在他的“戏水时间”里想出了“长寿琴弦”（ELIXIR Strings），这一产品现在已经成为销量第一的吉他琴弦。

那么是不是所有的企业在培育创新时都应该这样做呢？也许并非如此。从表面上来看，这主意相当不错，但是事实上在一家大型企业里类似这样的通用原则常常并不像所说的那样是可以行得通的。例如，无论你的CEO说什么，如果你的直接上司不想让你花20%的时间在个人项目上，那么你也许不会冒险触犯你的老板。

让我们来面对现实吧，大多数的职业经理人希望他们的部下能把时间花在完成自己的工作上，而不是去“戏水”。这也是为什么我们没能再次听到20%原则这一说法。如果20%原则确实为我们带来了Gmail、谷歌新闻和谷歌感应广告（Adsense），那么为什么拉里·佩奇会停止为其唱颂赞歌呢？[2]

无须否认这是一个很好的用来招聘的工具。谷歌需要吸引这个世界上最好的人才，但当公司对你说：“你可以花20%的工作时间去做你真正感兴趣的事情！”，还有比这更好、更吸引人的员工福利吗？在现实中，大多数大企业并没有准备好做出这样的承诺。回到2013年，一个名字叫克里斯·米姆斯（Chris Mims）的记者这样写道，谷歌的20%时间差不多已经“名存实亡”，这是因为员工想要从平常的工作中抽出时间已经非常困难。

玛丽莎·梅耶尔是原谷歌的员工，但她后来成了雅虎的CEO，她就直截了当地否认了20%原则是真实存在的。“这很有意思，从我到这里起人们就一直在问我，‘从什么时候开始雅虎也可以推行20%时间原则？’”她在一个全体员工参加的会议上这样说道，“我想我可以告诉你一个关于谷歌20%时间的丑陋小秘密。它实际上是120%的时间。”

这听起来才是赤裸裸的真相。经理们并不在乎他们的部下是不是在加班或者周末的时候是否在到处“戏水”，但是在核心的工作时间里，他们会要求团队关注自己的业务底线。

按照谷歌公司一个名叫拉斯洛·博克（Laszlo Bock）的人事经理的说法，只要这个想法还存在，20%的原则是不是能得到执行并不重要。所以就这样吧，这是一个很有用的想法却并不是现实。

如果你想试一试，没问题，你可以推行你自己的20%原则，但是请注意除非你彻底地改变了你的组织架构，否则人们不会有时间也不会有动力来利用这一原则。毕竟谁又会触犯他们的老板去做一件老板并不想做的事情呢？而如果老板确实想要去完成这件事，那么这就已经不再是“戏水”了，这就是工作了。

出于这一原因，我不提倡用一些听起来很漂亮，却与基本的办公室氛围相冲突的概念来口头上宣扬创新。相反的是，我认为应该认真探索如何才能落实这样一个实际的项目，在这个项目中企业能够结构化地安排出一定的时间和空间来为员工的创新服务，而无须让员工承担他在公司内职业发展的风险，以及人际关系的风险。

创新的类别

有很多种不同类别的创新，但是我不会给你一张很长的清单，我会在这儿简短地总结一些最受欢迎的类别。这些类别的创新并不是相互排斥的，相反它们很多会互相重叠。一家像亚马逊这样的企业可以同时进行颠覆式创新、技术创新、极端激进式创新以及商业模式创新。

增量式创新

增量式创新并不是那种戏剧化的、能改变一切的创新，比如推出一件革命性的全新产品就不是增量式创新。增量式创新是指对于现有的产品和服务一点一点地逐步改善。对此比较好的例子有降低成本的创新、增加新的功能以及改善品质。

大企业都很喜欢增量式创新，因为它们知道该如何去做。它们可以为此建立一个流程，充分利用庞大的人力资源以及核心竞争力，逐渐地改善现有的产品。其目标很简单：让某件产品能更好、使用速度更快和更便宜。

增量式创新并不仅仅局限于现有的产品。很多企业还利用这种模式来开发新的产品。例如，谷歌通过增量式创新开发出了Gmail。Gmail的第一个版本并不那么令人耳目一新或者令人印象深刻。它只是一个在线邮件方案的骨架，和其他类似的产品没有什么区别。但是那支小团队几年如一日地不断对其进行改善，直到最后它终于摘下了beta测试版这顶帽子，并且还成了一个深受公众喜爱的产品。

今天，增量式创新已经成了创新的一种主要形式，大多数大企业都依赖这种形式的创新。它们会花几年的时间不断地改善工艺流程、简化生产制造的工序、降低成本、提升品质以及增加新的功能，只有这样才能够在竞争中一直保持领先。

激进式/根本性创新

激进式创新并不是改善一件现有的产品，而是创造出一个全新的产品分类或者市场。其他较大的区别还有，激进式创新有着很高的失败率，企业很少会在第一次尝试中就获得某种全新的且具有开创性的东西。通常来讲，这需要花一定的时间和反复不断的尝试。

这就是为什么那些厌恶失败的大企业在推进激进式创新时

会遇到麻烦。它们一般会很保守，更倾向于用最小的风险来换取众多细小的成功。一个职业经理人永远不会因为增量式创新而被解雇，但已经有不止一个职业经理人因为尝试某种激进式创新并最终失败后而丢掉了饭碗。

这并不是说大企业不能开展激进式创新，当索尼公司推出随身听录音机时它就这样做了，惠普在推出喷墨打印机时也这样做了，波音公司在推出 747 宽体客机时也同样如此。所有这些产品都是向前跨出了很大一步。但事实上这些突破在超大型企业中并不会经常发生。而现在创新的步伐在不断地加速，这些公司不可能就坐在那里再等上 10 年的时间让下一个激进式创新自己冒出来。如果它们真的这样做的话，那到时候它们可能已经彻底地退出了整个市场。

颠覆式创新

我对颠覆式创新的定义和克莱顿·克里斯坦森[2]的定义稍稍有些不同。我对颠覆式创新的定义是：在现有的市场上应用新的技术或工艺，其目的是彻底改变整个经济形态，取代原有的市场领先者，并完全颠覆原有的市场同盟。大多数拥有巨大市场份额的老牌企业已经发现，一些很小的初创企业通过使用新技术和新工艺能够彻底地改变原有的公式，并以低价销售创造出新市场的立足点。

颠覆式创新的一个经典例子是潘多拉，它用其特有的在线广播方式颠覆了整个音乐产业。其他的例子还有：Prosper

颠覆了个人借贷的行业，Zenefits颠覆了人事服务行业，而Robinhood则颠覆了在线股票交易行业。初创企业对于颠覆式创新确实很在行，而大型企业对于重新思考它们的商业模式却顾虑重重，特别是当这种创新涉及重新分配现有的营业收入现金流时更是如此。

架构式创新

架构式创新所涉及的是将技术、专业知识和人才从一个行业引入另一个行业中。其中所涉及的风险和成本是很低的，因为相关的技术已经得到了验证。你只需要开发出相应的市场就可以了。

架构式创新有一个很好的例子，一家名叫Fagerdala World Foams（法科达拉）的瑞典企业将美国航空航天局原本为航天产业所开发的记忆海绵应用到了床垫行业。在1991年它推出了泰普尔床垫，并创造出了“泰普尔”这个品牌。这一新产品在消费者当中引起了轰动，随之而来的是诞生了一个关于记忆棉床垫的全新市场。

技术型创新

想象一下某一个研发实验室开发出了一种全新的尖端技术。这就是技术创新。三星公司就是技术创新的完美案例。随着其硬件销售日益困难，三星公司打开了自己的荷包以确保能继续保有竞争力。三星公司现在每年在研发上的投入已经超过了120亿美元。大部分资金投入了智能手机、平板电脑、电视机、家电产品、芯片、显示器以及照相机这些新产品上。

商业模式创新

在这一领域，今天大多数初创企业都做得相当不错。它们并不具备像三星这样的庞然巨兽所拥有的丰富资源，所以它们一般会使用现有的技术，并在商业模式上进行创新。

这里有一个很好的案例，ClassPass这家初创企业向它的客户销售会员服务项目，客户只需每月支付一笔固定的费用就能在不同的体育馆和附近的健身房无限次地参加各种健身课程。它本质上为现有的健身服务行业拓展自身业务提供了一种全新的方式，这其中就涉及瑜伽、普拉提课程、拳击、体能训练等。这实际上为你所在区域中所有健身课程提供了一站式销售服务。落实ClassPass所需要的技术并不是非常特别的。它的创新在于它改变了浏览和购买健身课程的模式。

设计创新

设计创新是指设计出能令客户惊讶和迷恋的产品和服务，它包括从产品的外观、触觉一直到用户体验等所有方面。设计创新的目标是，开发出比当下市场上任何其他的产品都更具吸引力的产品和服务，并以此为标准来定义一个全新的产品分类，迫使竞争对手成为模仿者。

全食超市的市场定位就是设计创新的一个极好案例。通过专注于有机食品以及为购物者创造一种独特的、令人沉迷的体验，它完全重新定义了超市的概念。当全食超市第一次开门营业的时候，客户立刻就明白了他们并不是在一家普通的超市购物。为了迎合高端消费者的需求，店内的布置做出了精心的安排，以吸引那些愿意为满意的食品花更多钱的顾客。在这之后，许多大型连锁超市都感到，为了竞争，它们有必要复制全食超市的模式。

上面同样的做法也被用于制造特斯拉跑车，以及特斯拉的S型和X型上每一个基本的元素。从本质上来讲，通过重塑产品的外观、性能以及客户的感受，设计思维可以让企业在创新上超越竞争对手。

简约式创新

简约式创新所涉及的是如何压低产品的价格，这样公司的产品就能销售给那些主要在新兴市场上的低收入客户。简约式创新主要关注如何简化产品的功能和生产流程，这样原本大多数人无力购买的产品现在也有人能买得起了。从本质上来说，这就等于创造出了一个全新的市场。

在印度塔塔汽车公司（Tata Motors）用它的微型汽车进行了这样的创新，它的微型汽车售价最低只有2 500美元。那些从来没有想过自己也可以拥有一辆汽车的印度人现在也有能力自己买一辆了，这已经永远地改变了汽车产业。类似的简约式创新在亚洲、非洲和南美洲像雨后春笋般地冒了出来。有一种不用电的简约式冰箱其价格还不到50美元，还有为季节改变而设计的廉价两用自行车，以及只需要35美元的安卓系统的平板电脑。

简约式创新的其他方面依赖于微薄的利润和非传统的分销渠道。小米在中国开展了这种创新，小米手机的售价还不到三星安卓手机价格的一半，而且这种手机上市时你只有在网上才能订购到。

可持续性创新

这种类型的创新关注可持续性发展。这种对环境友好的方式致力于不要无谓地消耗地球的自然资源。例如星巴克的目标是其采购的咖啡豆100%符合这一道德标准，戴尔公司已经承诺降低其产品能量强度的80%，可口可乐则承诺减少20%的用水量。

另一个可持续性创新的例子是Everplane，这家初创企业把自己的使命定义为降低在服装制作过程中水和能源的使用。它向购物者展示了几乎所有的生产细节，从原料的采购地点一直到工厂的作业条件以及生产对于环境的所有影响。没有任何东西会对你保密。

开源式创新

这是一个使用众包的人才来进行创新的想法。无论是安卓系统、GitHub、Docker、Red Hat、Wordpress还是其他任意一个开源项目，今天一些最具创意的软件都是用这种方式开发的。[3] 但这种方式并不只局限于软件行业。你也可以用开源的方式来开发硬件产品、推进项目研发、促进设计以及任何其他需要众包人才参与的项目。

开放式创新

请绝对不要把开放式创新和开源式创新混淆起来，开放式创新是关于如何使用外部的创意、人才和技术来建立起你自己的业务，与此同时允许外部人员接触到你内部的创意、人才和技术的创新。换句话说，就是在相互合作、共同创建的过程中与你的合作伙伴进行不受限制的各种资源交换。

其基本概念是，任何一家企业都不可能仅仅依靠自己来完成所有的事情。要在今天这种高度竞争性的世界里获得成功，你需要有能力充分利用第三方的能量、思想和专业知识。这里第三方可以是软件开发商、艺术家、科学家、服务供应商以及其他企业。很多大企业通过向第三方软件开发商开放它们的API（应用程序接口）、开源它们的软件以及允许第三方通过它们的平台来开展业务等各种方式来达成引入第三方资源的目的。

尽管开放式创新在大企业的圈子里已经是一个非常时髦的词汇，但“说”总是要比“做”容易得多。开放式创新要求一家企业重新思考如何开展它们的业务。大多数企业会倾向于保密，公司的研发实验室通常来讲是和外部世界完全隔离开来的。经理们担心竞争对手会偷走他们宝贵的创意和知识产权。要让开放式创新能真正起到作用，这家企业需要放弃这种思维并拥抱合作，他们需要明白只有通过分享信息和曝光其中所含有的价值，才有可能吸引到进行重大突破所需要的外来人才。

创新的领域

最后让我们来讲一讲在大多数的企业中可以看到的各种主要的创新领域。

产品创新

当人们想到创新的时候，他们通常想到的是产品的创新。开发出下一个像iPhone这样的产品，你就能征服整个世界。产品创新所涉及的是推出新的产品和产品线的延伸，以及改善品质、增加功能和提升现有产品的价值。

生态系统的创新

在这里你可以对一件产品的生态系统进行创新。它所涉及的是改善产品和相关服务如何连接在一起的方式，并以此创造出一个单一的系统。苹果对生态系统的创新就干得非常漂亮。iPhone、iPad和iPod都共享了同一个生态系统，其中包括APP商店、iTunes软件、iOS操作系统、标准的接口等。生态系统常常比产品本身更为重要。当你做对了的时候，生态系统可以为你增加产品的核心价值并使得该产品更难以被竞争对手复制。

服务创新

在这里你可以围绕着某一件产品在服务上进行创新，使得该产品能更容易被人所理解、使用和享受。通过向客户提供非同寻常的开箱体验、客户支持和追踪，围绕服务展开的创新可以将一件普通的产品提升到远超其竞争对手的水平。企业常常用这种方法将他们自己和竞争对手区分开来。每一家苹果专卖店里的“天才吧”就是服务创新的极好案例。

品牌创新

品牌并不是静态的，它们总是在不断地变化。聪明的企业会不断地创新以改善自己的品牌。品牌可以将一件常见的物品转变成为具有高价值的产品。但是建立和创新一个品牌需要对客户、公众认知、文化以及市场有着非常深刻的理解。对品牌具有影响力的因素包括：价格、广告、公共关系、客户服务、渠道合作伙伴、员工行为以及企业的信誉。安德玛在品牌的创新上树立起了一个令人惊讶的案例，这家公司原本只有一招绝技，即它的T恤衫能增强肌肉的表现力而且还能通过毛细作用吸走身体的汗液，但它最终却成功地将自己从一家特别的T恤衫制造商转变成了男性和女性运动服装及鞋子的主流品牌。

渠道创新

你需要分析一下你的产品是如何到达顾客手中的，这其中包括销售代表、网页、移动APP、零售店、分销商、会员制营销项目、渠道合作伙伴等。你该如何对这些销售和分销渠道进行创新呢？小米通过渠道创新建立起了自己的企业声誉。实际上当所有其他人都将注意力集中于传统的零售渠道时，小米毫不犹豫地将自己的注意力集中在通过网络对顾客进行直销上，这使得它成为世界上最大的智能手机制造商之一。

赢利模式创新

在大多数行业里，占主导地位的赢利模式可以在数年甚至数十年的时间里都不会受到任何形式的挑战。但是聪明的创新者常常会挑战一个行业的基本设想，比如，该对什么收费，如何获得营业收入，以及为客户提供什么样的服务等。所有这些涉及的是如何才能更深地挖掘需求、与客户进行沟通，并发现什么才是顾客所真正关心的价值，以及如何改变现金收入的模式和价格等。在过去的10年里，T-mobile持续不断推行的“非运营商”策略已经显现出了一些最为成功的赢利模式创新，因为它迫使那些老牌的企业如Verizon和AT&T彻底地改变了它们的模式并且不再试图用长期合约来锁定客户[4]。

结构化创新

在这里你可以分析你的企业资产，并寻找新的方法从你原有的资产中创造出新的价值。这些资产可以是硬资产（计算机、机械设备等）、人力资产（研究人员、销售人员等）或者无形资产（专利、商标等）。你可以用新的方法使用你原有的设备以增强安全性或者重组整个部门以使其更有效率，或者通过专利诉讼来阻挡你的竞争对手。很多私有资本正在寻找这样的机会，以便可以通过收购一家企业，引进一支全新的管理团队，然后对所收购的企业开展结构化创新等手段，从该企业的原有资产中创造出新的价值。

流程创新

在这里你可以改善产品的生产以及交付流程。这可以包括在如下这些领域中做出的重大改进：生产、测试、交付的方式、售后支持以及其他关键业务领域。如果你能真正做好这些，那么它们就能成为你的秘密武器，而你的竞争对手几乎不可能对它们进行复制。特斯拉在内华达州建立的新的巨型电池工厂就是想要做到这一点。

体验创新

客户会如何看待你的产品？他们对你的产品会有怎样的感受？你又该如何来构建一种情感体验，使你能够把客户更深地带入预设的场景中呢？当你开始进行“体验创新”时，你首先需要回答的就是这一类问题。其目标是在你的客户和你的产品之间建立一种更为紧密的联系。客户一般会坚持他们所爱上的东西，而创新者所需要扮演的正是丘比特这个角色。

Bonobos启动了它的“指导店”项目来为顾客提供一种更加私人化的购物体验。这是一种将线上和线下混合在一起的实验，在每一家Bonobos的指导店内，顾客可以事先预约一个小时的时间，在一个私人导购员的指导下试穿各种时装。一旦顾客下了一张订单，那款时装就会直接快递到顾客的家里，但他们不能在店内直接购买。

网络创新

越来越多的企业正在参与到网络创新中来，因为在这样的创新中它们可以充分利用其他企业的核心优势。在这些优势中包括了技术、产品、品牌、渠道和各种流程。如果另一家企业在某件事情上能做得比你更好，那么为什么你还要自己去做呢？正确的战略合作伙伴关系，无论是短期的还是长期的，都可以让你在某一个项目上做得更快，花的钱更少且风险更小。这里的挑战是重新思考应该如何来开展你的业务，如何理解你自己的强项，以及如何充分利用第三方的资源以使你在竞争中获得一定的优势。

Vizio是一家突然崛起的消费类电子产品生产商，这家企业因其所生产的低价高清电视机而被消费者所认知，Vizio就是企业进行网络创新的一个极好的案例，这家企业充分利用了网络创新去超越一些更大的老牌企业，比如三星和索尼。通过外包生产几乎所有的东西，Vizio已经建立起一家全球性的消费类电子产品生产企业，其员工总数还不到400人，而与之相比，三星电子的员工总数则要超过300 000人。

第一章

1.斯图尔特·布兰德（Steward Brand），互联网时代的思想启蒙者，他的《全球目录》（*Whole Earth Catalog*）出版于1969年，被誉为互联网之前的互联网，乔布斯称之为“我那一代人的《圣经》”。

2.约翰内斯·古登堡（Johannes Gutenberg），德国发明家，是西方活字印刷机的发明人。

3.马克·安德森（Marc Andreessen）被称为互联网的“点火人”，他编写了互联网上第一个图形化浏览器Mosaic，该浏览器后来发展成为著名的Netscape（网景浏览器）。

4.Uber，2009年成立于美国硅谷，提供专车服务。2015年该公司估值约为500亿美元。

5.Airbnb成立于2008年，其业务主要是对接自由行人士和家有空房出租的房主，为用户提供当地民居住宿信息，安排民居预订以及进行网上支付等。2015 年该公司估值约为 200 亿美元。

6.WeWork 是总部位于美国纽约的众创空间。2010 年成立。目前在全球 23 座城市拥有 80 个共享办公场所。公司估值约为 160 亿美元。

7.Spotify 是全球最大的正版流媒体音乐服务平台，2006 年成立于瑞典，它只提供在线收听，不能下载音乐。2015 年公司估值约 85 亿美元。

8.Snapdeal 是印度最大的在线交易平台之一，移动设备的销售占据了其在线交易的大部分份额。2010 年成立，2016 年的估值约为 70 亿美元。

9.Zenefits 为中小企业提供免费的云 HR（人力资源）管理工具，包括员工入职和离职手续办理，工资和福利发放，保险和退休基金办理，缴税缴费，专利追踪，等等。2013 年成立，2015 年估值 45 亿美元。

10. SoFi 专注为高信用人群服务，为名校学生提供低利率助学贷款，是垂直型 P2P（个人对个人）平台，由 4 位斯坦福学生于 2011 年创立。2015 年估值约 35 亿美元。

11. ViceMedia 是一家数字媒体制作及播放公司，脱胎于 Vice 杂志。业务涉及网络内容、视频制作、纪录片制作。目标群体是 Y 一代（1983—2000 年出生的人）。2015 年估值约 25 亿美元。

12. Credit Karma 成立于 2008 年，主要业务是向用户提供追踪他们财务状况的工具，提供免费资讯和信用积分信息，帮助用户处理自己的信用卡债务。估值已经超 10 亿美元。

13. Delivery Hero 2011 年 5 月成立于德国，目前已经覆盖了 24 个国家约 20 万家餐厅，2015 年估值约 20 亿美元。

14. Wish 2011 年成立于硅谷，是一款根据用户喜好，以精确算法推荐技术为基础，将商品信息直接推送给感兴趣用户的移动购物 APP。2015 年估值约 30 亿美元。

15. Houzz 成立于 2009 年，是一家互联网家装平台，兼具网上市场和社交网站的功能。通过连接业主、家装设计师和施工方，提升室内家装效率。2014 年估值约 25 亿美元。

16.Blue Apron 是半成品净菜电商。用户拿到的是放置于冷藏箱中的双人份三顿正餐所需的食材和配料，附有菜谱，配送免费。用户只需按其说明，半小时即可完成“傻瓜式烹饪”。2016 年估值约 20 亿美元。

17. Dropbox 成立于 2007 年，其业务是将存储在本地的文件自动同步到云端服务器保存，也就是云盘服务。2015 年估值约 100 亿美元。

18. Instacart 成立于 2012 年，是一个社区 O2O 平台。当用户在 Instacart 的网页端或者 APP 端下单后，距离最近的采购员将前往最近的合作商家进行商品采购，然后负责配送到用户手里。2015 年估值约 20 亿美元。

19. SurveyMonkey 是一家网络调查公司，成立于 1999 年，主要业务是在线问卷调查服务。2015 年估值约 20 亿美元。

20. BuzzFeed是一个新闻聚合网站，2006年成立于纽约。从数百个新闻博客那里获取订阅源，再向用户发送信息链接，其内容风靡社交网络。2016年估值16亿美元。

21.Jet成立于2015年，是一个在线销售市场，有数百个网站和零售商可以在这个市场销售商品。消费者要想在Jet上购物，需要支付会费。目前Jet的估值已经达到6亿美元。

22.Thumbtack成立于2010年，业务为本地化的P2P服务，其产品主要是帮助用户对接当地各种专项服务的专家。从绘画、摄影、理疗到遛狗、聊天，类别超过1 000种。2015年估值约13亿美元。

23. Eventbrite是一个在线活动策划服务平台，成立于2006年。用户可免费注册并使用平台上各种与活动组织和推广相关的在线工具。2016年估值约50亿美元。

24. 印象笔记是一款多功能云笔记类应用，目前估值约10亿美元。

25. Warby Parker是美国销售眼镜的电商，但在线下也有少量实体店。公司成立于2010年。2015年估值约12亿美元。

26. Nextdoor是美国最大的邻里社交APP，用户需要先证明自己属于某一社区范围，社区内发布的消息仅仅该小区的用户可以看到。该APP强调邻里间的安全和互助，有时还是一个社区二手交易市场。政府机构可以在特定的区域发布防盗、犯罪、公共设施报修等有用的信息。2015年估值约11亿美元。

27. Kabbage的业务主要是通过一个网上的自动化借贷平台为小企业和个人提供融资服务。其业务模式是将各种交易数据、物流公司配送数据以及社交网络行为数据等互联网大数据转化为个体信用。2015年估值超10亿美元。

28. Udacity提供在线高等教育。Udacity的平台不仅有视频，还有自己的学习管理系统，内置编程接口、论坛和社交元素。2015年估值超过10亿美元。

29. Box提供一个在线文件共享以及云内容管理服务平台，包括无限的存储空间和对空间的自定义与管理控制。2015年估值约24亿美元。

30. 乔纳森·伊夫（Jonathan Paul Ive），现任苹果公司设计师兼资深副总裁。他曾参与设计了iPod、iMac、iPhone、iPad等众多苹果产品。

31.Google Wave是一种个人通信和协作工具，旨在合并电子邮件、即时通信、维基和社交网络。Google Buzz是基于Gmail的社交网络服务。Google+是一个SNS的社交网站，支持iPhone和安卓系统。

32. “月球发射”项目是比喻在谷歌X实验室中正在进行的一系列创新项目。

33. Mac，麦金塔电脑，也有人将之简称为苹果机。第一代麦金塔电脑于1984年1月24日发布。之后苹果公司又发展出iMac、Mac mini、Macbook Air、Macbook Pro等系列个人计算机。

34. 道格拉斯·恩格尔巴特（Douglas Engelbart）是鼠标的发明人，1968 年他在旧金山布鲁克斯大厅演示了其NLS系统后被誉为“演示之母”。

35. 巴克明斯特·富勒（Buckminster Fuller）是美国著名建筑师、作家和发明人。

36. 肯·凯西（Ken Kesey）是美国著名小说及专栏作家，小说《飞跃布谷鸟巢》是其成名作，该小说被改编为百老汇歌剧以及电影，并获奥斯卡奖。“快活的恶作剧群体”是 1964 年前后围绕肯·凯西而聚集在一起的一群人，正是这群人使得当时的美国年轻人开始热衷吸食迷幻剂。

37. “组装电脑俱乐部”是 1975—1985 年由一群硅谷的电脑爱好者自发组成的团体，后来一些极为著名的黑客以及计算机领域的企业家出自这个团体，其中包括苹果公司的联合创始人史蒂夫·沃兹尼亚克。这个俱乐部后来被称为“一个产业的熔炉”。

38. 阿达·洛芙莱斯，原名奥古斯塔·阿达·拜伦，是英国著名诗人拜伦之女，数学家，计算机程序创始人。她建立了循环和子程序概念，并为计算程序拟定了基础“算法”，她写作了第一份“程序设计流程图”，被称为“第一位给计算机写程序的人”。

39.CrossFit 于 2000 年创立。该公司目前在全球有 4 400 间加盟健身房提供CrossFit健身计划。

40. Fitbit记录器用于记录人体在三维空间中的运动，不仅能够记录步伐，还可以算出你在坐、走或跑时的体力消耗情况，并分辨出某人在何时做了些什么。

41. WebVan成立于1996年，从事网上生鲜和杂货销售。最早的O2O企业，2001年宣布破产。

42. Zynga成立于2007年，是一家社交游戏公司，因“偷菜”游戏而闻名。它所开发的游戏多半是网页游戏，发布在社交网站上。2011年年底在纳斯达克上市。

43.Nest是一家生产智能家居硬件的企业，第一个产品是家用智能温控器，该设备可编程，能自我学习。

44.沙丘路是美国风险投资公司的聚集地，在创业者的眼中，沙丘路已经成为风险资本的代名词。

45.帕尔默·拉齐（Palmer Luckey）是美国Oculus虚拟现实技术公司的总裁。Oculus成立于2012年，2014年被Facebook以20亿美元收购。帕尔默·拉齐的英文名字反过来写是Lucky Palmer，所以他又被人称为“幸运的帕尔默”。

46.Kickstarter于2009年在纽约成立，它是一个专业为具有创意方案的企业筹资的众筹平台。

47.威廉·肖克利于1955年在硅谷创办肖克利半导体实验室，他和另外两位同事在贝尔实验室工作期间发明晶体管，并因此共同荣获1956年的诺贝尔物理学奖。

第二章

1. HotOrNot.com网站允许用户对其他用户自愿上传的个

人照片进行吸引力评分，然后通过算法进行配对，安排约会。

2.Slideshare是一个专业的幻灯片存储、展示与分享网站；Etsy是一个电商平台，以手工艺成品买卖为主要特色；Flickr是雅虎旗下图片分享网站；Gowalla是一个地理位置服务APP，可以分享地点、活动、旅行线路等；Pinterest是一家照片分享网站，采用了瀑布流形式展现图片内容，新图片不断自动加载在页面底端；Jawbone有三大标志性产品：蓝牙耳机、扬声器和Up智能腕带；Flipboard将Facebook等社交媒体内容整合起来以杂志形式呈现给用户；Square是移动支付公司，提供移动读卡器并配合智能手机使用。

3.诘问法又称苏格拉底法，其特点是借助双方的问答这种形式，提问方不断帮对方厘清思路，并从问答中引出问题的关键，促使对方自己发现问题的答案。

4. Stripe为开发者提供网页或搭建应用内的支付功能。目标客户是所有想在产品内部添加支付功能的开发者和公司。

5.SR-71侦察机是美国空军所使用的喷气式三倍音速长程高空高速战略侦察机。

6.查尔斯·林肯·尼尔三世（Charles Lincoln Neal III）是瑞德和林克（Rhett and Link）这对互联网上著名的喜剧双人组合中那个戴着眼镜的林克。他是著名音乐及视频网红。“神秘的早晨，你好”（Good Myhical Morning）这档工作日脱口秀节目在YouTube上有接近25亿人次的下载量以及超过1 000万的付费观众。

7. 罗德岛州政府曾为38工作室的7 500万美元贷款作担保，38工作室宣布破产时，该州欠下的贷款加利息总计1.126亿美元。

8.Boo.com是成立于20世纪90年代的英国网上服装零售商，当时还没有宽带，只有拨号上网。Boo被称为历史上最大的互联网企业破产案例。

9.Carousell是一个C2C的移动在线市场，EasyTaxi是移动呼叫出租车的应用。

10. GroupMe是一个群聊服务软件。

11. Airpost.io为企业提供了云安全防护层以及使用行为监控。

12.Appetas为餐厅提供市场推广平台，方便餐厅自建网页。

13.Slick Login是以色列的一家创业公司，其产品是以声音来替代字符密码。

14.SXSW是英文South By Southwest的简写，意思是西南边的南边，它既代表了得克萨斯州的地理位置，也代表了一个从1987年开始每年都在得克萨斯州举办的、可能是世界上规模最大的音乐盛典，现在SXSW已经成为电影、互动媒体、音乐、科技以及各种会议的年度盛会。

15. The Honest Company是2012年年初由好莱坞影星杰西卡·阿尔芭（Jessica Alba）和布莱恩·李（Brian Lee）创立的有机生活电商品牌，主营无毒、环保的家居产品。

16.Netflix是一家在线影片和DVD租赁提供商，能够让顾客在线挑选影片，公司已经在纳斯达克上市。

17.Palantir是一个创业创新的平台；Flipkart是印度最大的电子商务零售商。

18. Buffer是一种新型的社交媒体工具和信息定时分享工具，它能够按时间确定用户在网上浏览的内容并自行将其添加到用户的Twitter或Facebook的流中；Dwolla是一种在线支付工具，它可以向社交媒体中的某人即时支付任意数额的资金；Todoist是一款简洁的日程管理应用。

第三章

1. 巴尔塔沙·葛拉西安（Baltasar Gracian），17世纪西班牙哲学家、思想家、巴洛克风格散文作家、耶稣会教士，其巅峰之作《智慧书》（*Oraculo*）出版于1647年。

2. 2014年底，Slack已经整合了邮件、短信、谷歌网盘、推特、Trello等65种工具和服务，它把各种碎片化的企业沟通和协作应用都集中到了一起。

3. 亚历山大·奥斯瓦尔德（Alexander Osterwalder）是瑞士的商业理论家、作家、咨询师。他因在商业模式上的研究而闻名。

4.A/B测试是一种新兴的网页优化方法，可以用于增加转化率、注册率等网页指标。

第四章

1. 马克·库班（Mark Cuban），1995年创立了一家互联网广播公司Broadcast.com，在1999年以57亿美元的价格把公司卖给了雅虎，这也是雅虎被人所知的最昂贵的收购。

2. 沃达丰1984年在英国注册成立，至2016年已成为全球最大的移动通信运营商。

3. 绅士为国际知名食品企业卡夫的子公司。玛氏公司是一家由私人家族创立于1911年的跨国公司，其品牌包括德芙、玛氏等。

4.Fashion Metric是一个SaaS解决方案，它通过搜集购物人的信息为服装零售商的实体店及网上销售提供个性化服务。

5. InnoCentive是一个集结了全球“最强大脑”的科研众包平台，任何公司都可以把它们的难题放在这个平台上悬赏，每项悬赏都需有对问题的详细说明和相关要求、截止日期，以及为最佳解决方案提供的奖金额。

6. 爱德华兹·戴明（W. Edwards Deming）是世界著名的质量管理专家，以戴明命名的“戴明品质奖”至今仍是日本品质管理的最高荣誉。

7. 精益创新机器（Lean Startup Machine）是一个持续3天的创业讲习班。

8.Unbounce是一个面向非IT专业人员的DIY登录页面制作工具，使用该工具可以很容易地检测登录页面的转换率。

Optimizely是一个进行A/B测试和其他多变量测试的优化平台，可以帮助客户对其网站进行优化。

9.Foursquare是一家向他人分享自己当前所在的地理位置的手机服务网站。

10.WordPress是一个使用PHP语言开发的博客平台，用户可以在支持PHP和MySQL数据库的服务器上架设属于自己的网站。

11.Instagram是一款最初运行在iOS平台上的移动应用，可以将你随时抓拍下的图片进行分享。WhatsApp是一款类似微信的应用。

12.康卡斯特公司是美国最大的有线电视传输和宽带通信公司。

第五章

1.杰克·莱蒙（Jack Lemmon），历史上第一位集戛纳、柏林、威尼斯三大电影节和奥斯卡最佳男主角奖得主于一身的演员。

2.阿里安娜·赫芬顿（Arianna Huffington）是希腊裔美国人、作家、专栏作家、女商人。2005年5月，已经55岁的阿里安娜·赫芬顿创立了政治博客网站——《赫芬顿邮报》。这个网站已经成为美国最受欢迎的五大新闻网站之一，也是全美最有名的政治博客网站。

3.弗兰克·温菲尔德·伍尔沃斯（Frank Winfield Woolworth）是世界上第一家5分便利店的创始人，他首创了开放式货架的零售概念，即今天我们所熟知的自选式超市的概念，他也是第一个提出工厂直销店概念的人。

4. Foot Locker是当今世界上最大的体育运动用品网络零售商。1963年伍尔沃斯公司收购了Kinney Shoes，并在20世纪60年代建立鞋类专卖连锁店。它在1974年9月开设了Foot Locker。1997年Foot Locker建立了自己的综合性零售网站，今天它在世界上16个国家已拥有3 587家零售商店。

5. 赫尔希（Hershey's）即好时，是北美地区最大的巧克力及巧克力类糖果制造商。

6. 亨利·福特在离开了爱迪生照明公司后，和与他一起离开的同事成立了底特律汽车公司。但这家公司很快就倒闭了，他的第二家汽车公司的主要产品是他的赛车，但不久他的资助者就迫使他离开了公司，这家公司也被改名为凯迪拉克。第三家公司就是今天的福特汽车公司。

7. Adobe 创建于1982年，是世界领先的数字媒体和在线营销方案的供应商，其最为著名的产品是AdobeReader和Photoshop。

8. IDEO成立于1991年，由三家设计公司合并而成。IDEO是全球顶尖的设计咨询公司，以产品发展及创新见长。

9. 美国礼来公司是一家全球性的以研发为基础的医药公司，致力于为全人类提供以药物为基础的创新医疗保健方案。这里“失败没有被刻意延迟”的意思是他们希望失败能尽早出现。

10. 托尔斯泰在其小说安娜·卡列尼娜中的名句是：所有幸福的家庭都很相似，不幸的家庭都有其各自的原因，作者在这里把家庭换成了公司。

11. 潘多拉音乐盒（Pandora Radio）是美国最流行的音乐提供商，也是继Spotify之后另一个时下非常流行的提供在线音乐服务的软件。

12. 沃尔格林公司是美国的一家药品、食品零售连锁企业。

13.Mathematica是一款科学计算软件，它很好地结合了数值和符号计算引擎、图形系统、编程语言、文本系统以及与其他应用程序的高级连接。它也是目前使用最广泛、最强大的数学软件之一。

14.Tinder是一款手机交友APP，基于你的地理位置，Tinder每天为你“推荐”一定距离内的4个对象，你可以选择“喜欢”，或者“跳过”其推荐对象。假如你喜欢的推荐对象恰好也喜欢你，那么你们就可以互发消息，互相关注，约线下见面。

15. 科特国际公司（Kotter International）是一个帮助企业进行变革管理并实施战略计划的咨询公司。

16. “粉丝”决斗（FanDuel）是一个梦幻体育线上游戏平台，玩家们把真实世界中的体育明星自由组合成一支队伍，根据运动员在真实赛事中的表现计算得分。每个球员的得分总和就是每个玩家的分数，分数最高的玩家就是冠军。

第六章

1. Y Combinator是美国最著名的孵化器之一，简称为YC。Y Combinator成立于2005年，主要关注于种子期的初创企业。现在它已经更多地被看作一家风险投资公司。

2. 原文是Name it and claim it，这是一句基督教名言，意思是：如果你信仰虔诚，那么你想要的必能得到。作者在这里是双重含意，一是其宗教原意，另一层是谁先给某件创新产品命名并推向市场，那么那件产品的原创权就是他的。

3.DVR即俗称的硬盘录像机，或者称作为数字视频录像机，它能帮助人们非常方便地录下和筛选电视上播放过的节目。

4. 理查德·布兰森是维珍（Virgin）品牌的创始人，也是全世界最引人注目的嬉皮士资本家。他的旗下拥有200多家大小公司，涉及航空、金融、铁路、唱片、婚纱直至避孕套领域，其中最著名的就是维珍航空公司。

5. Ad.ly的基本创意是让你的个人社交网络成为广告投放的渠道，而Ad.ly可以为这样的广告投放提供技术、渠道支持和服务。

6. Instacart是一个社区O2O平台，它采用众包采购和配送的方式。

7. GrubHub是美国一家O2O订餐公司，允许用户根据自己的位置和喜好搜索餐馆，并提供在线订餐服务。

8. Slack是为初创企业以及一些小团队所准备的内部沟通工具，Slack整合了Google Docs、Dropbox、Github、SVN、Perforce、Twitter、Crashlytics、Nagios等平台，这就意味着你在项目开发中能用到的所有功能和工具都融合在Slack里面了。

9. 名为Soylent的超级食物实际上是把各种人体所需要的营养以可冲泡粉末的形式放进一个袋子里而做成的。罗布在“解放你的身体”这种宣传口号下，在众筹网站上募集了超过100万美元。目前在风险资本等推动下，Soylent已经成为一家估值一亿美元的公司。

10.Yelp是美国最大的点评网站，2004年成立，2012年登陆纽交所。Yelp融资额为1.07亿美元，目前市值为60亿美元。

11. 阿斯特罗·特勒（Astro Teller）是谷歌X的负责人。

12. 这里弗兰克（Frank）指的是2014年英国同名电影中的主角，在片中弗兰克既是一个才华横溢的天才，又是终日戴着一个硕大头套的怪人。玛丽·简（Mary Jane）在美国英语中是大麻的同义词。

13.久多良木健（Ken Kutaragi）于1993—2006年担任SONY旗下的SCE总裁，兼集团CEO。他以开发出风靡一时的PlayStation家用游戏机系列而闻名。

14.泰迪·罗斯福（Teddy Roosavelt）就是美国的第26任总统西奥多·罗斯福，他的昵称叫泰迪。

15.认知音乐学是围绕着音乐的计算模型而出现的，是对一系列人们从未发现的音乐中的新现象进行的基础性研究。

16.“刘易斯和克拉克远征”是美国历史上第一次从东海岸向西部地区的往返考察活动。托马斯·库克是英国旅行商，他是近代旅游业的先驱者，也是第一个组织团队旅游的人。伊本·白图泰在他20岁左右时出发去麦加朝圣，从此踏上了一条长达75 000英里的旅途，途经当今44个国家的国土。

17.干红辣椒（Chipotle）是一家墨西哥卷饼店，也是美国排名第三的快餐连锁店，目前在纽交所上市，在美国、加拿大、德国、法国和英国均有店面。

18. ABC为美国广播公司，NBC为美国全国广播公司，CBS为美国哥伦比亚广播公司。这三家均是美国著名的电视媒体。

19.Salesforce是创建于1999年的一家客户关系管理软件服务提供商，2004年在纽交所成功上市，目前该公司是云计算客户关系管理的全球领先者。

附录

1. 托马斯·斯特尔那斯·艾略特（Thomas Stearns Eliot）是一位英国诗人、剧作家和文学批评家，同时还是诗歌现代派运动的领袖，他在1948年获诺贝尔文学奖。

2. 克莱顿·克里斯坦森（Clayton Christensen）是哈佛商学院的教授，他还是一个教育家、作家、商业咨询师以及宗教领袖。他在 1997 年出版的《创新者的窘境》一书中，首先提出了颠覆式创新这一理论。

3. GitHub是一个开源代码库以及版本控制系统，也是一个面向开源及私有软件项目的托管平台。Docker 是一个开源的应用容器引擎。Red Hat是一家开源解决方案供应商。

4. T-mobile、Verizon和AT&T都是全球有极大影响力的电信运营公司。